変貌する
祭礼と担いのしくみ

第二版

牧野修也
編著

学文社

目次

第五章　学校と地域社会の協働による民俗芸能継承の試み
——川崎市宮前区土橋の事例から——

第二部　担いのしくみのメンテナンス

第六章　大里七夕踊と青年団のかかわりの一〇〇年

第一章

地域社会から祭礼を捉える

牧野修也

一、「祭礼の担いのしくみ」を問う理由

地域社会において行われてきた祭礼を、地域社会の統合のシンボルとして捉えることは、これまでの地域社会研究では共通の認識であったということができる。また、祭礼を地域社会統合のシンボルとして位置づけることは、祭礼に参加することが自明のことであり、祭礼が継続していくこともまた問うまでもないことであった。つまり、祭礼の存在は疑うべくもないものであった。

しかし、現在、こうした前提は成り立ちにくくなっている。地域社会からの人口流出による居住者の減少、居住者の高齢化、祭礼そのものへの関心の低下等による祭礼の担い手としての参加者の減少などによって、祭礼の継続性が危ぶまれている事態も出現している。

だが、居住者の問題は、人口減少だけではない。新住民の流入によって、人口規模が維持もしくは増加が生じても、祭礼の存続と継承の危機を回避できるとは限らない。祭礼が地域社会統合のシンボルであるとするならば、祭礼に参加するためには、「地域社会の一員であることを居住者自身が意識すること」と「地域社会の側から地域社会の一員であることを認知されること」の二点が重要なポイントとして浮かび上がってくる。そこに居住していたとしても、現在の居住地は一時的なものであるに過ぎないと考え、地域社会に対して関心を持たない場合、また、個人の興味と関心に基づく地域集団にのみ参加を希望し、祭礼に関心を持っていない場合は、祭礼に参加することが自明のことにはならない。

一方、祭礼そのものに対する関心はあったとしても、従来の祭礼への参加のしかた(1)を志向している人が多くなった場合、従来のやり方での祭礼の決行が、結果として困難になっていることも少なくない。つまり、居住者がいたとしても、地域社会に対するスタンスや祭りへの関わり方の志向が変化することによって、これまでの地域社会のありようは変化し、祭礼のありようもまた変化せざるを得なくなっている現況がある。もちろん、祭礼のあり方は絶対に変わってはならないものではない。時代に応じて、祭りのあり方も変化していることは、個々の祭礼の歴史を見てみると珍しいことではない。問題とすべきことは、祭礼の何が変わり、何が変わらなかったのかを押さえることではないだろうか。祭礼が変わる、変わらないこと＝変えなかったことを押さえることで、祭礼を担ってきた地域社会の人びとが、祭礼を通じて、大切にしてきたこと＝守ろうとしたこと、つまり、祭礼の「肝」が明らかになると考える。

　このように捉えたとき、この「肝」の部分が変わらざるを得ない状況になったとき、地域社会において、祭礼が有している意味が変容させられることは不可避な状況へと陥っていかざるを得なくなる。つまり、祭礼そのものは存続していたとしても、祭礼を通じて、地域社会で継承してきた有形／無形のものが継承されなくなっていき、祭礼が有してきたとされるそれらのものが変質したり、消滅することもあるであろう。もちろん、先述の通り、祭礼のあり方は変わってはならないという「本質主義」的な議論をするものではない。祭礼が変わることを非とせず、変えられることは変えつつも、変えようとしなかったことが変わらざるを得なくなっている状況が意味することを、われわれは明らかにしていきたいのである。したがって、明らかにしていくことは、担い手不足や新規加入に代表される「人」の問題だけではなく、祭礼を支える「しくみ」の問題を問うべきであると、われわれは考えている。この「しくみ」とは、地域社会構造の問題だけではなく、祭礼が行われる地域社会に居住する人びとの意識でもあり、祭礼をする地域社会外の社会システムや観客といった居住者ではない人びとも含んでいる。そうした点も含めているため、われわれは、本書では「担い手」ではなく、「担い」というタームを用いていく。つまり、内部の人の問題だけでなく、社会システムの問題や外部の人の問題も射程に入れていく。

以上の認識を踏まえて、本書『変貌する祭礼と担いのしくみ』は、地域社会の変容を祭礼の変化を通じて捉えていこうとする試みである。したがって、本書は、祭礼の変貌を描くことによって、祭礼の基盤となる「担いのしくみ」としての地域社会の変動を描くことを中心課題としていく。そして、そのことを通じて、地域社会の現在と今後の展望と課題を描き出していきたい。

二、地域社会の領域をどう捉えるか

ここまで、「地域社会」という言葉を、特に定義することなく用いてきた。地域社会という用語を、辞書的に見るならば、〝一定の地域的な広がりとそこに居住する人びとの帰属意識によって秩序づけられる社会〟（濱嶋・竹内・石川編 一九九七）となる。字義通りに解釈するならば、一定の地理的領域性と居住者の帰属意識の二点がポイントになる。ここでは、地域社会は居住者によって構成されているものであることが所与の条件になっていることを確認することができる。しかし、たとえば、祭りの単位としての「町」の領域と「町内会」や「地域自治会」の領域が一致しないこと、学区、地域自治会、公民館区が一致しないことなどからも分かるように、祭りの単位としての地域は、基礎自治体としての市町村が想定されていないことがある。その一方で、市町村単位で考える祭礼もあることからも分かるように、一定の地理的領域性という条件では、地域社会という領域の規定に曖昧さがあることも否定できない。そこで、本書では、地域社会を「祭礼を挙行する際に行われる個別具体的な社会的行為を行う単位としての地域集団」と捉えていきたい。この場合の祭礼の単位とは、祭礼全体そのものの単位も含まれるが、ここで念頭に置いているのは、個別の神事や芸能などが行われる単位である。たとえば、本書で取り上げる京都・祇園祭の場合、祇園祭全体の問題ではなく、それぞれの鉾を巡行する「町（ちょう）」に、また、長野県南佐久郡小海町の親沢諏方神社の春祭りにおいては、祭礼に奉納する親沢と川平という二つのムラの芸能のうち、親沢の人形三番叟に焦点を当てていくというように、祭礼の個別具体的な芸能を執り行う単位としての地域社会を想定している。もちろん、よりマクロな単位での地域社会変動の影響を強く受けての変動ではあることも事実である。だが、地域社会を具体的な問題が現出してくる現場として捉えるために、個々の祭礼の神事や芸能を行っていく単位として設定していきたい。

三、「祭り」と「祭礼」

柳田國男（一九六九）は、祭りと祭礼は異なるものであるとし、祭りとは神事であるとした。祭りとは、祭りに参加する者だけが、日常や常の席では口にすることが憚られつつ、行為と感覚とをもって伝達される教えを、祭りに参加することによってのみ体験を新たにできるものであるとした。そして、それゆえに、神事としての祭りに参加できないことは、参加資格がある者からは、「大いなる損失であり、宥し難い怠慢」（柳田 一九六九）とさえも捉えられていたと、柳田は指摘する。つまり、参加することができる者は信仰を共にする者だけという内部に限定される閉じられたものとして位置づけられる。それに対して、祭礼とは、柳田は、風流＝新しい意匠を競うものであり、年々、目先を変えていくことが本意であるとする（柳田 一九六九）。そこには、参加する者は、信仰を共にするという内部に限定された者だけではなく、風流を競うという内部以外の視点を意識したものであるとみる。つまり、柳田の視点からは、祭りと祭礼とは異なるものであると認識されていたということが言える。

そして、柳田は、「祭り」が「祭礼」と呼ばれるようになったことについて、「祭礼」においては神事としての側面だけではなく、「見物と称する群の発生、すなわち祭の参加者の中に、信仰を共にせざるを人々、言わばただ審美的の立場から、この行事を観望する者の現れた」（柳田 一九六九）ことと指摘し、「祭り」と「祭礼」は質的に異なるものであるとした。つまり、信仰を共にする者だけによって行われる「祭り」から観衆の存在が前提となる「祭礼」へと変質していったとする。

柳田が指摘するような「祭り」の質的変質によって、地域社会のありようが大きく変わったという側面があるという指摘も成り立ちうるだろう。また、一方で、地域社会のありようの変化が、「祭りから祭礼へ」という変質を起こしたという側面もあるだろう。

しかし、地域社会レベルでも見てみるならば、現在においても、信仰を共にせざる者という意味での外部者の存在を前提としない「祭り」、すなわち、神事のみを執り行っているものも少なくない。この場合、見世物を含む「祭礼」は行えなくなっても、神事としての「祭り」だけは継承存続していっている例も多いが、そもそも、柳田が言うところの「祭り」だけが存在しているだけで、外部者に対して開かれていないものもまた少なくない。「祭り」だけが存在してきた場合、「祭礼」にせず「祭り」のままであることに、地域社会にとっての意味があるとみることができる。そこでは、なぜ、「祭り」が「祭り」のままであり続けようとしているのかも問われる必要があるのではないだろうか。

本書における「祭礼」は、柳田的区分を厳密に採用して論じていくというよりも、「共同性」と「周期性」および「催事性」に着目して考えていきたい。地域社会の「共同性」を確認するために「周期」的に行われる「催事」としての「祭り」であり、「祭礼」であるとしていく。本書では、柳田が指摘するような「祭り」と「祭礼」の違いに基づいた「祭り」の変容を検討するというよりも、両者が「周期」的に行うことの継続性や「共同性」の範囲やあり方を検討することを通じて、地域社会の現在を描いていきたい。したがって、柳田的な意味での「祭礼」ではなく、「祭り」も含めての祭礼として用いていく。

四、地域社会の社会学研究における祭礼研究

地域社会を農山漁村社会と都市社会に区分するとするならば、祭礼、とりわけ、祭礼の変容過程を研究対象として注目してきたのは、都市社会研究の方であるということができる（武田 二〇〇五）。武田は、農村社会学の領域においては、祭礼の変容が、①人口流出の結果、祭礼や伝統行事などの継続の危機、②地域活性化のための祭礼や伝統行事の復活という論点から論じられてきたとする。[2] それに対して、都市社会学の領域においては、①人口増加や都市再開発の結果として増加した新規来住者と地付層との間の葛藤と社会統合、②新規来住者を組み込むための祭礼行事の付加的要素、③一時的な縁による祭礼への参加形態と論じられてきたとする。[3]

しかし、農村社会研究の文脈の中で、祭礼への着目がなかったわけではない。むしろ、祭礼はムラ社会を象徴する社会事象として着目されてきたとみることもできる。

鈴木榮太郎（一九四〇＝一九六八）は、地域社会を氏子集団と捉え、神社が地域社会そのものの象徴であるとする。そして、神社の神は、村社会を守るのであり、個人を守護するものではないとする。鈴木の議論に従えば、村落の領域とは氏子集団の領域と捉えることができるだろう。そして、神社の祭礼を以下のように位置づける。

祭礼は村最大の行事で個人の私事ではない。村人は氏子としてみな参加する。祭儀に参加する事は村人の最小限度の義務である。氏神の行事に参加することは村づきあいの最小限度の規定である。氏子でなく、また氏神の行事に参加しない村人は考えられない（一九四〇＝一九六八：三三三）。

以上の指摘からも分かるように、鈴木は、神社の祭礼とは、ムラにとっては公式の行事であり、参加することは義務であり、参加が認められるか否かによって、村の一員であるか否かのメンバーシップの有無が示されるという。

また、有賀喜左衛門（一九四八＝一九六八）も、村落社会における氏神の祭祀組織が有する重要性に着目し、氏神の祭祀組織における変化は、村落の生活組織の変化の一つの表現として捉えることが必要であるとし、村落自治の小さな政治的動向を反映していると捉えている。有賀の指摘は、祭祀組織そのものが村落の生活組織のあり方が具体的に表れてくるものであり、祭祀組織の変化が村の変化を示すとみる。したがって、祭礼の変化や祭礼の存続と継承の危機は、村落のそれとみることができるであろう。しかし、農村社会学の領域においては、武田の指摘に見られるように農村社会の存続の危機が意識されるまでは、祭礼が主テーマとして取り上げられることは多くはなかったといえるであろう。

一方、都市社会研究の文脈においては、地域社会変動による地域社会の変化の具体的な表れとして、祭礼が取り上げられることも多かった。有末賢（一九九九）は、都市祭礼を、東京都中央区佃・月島地区をフィールドとし、都市文化の変容と新住民の参入をキー概念として検討を行った。その結果、この地区の祭りにおいては、祭礼が内部（佃）と外部（月島）という関係を持った重層的構造があることを示した。また、祭祀組織の構造の違いによって、祭礼で重視する点が異なることを明らかにした。そして、祭りの連帯感などが空間的領域において、「まちうち」のような意識に投影され、それがコミュニティテリトリーとして意識されるとした。しかし、都市部においても、高齢化が進むことで、祭礼の底辺部分は外部居住者が担うようになるとともに、伝統を維持しつつも、「地縁の選び直し」をすることで変化に対応できる町内のしくみを再構築していくことを指摘した。そして、都市において、祭りの意味は都市の社会変動によって急激に変化するとした。

有末の議論からは、都市社会においても、町内というコミュニティテリトリーという地理的領域性が設定され、祭礼の参加資格によって、地域社会のメンバーシップが明示されていることがわかる。そして、祭礼によってローカルアイデンティティの存在が明らかになる。この点では、農村社会と共通する点もあるが、都市社会においては、地域社会の変化や住民層の変化によって、祭礼のメンバーシップにおいて、地縁や血縁以外にも選択縁が加わる可能性と祭礼の意味づけの変更が行われることがあることも分かる。この点は、農村社会との違いがある。

有末の議論は、町内という枠組みを前提とした祭りの議論であったが、玉野和志（二〇〇五）は、町内とは異なる領域を設定した「新しい祭り」を対象とすることで、祭りがローカルアイデンティティの基盤となることを示す。玉野は、東京のある町をフィールドとして、戦前から戦後にかけて、親世代が創りあげていった町内社会の枠組みを継承しようとする自営業者の二代目層を中心とした試みとしての「新しい祭礼」に着目する。玉野は、二代目層たちの動きを、親世代への対抗関係を持ちつつも、親世代が創りだした町会を中心とした秩序を前提としつつも、氏子組織の領域を超えての祭りの領域設定や旧来の神社祭礼にはなかった内容を付け加えるといった自分たちの「新しい祭り」を立ち上げていくことによって、自分たちのローカルアイデンティティを形成していったとする。そして、そのことによって、地域社会における〝正統な後継者〟（玉野 二〇〇五：七二）の地位を獲得していったとしている。玉野の議論においても、地域社会の地理的領域性の存在が前提となっている。

しかし、有末と玉野の議論では、ローカルアイデンティティの位置づけは異なっている。有末の議論においては、祭祀組織に参加することができる人は、予め規定されており、祭礼に参加することで、自分たちがその地域社会のメンバーであることを確認する側面が大きい。つまり、祭りの一員として認められることは、既存の集団の一員となることを、地域社会の側から受け入れられるというものである。それに対し、玉野の議論では、祭りを新しく創り出すことを通じて、ここが自分の地域社会であるという意識を自分の中に構築していく側面が多い。言い換えるならば、祭りを行うことによって、自分が地域社会の一員であるという意識を内面化していくというものである。

したがって、地域社会において、祭りが重要性を有すること自体には変わりはないが、地域社会に属していることが所与のことであるか否かの違いが存在すると考えることができる。このことは、居住しているだけでは、地域社会の一員であると意識することがなく、祭りというイベントを通して、自身が地域社会の一員であるという意識が育まれていくと見ることができる。

五、選択縁化する地域社会の祭礼

有末や玉野の議論においては、ローカルアイデンティティのあり方の違いはあるが、一定の地理的領域性の内部に限定された地域社会を想定していたともいうことができる。もちろん、そうした限定を加えることは、有本尚央(二〇一二)が指摘するように、地域社会の側から外部に対する差別と排除が存在していたことは否定できない。このことは、地縁を基盤としたメンバーシップを厳密に問われることが少なくなかったことでも明らかであろう。

しかし、都市社会の祭礼についての研究においては、地縁が選択縁と化していき、それによって、祭礼そのものが変化し、地域社会の変容を示すことになるという見方がある。上野千鶴子(一九八四)は、こうした見方から、都市社会の祭りを、集団帰属の選択によるアイデンティティの獲得という観点から定義し直せば、祭りとは「選べない関係」を「選べる関係」に鋳直す契機であるとする。こうした前提に立って、地縁による祭りも「新しい地縁の祭り」として捉えることができるとして、①伝統保存型、②行政主導型、③住民主導型、④非地域型の四つに分類している。上野によれば、伝統保存型の祭りとは、保存会や振興会といった比較的に閉鎖的な地縁集団が担い手であり、ムラの祭りの規模を大きくしたものであり、伝統的な地縁集団が都市にも残っているものを再発見するものであるとする。しかし、伝統的な担い手が伝統的な祭礼を維持していこうとする中で、地域社会(共同体)の変容を明らかにする一方で、ムラの祭りが担い手と観衆が一致しているのに対して、都市の祭礼は、不特定多数の観衆に開かれることによって、一種の見世物の要素が現れてくるという。そして、担い手相互のコミュニケーションも、祭りを媒介とするものであって、日常の生活を前提としたものではなくなるという。つまり、上野の議論に従うならば、祭りという場に限定されたコミュニケーションであって、それ以外の場においてはコミュニケーションとしては存在しないと見ることができる。そのことは、日常の関係性のシンボルとしての祭りという側面は後退していくことを意味する。

行政主導型の祭りは、伝統性の基盤を欠く「神なき」ものであり、かつ、大きな資源動員力を利用した大規模で統制された祭りであるが、それは演出されたものであって、住民の自発的なコミットは期待しにくいものであるとする。こうした祭りは、むしろイベントに近いものと捉えることができるであろう。

住民主導型の祭りは、文字通り、住民自身の自発的なコミットに基づいて行われるものであるが、祭礼のありようは、伝統再生型と新興型に分かれるとする。伝統再生型とは、かつて、その地域にあった民俗芸能を再発見することで、新興型はそれまでにはなかったものではあるが、新しく行うことによって、地域社会の統合を創りだそうとするものであると見ることができる。

非地域型の祭りは、フリマ・リサイクルフェアといった「下から」のものと企業や興行主のプロデュースといった「上から」のものといった大型イベントであるという。非地域型の祭りの場合、地域社会を舞台に行っているが、その地域社会である必然性は小さく、祭りが、他の地域社会に移っても問題は小さいと見ることができる。したがって、地域社会との関係はさほど強いものとはならないと考えることできる。

これらの四つは、一見すると、まったく別個のものとみられるかもしれない。しかし、祭りに参加することが強制的で義務的な側面は弱くなっている。伝統保存型の祭りにしても祭りを媒介とした関係であり、日常関係のシンボルではなくなることによって、参加しないという選択肢も存在するようになる。住民主導型の祭りも、住民の総意によってというよりも有志によるものという側面が強くなると、参加しないという選択肢も生じてくる。つまり、個人の選択の結果としての参加であり、地縁ではあるが選択縁であるということになるのであろう。

六、祝祭化する地域社会の祭礼

前節において、都市社会における祭礼が選択縁化することを見てきたが、地域社会が選択縁化することは、地縁や血縁といった強固なつながりが弱体化することをも意味する。すなわち、参加することが自明的なつながりが問い直されることは、参加することが個人の選択となることを意味する。こうした状態を、松平誠（一九九九）は、統合が緩み、集団の解体と個人への回帰が生じる社会解体期であると捉える。松平は、個人化することによって、都市祭礼は自己充足的価値を追求する「楽しみ」

を視野に入れたものへと変容していくと指摘する。

松平（二〇〇〇）は、近世都市の生活共同が形骸化し、都市的生活様式が一般化した結果、個人化が進んだ都市社会の祭礼は〝合衆型〟（松平　一九九九：四）の都市祝祭となっていったと指摘した。生活共同の形骸化は、祭礼に依拠する生活共同の範囲についての認知による共同帰属原理が作用しなくなり、それに伴って生じる地域集団内における威信構造の強化―再編成が困難になっていくと、松平は指摘した。そして、そのことはまた、排除的で閉鎖的な性格を有する氏子集団の強固な求心性や凝集性も弱めていったとする。そのことによって、都市祭礼が〝合衆型〟とならざるを得なくなったとみる。松平（一九九九）によると、この〝合衆型〟とする祭礼では、地縁や血縁と無関係な連や講といった〝社会縁〟（松平　一九九九：四）による単位集合を創り出し、それらが祭礼のためだけに合衆することによって成り立っていくとする。祭礼も、氏子集団が行うというだけではなく、観衆が見ることも重要な意味を持つようになり、両者の相互関係が重要となり、両義的な関係になるという。また、〝社会縁〟とは個人的なものであるから、単位集合への加入脱退も自由であり、単位集団相互間の交換も活発であり、開放的なネットワーク性も有するため、次々と増殖していく可能性もあるとする。しかし、こうしたつながりは、祭礼を楽しむためだけの存在であるから、日常的なつながりは乏しく、強固な生活共同や生活組織にはつながりにくい性質に留まるとする。

地縁が選択縁化するとともに祝祭化することによって、観衆の視点が重視されるようになることは、地域社会の外部の人に「選択される」祭礼になることが求められることにもなる。観衆にとっては、祭礼に「参加すること」は自明のことではない。観衆にとって、祭礼に興味を持つことができるか否かが、観衆になるか／ならないかのポイントになってくる。有末（二〇〇〇）は、イベント化する都市祝祭においては、「新しさ」と「最新」のイメージが重要であるとする。このことは、かつての祭礼においては、他の祭礼との比較においての差異性が求められていたのに対して、当該の祭礼で行われているそのものが過去の祭礼で行われているものとは異なっているという意味での「更新」が、常に求められているということにもつながってくるであろう。そして、そのことは、都市の祝祭性とは、資本による消費空間としての「祝祭欲求」を充足する必要があるため、必ずしも「儀礼性」とセットにならないこともある。また、消費空間と化すことは、多くの人びとを動員する必要が生じ、マスメディアの介在を本質的に欲することになると、有末は指摘する。

　このことは、マスメディアに選ばれて、広報されることが、都市の祝祭においては不可欠であることを意味する。マスメディアの広報によって、人びとは、祝祭に動員されていくことになるのである。マスメディアの選択基準が、祝祭のありようを規定していくことになる。つまり、「伝統性」を基準にすることもあるであろうし、「新しさ」を基準にすることもあるが、いずれにしても、外部の評価によって、祝祭の価値が決定されていく側面が強くなっていく。こうした状況において、祝祭を行う側の人びとも、どれだけの人を動員できたのかとかどれだけのメディアに取り上げられたのかといった計量的な側面、もしくは、文化財指定や世界遺産指定といった表象に基づく外部の評価を意識せざるを得ない状況が生じてくる。そして、そのことによって、自分たちの行っていることの意味づけと正当性を担保していくことにもなりかねない。

しかし、その一方で、外部からの評価のみを意識するようになることで、祭礼や祝祭を行ってきた人びとが重視し、継承するべきものとされてきたもの、つまり、「肝」となるもののありようが問題となってくる。祭礼の継承とは、何を継承しようとするものであるのかということが、ここでも問題となってくる。もちろん、外部者からの評価が高まって、観光的側面が強くなり、かつての事象とは異なることが生じていたとしても、そのことによって否定されるものではない。足立重和（二〇一〇）が、岐阜県郡上市八幡町の郡上おどりを事例に、たとえ、外部の者にとっては異なるものに見えたとしても、地元住民にとっては、〝「唯一の歴史」という時間軸の存在〟を前提とした上で、二つの側面があるとする。一つは、「『祖先』を配置し、それらの実在性を示しつつ、いま存在するものごとは自分たちが祖先たちと『同じこと』をして受け継いだものだとする『祖先化』」である。もう一つは、「共時的に存在する・別個と考えられうる物事を通時的に並べ直しながら、それらからひとつの共通性を見出す「本質化」」である。この二つの推論を立てることで、自分たちのおどりの過去と現在の連続性を担保していると指摘している足立の指摘からも分かるように、問題は、過去と現在の間の不変性にあるわけではない。先にも触れたように、当該の祭礼を通して、祭礼を担ってきた人びとが、何を重要と捉えてきたのかが問題となると考える。

七、祭礼を「開く」とは

繰り返しとなるが、われわれは、祭礼のこれまでのありようを遵守し続けていかなくてはならないということを主眼にしているわけではない。先に述べたように、祭礼を描くことを通じて、地域社会の現況を描き出していこうとするものである。そこでは、祭礼の変化を、地域社会の変化と捉えていくことにもなっていく。したがって、地域社会の変化によって、祭礼のありようは変わっていくことは当然であると考える。

これまで、地縁的集団を語るとき、「閉鎖的」と表され、硬直的なイメージを持たれていたことは否めない。このようなイメージから、「開く」必要があると語られることも多かった。つまり、「閉じた」関係から「開いた」関係へと変わらなければならないという前提が、暗黙のうちに成り立っていたのではないだろうか。そこには、伝統的地縁集団を克服するべき「遅れた」ものであるという認識があったとも言える。しかし、地縁的な集団である地域社会は、そこが生活の場であるならば、生活するために形成されていったのであるから、生活に準拠した形で構築されていったのではないだろうか。そこには、けっして閉鎖的で拘束的な側面ばかりではない創造的な部分があったと見ることはできないであろうか。つまり、今・ここで生きる人びとにとって、より生きやすい生活環境を得ていくために、常に人びとの間のつながりを問い直してきたのではないだろうか。

したがって、「閉じられた」場として見えていたとしても、それは、それまでのあり方に固執していくだけのものではなく、常に現状を踏まえて、そのありようを練り直してきたものとして捉えていくことができるものと見ていきたい。それ故に、地域社会のシンボルとしての祭礼は、時代時代に応じて変化してきたのである。こうした動きを「開く」という言葉で表現していきたい。つまり、「開く」ということは、それまでのことを全否定することを意味するのではなく、これまでのことを踏まえての意図的な変化としてみていきたい。ゆえに、そこに生きる人の明確な意志を持って選択的に行っていく地域形成として意味づけていきたい。

もちろん、そのことはこれまでのスケールを維持するだけではなく、縮小させていくこともあるであろう。また、メンバーシップの変更や行っていくことの変更もあるであろう。また、一見すると、他律的に突き動かされているかのように映る局面もあるやもしれない。だが、そのように見えても、そこに生きる者の意思が反映されているのであるならば、それは主体的な営みとして押さえることができると考える。着目するべきは、そこに生きる人びとが、それぞれの場で何を活かそうとしているのかであり、それを達成していこうとすることが「開く」ということであり、無原則に変えていくことではないと、われわれは考えている。

八、本書における各論考の位置づけ

ここまで、本書の前提となる議論の整理を行ってきたが、本書の各論考の位置づけについて、簡単に述べておきたい。まず、本書においては、八つの論考を「再構築される担いのしくみ」と「担いのしくみのメンテナンス」の二つの次元に分けて考えた。前者は、大都市や地方都市という違いはあるが、都市社会の祭礼である。旧来の地域社会の仕組みが、文化財化や観光化や新住民の増加といった新しい社会的条件が加わる中で、旧来の仕組みを活かしつつも、どのように現在的状況に合わせて、地域社会の主体性を確保していこうとしているかを捉えていく。後者については、主として、人口減少と高齢化という意味での「縮小化」する地域社会、農山漁村の祭礼である。地域社会のスケールが「縮小」していく中で、いかに、これまで繋いできた人と人とのつながりや祭礼のしくみを補強していこうとしているのか。そして、そのことを通じて、地域社会の主体性を確保していこうとしているのかを捉えていく。

第一部は、当面、地域社会の存続可能性を問うことが、具体的な日程化していない都市社会をフィールドとしたものである。もちろん、繰り返し述べているように、そのことが、地域社会変動が生じていないということを意味するものではない。それぞれの地域社会には地域社会の社会変動が生じていて、地域社会ごとにその事態に対応しようとしている。

第二章は、京都の祇園祭を取り上げたものである。京都の祇園祭は、室町時代以来の町組を単位に行われている。その町組を担っているのが町衆である。しかし、京都の町も、昔からの町衆が町の居住者ではなくなっていく状況が生じたり、町の再開発によって高層マンションが建設され、そこに住む居住者も増えた。祇園祭は、元々、町の居住者である町衆によって担われてきたものであり、厳格な伝統としきたりを守って継承されてきた。そこに、居住者ではあるが、「新顔」であるマンション住人が存在するようになった。そうした状況において、新住民であるマンション住民が、町組を基盤とする祇園祭に、いかに関わっていくことが可能なのか。もしくは、かかわることができないものが存在するのかを論じたものである。また、観光客の増加によって、祭りの運営も、これまでとは異なる事態への対応も求められている。そうした状況に対して、町組はどのように対応しているのかもテーマ化しつつある。ここでは、都市の再開発と観光化という社会の変化の中で、町組という住民組織が、祭礼という局面を通じて、どのように対応しているのかを描き出していく。

第三章は、滋賀県長浜市の曳山祭を取り上げたものである。長浜の曳山祭りもまた、江戸以前からの町組を単位に行われてきているものである。長浜においても、町衆が担ってきた役割は大きい。しかし、現在、元々からの町衆ではない人たち、つまり、長浜の町組に新しく出店をすることなどを通じて加入してきた人たちによって担われてきている部分も現れてきている。このこと自体の是非はともかくとして、このことによって、新たな問題が出てきていることを、武田は見いだしていく。それは、祭りに当たって、暗黙的に了解されてきたものの取り扱い方の問題である。どの祭りにおいても同じことが言えるのであろうが、祭りで行われていることのすべてが明文化されているわけではない。先に、「暗黙的了解」としたものは、まさに明文化されていない中で阿吽の呼吸の下に成り立っているものであるということができるであろう。そして、それは、元々からの町衆にとっては子どもの頃からの体験や記憶の積み重ねが蓄積していく中で、身体化し自明化しているというものであると言える。だが、新しく加入してきた人たちにとっては、身体化も自明化にもなっていないものであり、何をどうすれば良いのかが分からない部分も少なくはない。したがって、それを明文化することによって、何をすれば良いのかを理解したいという要望が現れてくる。しかし、元々の町衆に取っては、暗黙知として行っていくことにこそ意味がある部分があるために、明文化することによって、祭りの「根本」の部分が揺らいでしまうような意識も生じてくるところがある。そこに、両者間に葛藤が生じてくる一面も出てくる。つまり、新たな担い手が加入するときに、祭りの「肝」に当たる部分の共有をいかにしていくのかという問題に焦点を当てて描いていく。

第四章は、長野県諏訪地方で行われる御柱祭を取り上げたものである。御柱祭は、諏訪大社の上社と下社に、七年ごとに建御柱を奉納する祭りである。この祭りも、古い歴史を持つものであり、伝統的な祭礼と知られている。御柱祭の歴史等については、本論に譲るが、近年、観光の観点からも着目されている。観光として注目されているのは京都の祇園祭も同様であるが、祇園祭とは異なり、「新住民」の加入という現象による問題は、今のところ、顕在化していないように見える。しかし、観光化されることによって、祇園祭とは異なる問題も現れている。ここでは、二つの点に着目している。一つは、観光イベントに組み込まれてしまうということは、オーディエンスを増やすということにはつながるが、そのことは観光産業によるプログラムの一つに組み込まれるということも意味している。そのことは、産業的時間に組み込まれていくことを意味し、きっちりとしたタイムマネージメントを要求されることになる。そこでは、これまでの御柱祭を担ってきた人びとが感覚的に共有してきた時間とは異なるものになっていく。誤解のないように付記すると、従来の御柱祭にタイムマネージメントがなかったわけではない。「村の時間」とも言える時間の枠組みで動いていたということができる。しかし、観光産業が前提としている時間感覚とは異なっていることは現実に存在している。その結果、観光化することによって、観光産業の要求に合わさせられるという現実が生じてきた。身体化されていた時間が、外的要因によって変更させられる。そこに、祭りを担ってきた人びとが有している主体性への侵害を見いだしていく。一方、観光化することによって、また、異なる側面も現れてくる。それは、新しいものが加わる可能性である。御柱祭は、祇園祭と比較すると、新しい「出し物」が付け加えられる要素があるということである。このことは、それまで御柱祭に参加しなかった村の人たちの参加可能性を拡大するという点である。これは、新住民の人たちということに限らず、御柱祭的なものに参加しにくいと感じていた人たちも参加しやすくするという面を有していることを指摘する。ここでは、祭礼の観光化を、時間の問題と参加対象の拡大という視点から取り扱っていく。

第五章は、川崎市のニュータウン建設が行われた地域社会における祭礼に着目したものである。

ニュータウンと祭礼というつながりは、一見、無関係に思われるかもしれないが、ニュータウン形成期において、ニュータウン住民によって、祭りが「創られていった」事例というものは、これまでも数多く報告されている。それらについては、まったく先行する祭礼がないものから創り出していったものもあれば、ニュータウン形成前にあった祭礼を手がかりに創り出されていったものも存在する。第四章の場合、後者の事例に当たるであろう。ここでは、「新しい」祭りであるが故に、祭りが立ち上がっていくプロセスを追いかけることが可能となるであろう。もちろん、ここで取り上げる事例はリアルタイムで立ち上がっているわけではないから、歴史的事象という見方もできるかもしれないが、立ち上げていった当事者に会うことができるという点では「現在的」ということもできる。そこで、なぜ、祭礼を行う必要や意味があったのかと問うていく。無論、これは、他の新興住宅地にも通じることかもしれないが、生業とは無縁とも思える状況で、地域社会の祭礼の意味を問うことによって、地域社会と祭礼の関係を明らかにする手がかりにもなりうるだろう。一方、ニュータウンも時間の経過とともに、世代的交代がうまく起こらない場合、立ち上がった祭礼が中止となる事例も多く報告されていることもよく知られているところでもある。しかし、この章の対象地では、現在も祭礼は継続されている。それは、一体何故なのかという疑問も生じてくる。継承されていく理由もまた明らかにしていく。ここでは、都市部のニュータウンにおける祭礼の立ち上がりと継承に焦点を当てていく。

第二部は、先に触れたように、地域社会の存続可能性を問われる事態が「日程化」されていると考えられている地域社会をフィールドとしているものである。存続可能性が危ぶまれる状況で、いかに祭礼を継承していこうとしているのかを捉えたものである。したがって、祭礼の消滅を前提としているものではない。

第六章は、鹿児島県いちき串木野市大里の七夕踊りを取り上げたものである。俵木は、この祭礼を分析するに当たって、祭礼を支えてきた社会的な「しくみ」の変化に着目していく。俵木は、祭礼の危機とは、単純な担い手の減少と捉えるのではなく、社会的な「しくみ」、つまり、社会構造の変化であると見ている。こうした観点から、青年団組織のあり方に着目をしていく。ここでは、青年団が、地域社会において欠かすことができない組織であったことを指摘する。そして、七夕踊りが青年団によって担われてきたものであり、大人へのイニシエーションであったことを指摘する。この事例で興味深いことは、そうした前提があっても、踊りに参加しないことを、金銭の徴収という条件付きでありながらも認めていたということである。祭礼は絶対に参加しなければならないものであるという理解が、ややもすると多くなるが、そうではなく、むしろ、金銭を徴収することによって、財政的余裕が生じるため、むしろ、歓迎されていた部分もあったという。もちろん、それは人的な余裕があり、踊りに参加しなくても、青年団がかかわる活動の他の領域での活躍を期待されていたという理由もあったうえでのことである。しかし、こうした条件が崩れるようになってくると、負担感の軽重から、青年団内部の不満が高くなっていく。そして、人の問題が生じてくるようになる。そうした中で、青年団だけでは担いきれなくなり、外部協力者の力も借りるようになっていくが、そこにも、地域内部での負担が生じてくるという問題が発生してきたと指摘する。そして、継承に当たって、新しい「しくみ」を創る必要が出てきたとする。そして、それはけっして不可能なことではないと捉える。そうした視点から、祭礼の継承を捉えていく。

第七章は、長野県南佐久郡小海町親沢集落の人形三番叟を取り上げたものである。これは、集落の青年たちによって担われてきた芸能であり、七年交替でそれぞれの役ごとに弟子―親方―おじっさという三代にわたる関係性を創り、芸能を継承していくものである。人形三番叟の担い手は、当初は、農家の長男に限定され、家筋（家格）によって役も決められていたが、進学や就職という理由から、集落に残らない若者が増えていく中で、長男という枠が外されていく。そして、いよいよ担い手不足が明らかになってくると、集落在住の者だけではなく、集落出身者の息子も、担い手候補とされていく。ただ、この時点までは「親沢の者」による人形三番叟という認識で行われてきた。しかし、集落出身者の息子まで広げても、担い手を確保することが難しくなり、集落の人間とは、血縁関係がない者も入れなければ存続できなくなっていく。この祭礼の特徴は、七年交替の三代の役者によって演じられることにあるが、このことは、七年経過すると、新しい役者を確保しなくてならないことにある。つまり、常に、次の役者を探す必要性が出てくることにある。人口減少が進む地域社会における人の確保の問題が明確に出てくる。また、集落外の居住者が役者として出る場合、集落居住者だけの時とは異なる問題が出てくる。それは、自分の居住する集落の行事との関係性である。一人の人間が、二つの地域社会にかかわるということは、自分の集落の都合との関係も問題になってくる。そうした視点から、祭礼の継承を捉えていく。

第八章は、千葉県印旛郡栄町酒直のオビシャを取り上げたものである。オビシャは、地域社会における民俗行事として捉えることができるものである。しかし、人口減少によって、こうした地域行事が衰退していく中で、いかに、行事を継承していこうとしてきたのか、そして、継承していこうとするのかを、村規約を通じて描き出していこうとするものである。第八章においては、規約という明文化されたものを通じて、変容と継承のあり方を捉えていく。規約とは、先に述べたように、オビシャ行事で行うことについて明文化されたものである。この問題は、先の第三章と比較すると、明文化されたものが存在する民俗行事と明文化されたものがなく、明文化されることに抵抗感を有する祭礼との比較も成り立つであろう。そして、祭礼を明文化することの意味も明らかになるであろう。そこでは、規約の変更というものを通じて、村の認識の変化を見ることになる。そのことは、何故、規約を変えてまで、オビシャ行事を残そうとするのか。また、何を残そうとしているのかを明らかにしていくものである。そして、それは「衰退」ではなく、「縮小」であるとする。それでは、「衰退」と「縮小」とは、何がどう異なるのかという点を明らかにしながら、継承の問題を捉えていく。

なお、二〇二〇年は、新型コロナウイルス感染症（COVID-19）の大流行によって、地球的規模で大きな被害と制限を余儀なくされた。二〇二一年になっても、状況は大きく変わっていない。本書では、このことについて深く論じることはできないが、多くの祭礼も中止もしくは従来のあり方とは大きく異なるやり方を余儀なくされた。祭礼が持つ意味を、改めて、考える契機にもなったと言えるだろう。

注

（1）たとえば、神輿を担ぐだけといった特定の行為にのみ参加するだけであったり、観客（オーディエンス）として参加することによって祭礼の雰囲気を創りあげていく、もしくは、その雰囲気を楽しむという意味での参加などである。

（2）ただし、澁谷美紀（二〇〇六）は、祭礼ではなく、民俗芸能という水準で考えるならば、集落統合機能が見いだせない事例もあると指摘する。澁谷の指摘は重要であり、単なる芸能と神事に付随する芸能では、集落やそこに暮らす人びとがそれに付与する意味が異なっているのかもしれない。その点からも、地域社会における祭りが持つ意味の重要性を考えることができるように思える。

（3）もちろん、二〇二一年現在の都市社会の状況を考えれば、都市社会においても、かつての郊外住宅地などでは人口流出などによる祭礼や地域行事の継続の困難性も現れてきている。そうした点を踏まえれば、農村社会学が扱ってきた問題のひとつは、都市社会学の問題にもなっていると言える。たとえば、大槻茂実（二〇一八）は、多摩ニュータウンの地域再編に大きな役割を果たすことが期待される地域祭りの組織活動の継続のために、徳野貞雄の「修正拡大集落論」を参照しながら、「転出者とのつながり強化」の必要性を強調している。

参考・引用文献

足立重和、二〇一〇『郡上八幡　伝統を生きる―地域社会の語りとリアリティ』

有賀喜左衛門、一九四八＝一九六八『有賀喜左衛門著作集Ⅴ　村の生活組織』未来社

有末賢、一九八三「都市祭礼の重層的構造―佃・月島の祭祀組織の事例研究」日本社会学会編『社会学評論』33（4）

――、一九九九『現代大都市の重層的構造―都市化社会における伝統と変容』ミネルヴァ書房

――、二〇〇〇「現代の都市空間におけるメディアと祝祭」日本生活学会編『生活学24冊祝祭の一〇〇年』ドメス出版

有本尚央、二〇一二「岸和田だんじり祭の組織論―祭礼組織の構造と担い手のキャリアパス」ソシオロジ編集委員会編『ソシオロジ』57（1）

――、二〇一七「都市祭礼における「暴力」と規制―「スポーツ化」する岸和田だんじり祭」関西社会学会『フォーラム現代社会』16

植田今日子、二〇〇七「過疎集落における民俗舞踊の『保存』をめぐる一考察―熊本県五木村、梶原集落の『太鼓踊り』の事例から」日本村落研究学会編『村落社会研究ジャーナル』14（1）

上野千鶴子、一九八四「祭りと共同体」井上俊編『地域文化の社会学』世界思想社

宇野正人、一九七八「都市の祭への視角―名瀬市〈奄美まつり〉をとおして」宗教社会学研究会編『現代宗教への視角』雄山閣出版

大久保美香・田中求・井上真、二〇一一「祭りを通してみた他出者と出身村とのかかわりの変容―山梨県早川町茂倉集落の場合」日本村落研究学会編『村落社会研究ジャーナル』17（2）

大槻茂実、二〇一八「『再生された』伝統的集団による地域の再編」石田光規編著『郊外社会の分断と再編―つくられたまち・多摩ニュータウンのその後』晃洋書房

孝本貢、一九七八「都市家族における先祖祭祀観―系譜的先祖祭祀観から縁的先祖祭祀観へ」宗教社会学研究会編『現

代宗教への視角』雄山閣出版
鈴木榮太郎、一九四〇＝一九六八『日本農村社会学原理上・下』未来社
鈴木広、一九七〇『都市的世界』誠信書房
澁谷美紀、二〇〇六『民俗芸能の伝承生活と地域生活』農文協
武田尚子、二〇〇五「祭礼の変容と地域社会─福山市内海町の事例から」武蔵大学社会学部『ソシオロジスト』七号
竹元秀樹、二〇一四『祭りと地方都市─都市コミュニティ論の再興』新曜社
玉野和志、二〇〇五『東京のローカル・コミュニティ─ある町の物語一九〇〇─八〇』東京大学出版会
永井純一、二〇一六『ロックフェスの社会学─個人化社会の祝祭をめぐって』ミネルヴァ書房
濱嶋朗・竹内郁郎・石川晃弘編、一九九七『社会学小辞典・新版』有斐閣
牧野修也、二〇一六「中山間地の集落芸能の継承と意味変容─長野県南佐久郡小海町親沢集落・人形三番叟の事例から」専修人間科学論集社会学篇六（二）
松平誠、一九九九『都市祝祭の社会学』有斐閣
───、二〇〇〇「都市祝祭論の転回─合衆型都市祝祭再考」日本生活学会編『生活学第二四冊　祝祭の一〇〇年』ドメス出版
森岡清美、一九八四『家の変貌と先祖の祭り』日本基督教団出版社
柳田国男、一九六九『日本の祭』（角川文庫）角川書店

第一部

再構築される担いのしくみ

第二章
マンション町衆が担う山鉾町の伝統
――京都祇園祭　蟷螂山――

中村　圭

写真 2-1　山鉾巡行のクライマックス
2018 年 7 月 17 日籤渡
（市長に籤を渡す正使を見守る蟷螂山の町衆）
出典：蟷螂山保存會撮影

写真 2-2　2016 年 7 月 16 日宵山の蟷螂山
（からくりの大蟷螂を調整する九代玉屋庄兵衛）
出典：筆者撮影

一、祇園祭と町衆《ちょうしゅう》

祇園祭の宵山は大勢の見物客であふれかえっていた。コンコンチキチン、コンチキチンと鉦が響く祇園囃子を聴きながら、町家が軒を連ねる風情ある山鉾町界隈を逍遥し、天を貫くようにそびえ立つという雅な山鉾巡りを楽しもう、と期待して古都にやってきたのに、目に入るのは、建ち並ぶビル群と交通量の多い道路の傍で、拡声器で警備する多くの警察官に守られながら建つ山鉾。そして人、人、人……。

本章は、突出して町内の居住人口が多い祇園祭山鉾町のひとつ、蟷螂山町を事例とする[1]。ここは今、六五〇年の伝統を持つ山鉾行事の運営をここ二〇年以内に引っ越してきたマンション町衆が中心となって担っている。オーバーツーリズムやコロナ禍に対抗しながら、いかにして山鉾行事を継承しようとしているのか、居住人口の増加により伝統的に町衆[2]が担う祭りの担いのしくみはどのように変化したのかをあきらかにすることを目的としている。

(1) 祇園祭と山鉾町

京都の祇園祭は、東京の神田祭、大阪の天神祭とともに三大祭りのひとつとしてあげられる都市祭礼である。日本を代表する伝統的な祭礼行事としてその価値が認められ、二〇〇九年には京都祇園祭山鉾行事がユネスコ無形文化遺産に登録された。

祇園祭の起源は九世紀の平安京にまで遡る。祇園祭は人の往来が頻繁な都の宿命、外来の人びとからもちこまれる未知の疫病退散を祈念するものとして定着し、広く信仰を集めた。祇園祭は八坂神社の神事であり、山鉾行事は、室町時代から続く町組を単位とし、町衆による民間私祭としてはじまった。その基本的な形式は室町期に形成され、現在にいたるまで維持継承がされている。現在、祇園祭山鉾行事に参加が認められている山鉾は、三五で、それぞれの町をベースとした保存会組織によって独立運営されている。直近ではバブル期に平成女鉾という新たな鉾が数千万円かけて制作され、囃子方も結成されて参加を試みようとしたのだが、一五〇〇（明応九）年、応仁の乱後に復興した巡行に参加し、かつ名称（なんと呼ばれていたか）、町籍（どの町内が所有していたか）、風流《ふりゅう》（どのような趣向の飾り物をしていたか）が明確でないものは認められない、と排除された。一方、大火や洪水などで百年単位で、巡行に参加できなかった山鉾も「休み山」「居祭《いまつり》」として参加資格を維持され、室町時代から続く我が町の山鉾として歴史が伝えられ、復興の機会を窺い、町の伝統を頑なに守り続けている。

山鉾を擁する町は山鉾町と呼ばれ、祭りを担う人びとは、町衆と呼ばれた。町衆とは、元々は一五－六世紀頃に町の生活者となった没落公家衆が、町に住む商・手工業者を総称した呼称であった。しかし町衆たちも公家衆のもつ豊富な教養から影響を受け、公家衆とともに地域的な集団生活体を組織し、経済性と文化性を持った人びとがその町中で育て上げられた。一六世紀中頃、天文年間以降は、次第に上層町衆は特権商人となり、上層の家持層と借家人層の階層分化が強化された。上層町衆には三井家などの財閥につながる商家があり、江戸時代には地方の藩邸も山鉾町内に居を構えて山鉾行事のスポンサーとなり祇園祭を担った。

山鉾町は、明治初期まで不動産所有売買権・居住転出入許可権等を保有し、およそ裁判権と警察権以外の自治が町に任され、自治にかかわる細目を定めて、有力な町衆の合議制で意思決定を行っていた。転出していく者の不動産を町で引き取り、新たな住民を受け入れるかどうかについては町内で審議が行われ、わが町の住民としてふさわしい人が見つかるまで空き家は「町中持《ちょうじゅうもち》」として町が管理した。

山鉾町の住民にとって祇園祭は大事な町の神事であり、財力があり人格も優れ、祭りを担うことにふさわしい人物と認められてようやく町衆への仲間入りが可能となった。町衆であることは、それ自体が名誉であり威信でもあった。山鉾巡行で山鉾と共に都大路を闊歩することは誉であり、山鉾町に町衆として迎え入れられた「成功者」であることを意味した。

町中持のうちの一軒は町家《ちょういえ》として使用され、奥の蔵に山鉾の資材や懸装品、御神体を収蔵した。祭礼期間には、町家の前に山鉾を建て、中には祭壇をしつらえて御霊を祀り、それぞれの懸装品などで飾りつけをしてお披露目をし（会所飾り）、囃子方を持つ山鉾はそこで囃子を奏でた。

祇園祭は八坂神社の神事であるが、山鉾行事は町衆の祭礼（神事）である民間私祭であり、土着的な祇園信仰であった。そのため山鉾町によって御神体や、安産や雷避けなどの御利益もバリエーションに富んでいる。

幕末から明治維新にかけての改革により、町のもつ機能は激変したが、現在も各山鉾行事の運営は、それぞれの山鉾町を基本とした保存会組織によって担われている。各山鉾保存会の構成員は、山鉾の形態、囃子や舞などの風流の構成によって違いはあるが、各山鉾町の地主、住民を基本としており、組織は大部分が公益財団法人の形態をとっている。(3)

年に一度の巡行は、豪華絢爛で意匠を凝らした懸装品で飾られた山鉾のお披露目となり、祭礼は各山鉾町の町衆同士の財力やコネクション、目利きを競い合う場になった。それらはお金を出すだけでは、決して手に入れられないような貴重な品々や、現代なら人間国宝に指定されるような名匠たちが魂を込めて制作した染織品や金工芸品であり、高い文化財的価値を持つ。町衆たちが大切に保管してきたために海外では「幻の織物」と呼ばれるような品々が山鉾町の所有財産として現存する。祭礼時には世界各国の美術館のキュレーターたちが、年に一度のお披露目の機会を求めてやってくる。山鉾巡行は動く美術館と称されるほど荘厳華麗であり、町の山鉾行事の儀礼は、町の威信をかけて伝統と格式が重んじられて継承された。

（2）山鉾町の近代と大正デモクラシー　「適任者自治」のはじまり

幕末から明治維新にかけて山鉾町は苦難の連続となった、幕末の蛤御門の変では、京の町を焼き尽くす大火事が発生、山鉾の大半が焼失してしまった。多くの公家が天皇と共に東に下っただけではなく、廃藩置県により地方の藩邸も京を引き上げた。

一八九八（明治三一）年に京都市政が施行、中央集権化が進み、室町期以降、山鉾町に任されていた町の権限が剥奪された。町中持として町の共同所有であった町家は、誰かの名義と登記せねばならなくなり、町によっては昭和や平成の時代にまで厄介な禍根を残すこととなった。[4] 町の財産である山鉾の懸装品なども、法的には所有者はグレーゾーンとなった。

財政が困窮したために、町家や山鉾を彩っていた貴重な懸装品の数々が売却されて散逸した町も出現した。大正期には、町のものであった山鉾・会所・町家の所有権の帰属問題が発生し、「山鉾は誰のものか？」という議論が沸き起こった。一九二二年、最初に放下鉾が財団法人を設立し、その後、次々と財団法人化へと組織形態が移行されはじめた。[5]

一九二三年には祇園祭山鉾連合会が設立された。各山鉾保存会からベテランの適任者が評議員に選出されて構成される。基本的には合議制で各山鉾間の利害関係を調整し、外部との交渉を行う機関であり、各山鉾保存会の意思が尊重されて山鉾町の独立性が保たれている。

ところで、山鉾町の住民のなかで町衆として認められ、祇園祭の担い手として参加ができたのは、かつては「カモッツァン」と呼ばれた家持層だけであった。借家人は「店子《たなこ》」と呼ばれて、囃子方などで参加はできたが、祭礼を担う「町衆」とは認められなかった。その状況に変化をもたらしたのは大正デモクラシーであった。祭礼行事に熱心に参加し、人格、教養とも適任と周囲から認められた者は、借家人であっても合議の場への参加を許されるようになった（適任者自治[6]）。

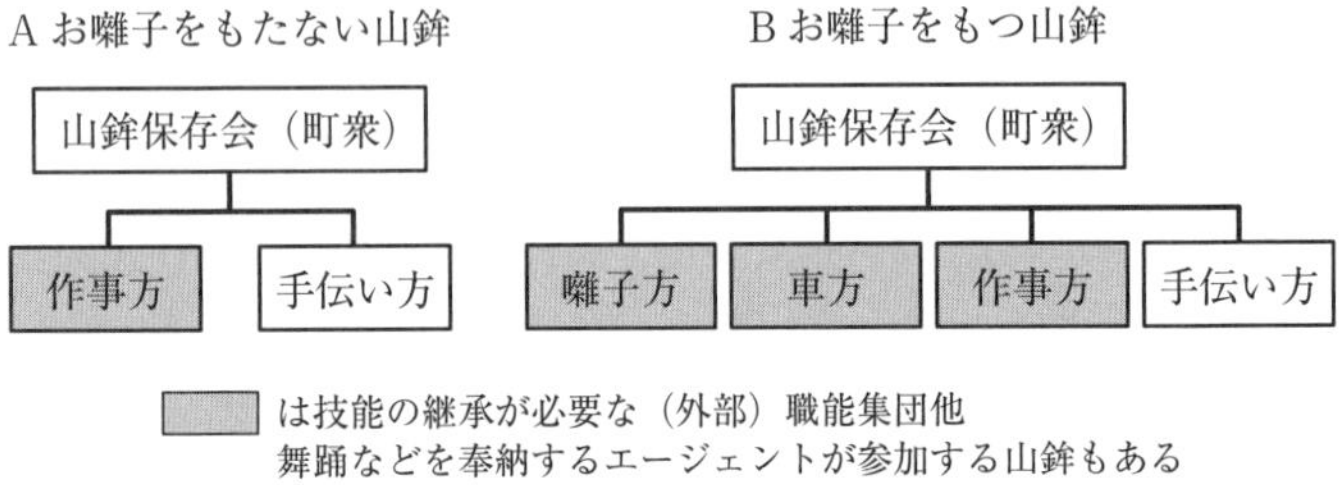

図 2-1　山鉾のエージェントモデル図

出典：筆者作成

（3）祇園祭を担うエージェント

祇園祭の山鉾は、鉾、曳山、傘鉾、舁山、屋台、の五つのタイプに分類することができる[7]。前者三タイプは囃子方をもち、後者二タイプは囃子方をもたない。巡行に参加している三四の山鉾のうち[8]、一四が囃子方をもち、二〇は囃子方をもたない。囃子方を乗せて巡行する鉾や曳山は高さ鉾頭まで二五メートル、重量も、巡行時には八・五〜一二トンもある壮大なものである。山鉾は、釘などを一切使用せず、昔ながらの「縄がらみ」などの伝統技法で組み立てる。巡行が終わると、山鉾はただちに解体され、また次年度に同じ部材で組み立てられる。そのため、必然的に作事方、車方は高度な技術を継承する必要がある。

山鉾の巡行に当たり、綱を曳くための曳き手は四〇人〜五〇人が必要となる。一方、舁山、屋台は重量が〇・五〜一・二二（蟷螂山は一・二二トンで最も重い）トン、舁き手は一四人〜二〇人で動かしている。舁山、屋台には鉄の車輪がついており、押すだけで動かせるのだが、鉾や曳山は、数トンもの巨大なものを人力で曳いており、かなりの力を必要とする。

山鉾行事は、有力な町衆の中から選ばれた長が、「本年も例年通り、祭りを執り行う」と宣言し、祭礼執行のために必要な作事方（大工方）、

写真2-3　四条烏丸で山鉾巡行の出発の順番を待つ山鉾。右が函谷鉾，左が蟷螂山
出典：蟷螂山保存會撮影

囃子方・車方（巡行時に運行、辻回しを行う）・手伝い方（曳き手／舁き手）が参集する。意思決定は町衆による合議制であり、作事方、手伝い方の一部には労働の対価としての支払いも発生する。

かつて囃子方を含む外部のエージェントと町衆には階層が存在した。一方、保存会（町衆）と、町外からも参加でき幼少時から稽古を重ねる必要がある囃子方とは、現代における階層意識の相違からトラブルが発生することもあった。また公益財団法人では外部の評議員や監事などから組織運営にかんしての指導も発生する。手伝い方には雇用関係にあるプロの警備員や町内有志による自主警備ボランティア、宵山で祭礼品授与をする町内の住民有志や、産学連携や授業の一環として参加する学生なども含まれる。

のちほど詳述する本章の事例となる蟷螂山は屋台に分類され、お囃子ももたないため、エージェントモデルはシンプルなAのパターンを取っている。

（4）高度経済成長・バブル・地上げからの集合マンション建設

京の町衆を研究対象とした林屋辰三郎は、著書の冒頭に「京都ではいま、『応仁の乱いらいの破壊が行われている』という警句がきかれる」として、京の文化を守り抜き、祇園祭を代表する行事や芸能を育ててきた地域共同体が急速に解体しつつあることへの危機感を感じたことを研究動機にあげており、「かつてこの地域的共同体をつくりあげた町衆たちの歴史をかえり見ることによって、あるいは伝統行事や文化の保存に新しい意義が見出され、またはなんらか役立つことがあるかもしれないというひそかな期待をいだいた（一九六四：一〇）（本文を引用）」ことを述べている。(9)

高度経済成長にさしかかっていた時代、山鉾町は京都の中心部、阪急と京都市営地下鉄が交差する四条烏丸付近の便利な場所に位置し、繊維産業や銀行・証券会社が集まる京都の経済の中心地でもあったため、時代の影響をまともに受けた。

高度成長期には都心部のドーナツ化現象で山鉾町でも人口減少した。大通り（四条通／烏丸通）に面した町より次々に高層のオフィスビルや集合住宅などが建設された。バブル経済による地価高騰が追い討ちをかけ、固定資産税や相続税の高騰で立ち退きを余儀なくされた。バブルがはじけ、長く続く構造的不況にあえぐ繊維業界の染工場や路地に建てられた小規模な長屋作りの連棟などが地上げの標的となった。担い手だった町衆は町を離れざるを得ない状況においこまれた。

各山鉾町は、その立地条件や住民の団結、意思決定によって状況が分かれた。オフィスビルが立ち並び、居住者がゼロとなり企業や地主が担うようになった町、それまでの重要な担い手が町を離れ、マンション新住民が急増した町など、その立地により町の構成人口が一変した。跡地には大規模な集合マンションが計画された。マンション建設に反対して住民運動に発展したところもあった。(10)「祇園祭と一体の町並と担い手を守らなければならない」、「鉄筋コンクリートのマンションは、五十年後には町のお荷物となる」などの理由で建設を拒み、「より多くの人が京都の良さを知り、住んで新しい京都人になってもらうための居宅」としたマンションデベロッパーの謳い文句にも、投資目的の入居者を狙った言葉であり、京都以外の人のセカンドハウスになる可能性が高いと、山鉾町の人びとは懐疑的になった（木村 一九八九：一〇六）。

もう建設は不可避だと悟ると、「どうせ作るのなら、よりよい住環境を作ろう」と前向きに動いた山鉾町もあった。協定書を作成し、内容を業者側が入居者に提示する「売買契約書」のなかにおりこみ、「入居者は町内会（または自治会）、および保存会に入会するものとし、町内会会則、および保存会会則を遵守する」ことが売買契約に明示され、これに納得したうえで入居する方式を考案した。最初からマンション共益費に町会費も組み込み、必ず徴収できるように取り決めた[11]。しかし建設される集合マンションは、居住目的の分譲のファミリータイプばかりとは限らず、賃貸や投資目的のワンルーム、なかには協定を結びながら完成後に転売されるような悪質なケースもあり一筋縄にはいかない状況にあった。

ファミリータイプの分譲マンションは、それなりの価格をしており、都市のホワイトカラーのエリート層も大量に転入してきた。マンション新住民を山鉾行事に参加させるかどうか、各山鉾町により対応が分かれた。また地域活動に熱心で祇園祭の担い手となる町衆企業[12]も出現しはじめた。山鉾行事には、ヒト・モノ・カネのマネジメントに加えて、長い歴史に裏付けされた「伝統」という文化資源の継承を行う必要性がある。カネに関しては行政からの補助金があるとはいうものの、それではまったく不十分である。運営や維持には相当な費用を必要とする。長引く不況により、祭りの収益の核であった企業の協賛金やかつて大口の寄付をしていた裕福な町衆の懐事情も苦しくなるところが増加した。マンション建設を受け入れなかった町では、担い手の減少と高齢化問題も発生しはじめた。新たな担い手をどうするか、京都・祇園祭ボランティア21などの応援組織が結成され、山鉾連合会や隣接するかつての寄町(13)から担い手を募ることを決めた町もあった。

(5) オーバーツーリズムにより増加する警備負担とクラウドファンディング

二〇〇八年一〇月には観光庁が発足、日本は観光立国として本格的に舵をきりはじめた。世界金融危機、東日本大震災と一時期、来日観光客は減少したが、二〇一三年一二月には年間訪日観光客数は一、〇〇〇万人を突破した。観光客が激増しはじめたのは、同年九月東京オリンピック開催の決定後である。二〇二〇年を目標に観光産業への投資が急増しはじめ、中国人都市部富裕層向けにマルチビザを発行するようになり、インバウンド観光客が爆発的に急増した。そのわずか三年後の二〇一六年一〇月には、年間訪日観光客数二〇〇〇万人を突破、二〇一五年には「爆買い」が流行語大賞に選ばれた。政府は二〇二〇年に四〇〇〇万人、二〇三〇年には六〇〇〇万人の来日観光客招致を目標に掲げ、その宿泊先がまだまだ足りないとして、世界的に有名な五つ星ホテルからカプセルホテル、民泊とさまざまな宿泊施設が雨後の筍のごとく急増した。

観光都市京都にはオーバーツーリズムの影響が直撃した。山鉾町には宿泊施設が続々と開業した。団体旅行客だけではなく、アジアからの個人観光客も増加し、多言語化が求められるようになった。アジアからの観光客は一見してわからないため、警備や案内は複雑化した。「鉾には女性は上がれない」という伝統を守っている保存会では、受付に英語・中国語で貼り紙をしてしきたりを守った。本来、祇園祭山鉾行事は町の神事であったはずなのに、観光客の急増と海外訪問客への「おもてなし」に町衆は翻弄された。

警備にかかる費用負担は増大した。それらを補うために、二〇一七年より公益財団法人祇園祭山鉾連合会はクラウドファンディングに初挑戦した。目標金額の三百万円に対して千三百七十九万三千円を集めて大成功、支援をしたサポーターは全国から一二〇九人にも及んだ。目標額の大幅突破は、意外性、報道機関の扱い、目新しさ、現代の風潮が寄与したものと考えられた。クラウドファンディングは現在まで継続して五年間実施、毎年目標額を達成している。最近は中小規模ホテルのオーナーが新たに町衆企業となり、大手ホテルチェーンの社員が自主警備ボランティアに派遣され、山鉾行事に貢献をしている。

二、祇園祭　蟷螂山マンション町衆の誕生

（1）祇園祭 蟷螂山起源

ここからは本章の事例となる蟷螂山についての概要の説明をする。蟷螂山町の居住人口は山鉾町で最多七〇〇人を超えており、約九五％がマンション住民である。

蟷螂山を擁する蟷螂山町は、四条烏丸から西側約四〇〇メートルのところにあり、中京区にある山鉾では西の端に位置する。かつて西洞院通にそって小川が流れていたのだが、明治時代に暗渠にされて通りが拡張され、道幅が二車線で対面通行が可能である。

巡行にはいつから参加したのか起源がはっきりしない山鉾が多いなかで、蟷螂山の歴史は明確に残されている。一三七六年に町内に在住しており、南北朝の争いで南朝に属し八幡男山での壮絶な戦いの上に討ち死にした四條隆資卿の二十五周忌に、元の滅亡により渡来した陳外郎大年宗奇[14]が施主となり御魂休めを行い、四條家より御所車の払い下げを受けて大蟷螂の模型を乗せて山鉾巡行に初参加した。大蟷螂は「文選」にある故事「蟷螂の斧」から引用したものでからくり仕掛けになっており、蟷螂山の風流となっている。

江戸時代には、久留米藩有馬家の京都屋敷が西洞院通の西側にあり、蟷螂山の山鉾行事を担った。幕末の蛤御門の変の大火で蟷螂山も被害にあい、有馬家の蔵に保管されていた一部の懸装品と山鉾の

部材だけが焼け残った。

明治期になり、久留米藩藩邸は売却され、蟷螂山は後ろ盾を失った。再建の目処は立たず、焼け残った懸装品のうち、新しい当町の住人となった人びとにより御所車と大蟷螂を座敷飾り用に作り替えられ、残りは売却されてしまった。幕末から明治初期にかけて多くの町民は離散、当時、売却側に賛成したものは急死か行方不明となり、祟りであると恐れた町民は、一八七六(明治九)年に錫のおみき徳利を新調、再び居祭として山の祭祀を開始した。

以後、多くの山鉾が復興し相次いで巡行に復帰したが、蟷螂山は居祭としての参加にとどまった。この間、何度か復活を試みるも失敗し、実際に復興するのは一一〇年も経過した一九八一年のことであった。

(2) 昭和の復興と失ったコモンズの再獲得

復興は、町内在住で在野の歴史家 津田菊太朗氏の強力なリーダーシップの下、蟷螂山保存會[17]が正式に発足し、ようやく再興、巡行に復帰することができた。以後、約一〇年間、津田氏が中心となって蟷螂山保存會の運営がなされた[15]。一九九〇年八月に津田氏は急逝し、残された者たちは一二月頃まで引き継ぎに追われた。当時、立地のよい山鉾町界隈では、不動産高騰によるバブリーな話が飛び交っていた。蟷螂山町内でも低層の町家が壊されて高層マンションが建設されはじめていた。

その後、道幅の広い蟷螂山町は執拗な地上げに遭い、祭りの担いの中心的存在だった人たちが相次

写真2-4　マンションの1階にある蟷螂山町會所（上・中段）と祭礼時のみ組み立てられる仮設展示場（下段）

いで町を去った。担い手不足は深刻となり、残された町衆は、祭りの運営をできる限り外注して簡略化することに努めた。住民が交代で徹夜で当番していた夜中の警備も業者への委託をはじめた。

跡地には相次いで大規模な分譲マンションの建設計画が持ち上がった。蟷螂山の町衆たちの粘り強い交渉の結果、祭礼時の展示所、収蔵庫、町会所[16]を分譲マンションの通りに面した場所に獲得した。それらは保存会の所有ではなく賃貸借契約を結びランニングコストを抑え、賃貸借契約上、マンション側からの解約ができなくなっている。こうして蟷螂山町内には二〇〇一年から二〇〇三年にかけて相次いで計三棟、約三〇〇〇戸のマンションが分譲され、新住民たちが大挙して転入してきた。一九九五年には三二世帯五五人しかいなかった蟷螂山町の人口は、二〇二〇年には三四八世帯七二〇人まで増加した。[18] 二番目に多い山鉾町の二三一世帯四一〇人と比較して飛び抜けて多いことがお分かりいただけるだろうか。しかもマンションが建設されたこの三年間で急増したのだ。

蟷螂山はお囃子や舞などをもたない。蟷螂山の風流であるからくり仕掛けの大蟷螂は、犬山祭などでも活躍している名古屋の玉屋庄兵衛氏率いる玉屋工房で制作され、メンテナンス、技術伝承がされており、祭礼時に名古屋から来訪される。作事方は、竹田工務店が復興時から蟷螂山山建の技術的側面を一手に担っている。[19] そのため蟷螂山の町衆は、祭礼における専門的な技術の継承はそれほど多くなく、蟷螂山の文化財となる懸装品の管理や飾りつけ、展示場や会所の設営、祭礼授与品の制作管理・販売、巡行参加者の手配・準備・世話などが主たる仕事となる。蟷螂山は図2−1のエージェントモデル図のAにあたり、人手は必要とするのだが、囃子方などをもつモデルBの山鉾と比較してシンプルな形態になる。

一気に急増したマンション新住民に対して、旧住民の蟷螂山の町衆は「マンション住民との共生」をスローガンに掲げた。祇園祭山鉾連合会から長老を招いて祇園祭の歴史を学ぶ講演会を開催し、祭礼前には分譲マンションの全戸に参加案内を配布し山鉾行事への参加を呼びかけた。マンション内の掲示板には蟷螂山の山鉾行事の予定一覧を貼り出し、祭礼授与品は町内向け特別頒布価格を設定し、祭礼に先駆けて手に入れられるようにした。粽は分譲マンションの全戸に配布した。祭礼の自主警備や祭礼授与品の販売ボランティアを申し出た住民には、担当場所が同じマンション住民ごとに固まらないようにシフトを作成した。巡行にも参加できるように貸与できる裃を準備し、希望者には購入できるような機会も設け、袢の着付け教室を開催した。

蟷螂山町学区の公立小学校は人気があるため、子育て世帯が多く転入して子どもの数も増加した。小学校のママ友のつながりを通して、祇園祭だけではなく、地蔵盆やクリスマス会など、季節の行事ごとに参加を呼びかけてつながりを深めた。他の山鉾で歌われていた祇園祭のわらべ唄を、作曲家の尾上和彦氏に採譜を依頼して蟷螂山オリジナルのわらべ唄を制作した[20]。他町で唄われている歌詞「ろうそく一本献じられましょう」は、現代風に「Tシャツどうどすえ　パンフレットどうどすえ」というフレーズに変更、近年制作したからくり仕掛けのかまきりおみくじも歌詞に織り込まれた。こうして、子どもたちも祭礼に参加し、祭礼品の授与やからくりのかまきりおみくじなどの手伝いを担った。

祭礼期間以外でも、つながりを深めるために、月一回、収蔵庫の整理などの参加を呼びかけたり、町内の目立つところに蟷螂山保存會／自治会用の掲示板を新たに制作し、活動が常に目に触れられるようにした。毎年、それぞれの分譲マンション理事会から自治会の担当者が選出されるのだが、コミュニティとかかわるうちに祇園祭にも熱心に参加するようになり、保存会の中心的な担い手となる人も現れた。

実際には、町内に蟷螂山が建つのは年に五日間だけである。新しいマンション住民は、四条烏丸の便利な都心部の分譲マンションであるという理由で購入を決めており、なかには祇園祭の山鉾町であることを知らずに、もしくは祇園祭はどういう祭礼なのかあまりよくわからずに引っ越してくる人も見受けられた。住民の大部分が都市のホワイトカラーのファミリー層、もしくはリタイヤ層であった[21]。

表2-1　蟷螂山の歴史年表

西暦	蟷螂山に関する出来事
1128 ～ 1186	中御門家成の長男隆季，四條大宮に院を構える。後に四條西洞院 当町の東側に移転「四條宮」
1292 ～ 1352	四條隆資卿（1292 ～ 1352）　正平 7（1352）年 5 月 11 日　足利義詮軍と男山八幡で戦い，戦死
1368	陳延祐（宗敬），陳大年（宗奇）父子　明の侵攻により大都から博多へ亡命
1373	陳大年，博多から京都へ移転
1376	**祇園祭山鉾巡行に初参加**　隆資卿の 25 周忌大法会。陳大年 施主 四条家より八葉の御所車の払い下げを受け，大蟷螂の模型を乗せて巡行に参加
1467 ～	応仁の乱の大火で蟷螂山焼失
1500	応仁の乱後の巡行復活　蟷螂山も参加
1660 ～	久留米藩 有馬屋敷 蟷螂山町に移転 この頃，外郎（陳）家小田原に移住 途中の宿場町，遠州森町にて蟷螂之舞 伝授
1788	天明の大火により蟷螂山焼失
1802	現存の御所車新調
1864	禁門（蛤御門）の変　蟷螂山一部 焼失 幕末から明治初期にかけて東側の町民一部離散，一部の懸装品等，売却される
1876	新しく入町した人びとより，御所車を座敷飾りに造り替えて祭祀再開。錫の徳利新調
1981	**昭和の復興　蟷螂山再興　約 110 年ぶりに山鉾巡行に復帰**
1990	8 月 蟷螂山保存會 復興初代会長 津田菊太朗氏急逝
2001	仮設展示場（分譲マンション A）完成　11 階建 70 戸
2002	蟷螂山収蔵庫（分譲マンション B）完成 14 階建 134 戸
2003	蟷螂山町會所（分譲マンション C）完成　12 階建　91 戸／この 3 年間で当町のマンション住まいの住民が急増
2004	平成の友禅山／羽田登喜男氏制作の一連の京友禅懸装品がすべて完成
2007	はじめてマンション町衆が会長職就任／蟷螂山 からくりおみくじ 開始
2009	蟷螂山のわらべうた完成／外郎（陳）家との交流復活
2011	復興 30 年 外郎（陳）家 数百年ぶりに山鉾巡行に参加
2012	舁き初めの復興
2014	2 人目のマンション町衆が会長に就任　（祇園祭 前・後祭の復活，蟷螂山は前祭巡行）
2017	「安心安全の祇園祭報告書」・署名運動
2020	コロナ禍で居祭りに／蟷螂山保存會の執行役員全員がマンション町衆に
2021	**復興 40 年** コロナ禍居祭り 2 年目／ 25 代 外郎藤右衛門氏 蟷螂山の正使に

出典：津田氏資料・聞き取りを元に筆者作成

（3）どのような新住民が祭りに深くコミットするようになるのか？

さて、マンション新住民のなかで、どのような人びとが祭りに参加するのだろうか。伝統・文化への造詣が深い、幼い頃に天神祭や岸和田のだんじりなど祭りの原体験を持つ、京都で育ち、山鉾町への憧れがある、歴史や和の文化が好き、非日常な体験が好き、大人の文化祭のようで楽しい、など、動機はさまざまである。しかし深くコミットしていく者は、家族で一緒に祭礼に参加して楽しんでいることが多い。平日に夫が仕事に行っている間に妻が祭礼授与品販売の管理をするなど、夫婦で協力し参加を楽しんでいる。連れ合いが熱心に参加しはじめることに合わせて、その家族や子どもも参加が増えていく[22]。

これまでの祇園祭や都市祭礼を対象とした研究は、その大部分が外部の研究者からの視点であるため、ハレの、どこか「特別な行事」として祇園祭山鉾行事をまなざし、祭りで繋がる縁を「祭縁」と論じる。しかし山鉾町で暮らす住民にとっては、お千度詣りや地蔵盆、五山の送り火見物、学区民の運動会、クリスマス会などと同様、歳時記のなかの「行事」のひとつとして夏の祇園祭が巡ってくる。当然のことながら、山鉾行事の執行は他の行事と比較にならないほどヒト、モノ、カネ、伝統の継承等、多大なる尽力を必要とする。だが、内部からみると祭礼は、町に住まう生活の一部であり、ファミリーイベントでもある。実際に同じメンバーが学区民の運動会や地蔵盆、クリスマス会を企画、準備をしたり、大雨でのトラブルや近隣に新たに建設されるホテルやマンション建築協定の交渉など、町として対処しなければならない事案があがった場合には積極的に交渉を担っている。現在のマンション町衆である保存會会長は地元の消防団に入団して熱心に活動しており、学区内にもつながりがあり信頼が厚い。このように祇園祭への参加度合いは、コミュニティへのコミットと深い相関関係がみられる。

（4）体験としての祇園祭とフリーライダー

一方で、山鉾町に住まうことだけを享受するフリーライダーも現れた。祇園祭の参加案内を見て「裃を着て巡行に参加するのは面白そうだな」と、初参加を試みると、山建や自主警備、巡行準備や片付けなどの「義務」も一緒にセットでついてくる。京都の七月は猛暑や夕立など気候も厳しく、山鉾行事の準備には、多様で細かく「泥臭い」準備段階の雑用が数多くある。裃を着て都大路を誇らしく闊歩したり、新聞やテレビ中継などメディアで多く取り上げられるようなカッコいい話はほんの一面でしかない。そのため、一～二度、経験してフェードアウトしていく新住民も多い。「面白そうだな」と思って巡行に参加するのだが、「もうこんな暑い中で無償奉仕なんてやってられへん」と、フェードアウトしたり、なかには町外に転出したりするケースもある。実際のマンション住民の参加は、住民の一〇％～二〇％程度にとどまっている。

蟷螂山町でおこったことは、新規来住者と旧住民の圧倒的な数の上による逆転であった。何より賃貸住宅も含め約七〇〇名が同じ町に住まう中で、全員が顔見知りとはなりえない。山鉾町に住まうという威信だけを自慢する人もおり、フリーライダーになる者も多い。「蟷螂山町にお住まいやったら、〇〇さんはご存知ですか？」と尋ねられるのだが、祭りには参加しないため、町衆たちとつながりはないのだ。

かつて、祇園祭は町の神事であり、祇園祭への奉仕は山鉾町に住まう者にとっての義務であった。現在でも他の山鉾町では、「不勤料」という制度を設けて、祇園祭のそれぞれの行事に奉仕する者を出せない家には、いわゆるペナルティを支払う制度をもつ町もある。(23) 祇園祭山鉾巡行は曜日に関係なく、毎年決まった日程（前祭《さきまつり》 宵山七月一四〜一六日、巡行一七日。後祭 宵山七月二一〜二三日、巡行二四日）で行われる。都市の賃労働者にとっては、平日に開催される祭礼に参加するためには有給休暇を取得するしかない。マンション住民が急増した他の山鉾町では、マンション住民に対してこの「不勤料」制度を適用するかどうかということが議論になった。蟷螂山では「不勤料」は昭和の復興当初から存在せず、このことが家持層でもフリーライダー化する原因となった。地元で商売をしている者にとっては、観光客が多くやってくる祇園祭はかきいれ時であり、無償奉仕などに関わっている時間などないのだ。

三、マンション町衆が担う山鉾行事の伝統と神事

（1） マンション町衆のリーダー誕生

二〇〇七年、復興時から参加し中心を担った町衆が保存会の代表を退き、初めてマンション住民が蟷螂山保存會の代表に就任した。当時はまだほかの三役と呼ばれる執行役員はマンション建設以前の

写真 2-5　2021 年 7 月 11 日　記者会見にて羽田登喜先生を囲んでお揃いの浴衣を着る蟷螂山のマンション住民たち。右から 6 人目が京友禅作家の羽田登喜先生

旧住民であったが、その後、二〇一四年にまだ四〇代のマンション住民が蟷螂山保存會の代表に就任、三役と呼ばれる執行役員にも活動に熱心なマンション住民が就き、マンション町衆が本格的に祭りの中心を担いはじめた。現在では執行役員全員がマンション町衆である。居住二〇年に満たないマンション町衆が担う山鉾町が誕生したのだ。旧来の都市の商工業者、自営業者としての町衆像とはかけ離れ、全員が賃労働に従事するホワイトカラーである。暦通りの勤務で平日の時間の融通がきかない賃労働者のジレンマを抱えつつ、お互いにうまく時間を調整しながら祇園祭の仕事を熱心に務めている。

山鉾行事の催行には莫大な費用がかかる。その財源は各山鉾町が頭を悩ませるところである。蟷螂山では、毎年、祭礼授与品のデザインを京都在住の作家から無償提供してもらい、日本手ぬぐいや扇子、Tシャツなどに商品化、祭礼授与品として宵山で販売をしている。コロナ禍で山鉾巡行は中止されたが、授与品は作り続けて、二〇二〇年は町内限定で販売をした。居住人口が多いため、毎年、町内売りだけでもかなりの数が授与される。蟷螂山は「平成の友禅山」とも称されるのだが、二〇二一年は昭和の復興から四〇年の節目の年にあたり、昭和の復興時に友禅の懸装品を制作した人間国宝の羽田登喜男氏の息子、孫にあたる羽田登氏、登喜氏がデザインを担当した。町衆が着用するお揃いの浴衣もはじめて新調、町内にあるＮｏｄｅホテルのロビーでマスコミを集めて記者会見し、感謝状を贈呈、新作のお披露目をした。

高名な作家たちが喜んでデザインを無償提供してくださることについて、毎年、意匠作家との交渉に尽力してきた旧住民の町衆は「文化の力」と呼ぶ。祇園祭に関与することで生じる名誉は威信となり、京の町衆の目利きにかなったという保証となりえる。祇園祭の山鉾をいまも飾る金細工や木彫り、染織品は、江戸時代の無名の職人たちによるものも多いのだが、今なお人びとを魅了し、多くが文化財に指定されている。かつて蟷螂山町に居住した人びとが大火でも持ち出して一生懸命に守り、引き継いだ町の財産なのである。「これはすごい祭りや！　先人たちが守ってきた轍をしっかりと踏みしめないと」と次第に深く魅了される人びとが、マンションに住まう新住民からも出現した。

宵山の提灯のほのかにゆれる灯りをみながら、ほろ酔いになり、隣町から聞こえてくるお囃子をききながら蟷螂山が見える特等席で祭りの情緒を楽しめるのは山鉾町に住まう醍醐味でもある。巡行終了後の直会《なおらい》は界隈の一流ホテルで開催されるのだが、祭りに奉仕した人は無料で参加できる。同じような年代かつ都市のホワイトカラー層の人びとと、祭りの高揚感と達成感を楽しみ、職場と異なる第三のつながりを美酒に酔いながら楽しむ。祇園社は疫病神である牛頭天王を祀り、祇園祭は疫病退散を祈念して美しい歌舞楽曲で御霊休めをしている。祭礼で授与される粽は家の玄関に飾られる厄除けのお守りとなる。神と人が共に楽しむ「神遊び」「神人和楽」の精神と醍醐味は、マンション新住民にも受け継がれている。

(2) 負担が増加する自主警備と署名活動

コロナ禍の直前、祭礼はあふれかえる観光客で警備負担が増加していた。山鉾町は、繁華街に極めて近く、以前よりビジネス系ホテルが数軒、営業していたのだが、二〇一〇年代後半にホテルの建設、開業が相次ぎ、特に蟷螂山町界隈に集中した。現在、四条西洞院交差点を中心として次の通りまでの一ブロック(約一四〇メートル)に一〇軒以上ある。[24] 宿泊施設開業が相次ぐと同時に見慣れぬ観光客たちが大勢、カートをひいてホテルへと向かう光景が日常的にみられるようになった。

宵山は年々、賑わいとは異にするほどの混雑がみられるようになった。室町通や新町通の一車線しかないところでは、山鉾建の日から全面的に車両通行止めになるのだが、蟷螂山の建つ西洞院通は二車線あるため、片側一方通行にはなるのだが、通行止めとなった通りの迂回路となり、祭礼期間中は通行量が増える。自主警備は車や自転車の誘導に加えて周辺ホテルに宿泊する日本語を理解しないインバウンド観光客の増加により複雑化するようになった。危機意識が増大し、蟷螂山町では「祇園祭における交通安全強化を求める陳情」を求めて署名運動へと発展した。蟷螂山町の住民は七〇〇人強しかいないのにもかかわらず、約六倍近くもの署名を集めたことで周囲を驚かせた。[25] 予想された近隣の山鉾町、学区、祭礼関係者、小学校学区のＰＴＡ関係者だけではなく、他府県からも多くの署名が届いたのだ。小田原からは一四世紀の蟷螂山の創始者陳外郎大年宗奇二五代目の子孫の外郎藤右衛門氏と株式会社ういろう関係者たち、愛知県名古屋市からは、からくり蟷螂を操作する九代玉屋庄兵衛と玉屋工房、一四世紀南北朝時代に蟷螂山町に在住し、蟷螂山創設の起源となる四條隆資卿の墓を守る京都府八幡市の市民グループ、一六世紀に外郎氏経由で伝承された蟷螂之舞を継承している静岡県周智郡森町山名神社関係者など、蟷螂山が創建された一四世紀以降、町内に縁があり、蟷螂山を担ってきた歴史的な縁でつながる人びとである。現在も山鉾行事に参加したり、重要な蟷螂山の支援者たちとなっている人たちである。この「時空を超えた地縁(26)」は、この署名活動をきっかけとして外部にも可視化されることとなった。

(3) コロナ禍で出現した祈りの空間

二〇二〇年初頭、全世界を震撼させた疫病コロナ禍により世界各地で都市封鎖や入国制限の措置がとられ、移動が制限された。日本にも緊急事態宣言が発令され、京都に大挙して押し寄せていた観光客は、まるで凪になったように一斉に京都から消え去った。四月には祇園祭巡行・神輿渡御の中止が発表された。人が集まるとして山建も全面的に中止、山鉾巡行に代わる行事として大榊が各山鉾保存会に配られ、例年の巡行実施日に山鉾の代表が榊を持って御旅所まで歩いて遥拝することとなった。

第二次世界大戦で大規模な空襲に遭わなかった京都の町では「先の大戦」は応仁の乱のことをさす、

というジョークがある。時の幕府が「神事はならぬ」として弾圧し、巡行が困難となった際に、当時の町衆たちが「たとえ神事、これなくとも鉾渡したし」と結束し、祭りが執り行われたのだ。だがコロナ禍では、山鉾巡行はなく、神事のみが執行されることとなった。お囃子は飛沫感染の恐れがあるとして自粛するように求められたが、粽授与・祭礼授与品の販売等、行事の実施は各山鉾町に判断が委ねられた。「例年通り」とは何なのか。各山鉾町は思案し、山鉾行事のなかから何を選択して執行するかの決断を迫られることになった。

各山鉾町は、通りからでは山鉾町とわかるような飾り付けがまったくみられない町、会所飾りを公開する町、粽や祭礼授与品を例年並みに販売する町、さまざまな行動に分かれた。

こうしてコロナ禍における山鉾行事は、「本来、祭礼とはなにか？」を静かに問う機会となった。蟷螂山では神事のみが非公開で粛々と執行された。近年、観光公害に巻き込まれて混沌としていた中、「本来、神事とは何だったのか？」を抽出して確認する機会となった。疫病退散を祈念した蟷螂山の粽は、外部には非売となった。蟷螂山は元学区と呼ばれる京都の行政区、本能学区で唯一の山鉾であるため、昭和の復興時以後、毎年、学区より消防団の派遣など物心両面における多大なる支援があった。感謝と疫病退散の祈りを込めて、厄除け粽は、学区の各世帯に無償で授与、配布された。これらはすべてマンション町衆の判断であった。山鉾行事の担い手は、伝統的に男性だけが担ってきたのだが、縮小されたコロナ禍の山鉾行事は男性の役員だけで粛々と進められた(27)。

二〇二一年は技術の継承が途絶えるのを懸念して、山鉾建が可能になった。山鉾を建てるかどうかは各山鉾保存会の判断に任せられた。行動の選択には、町独自の町会所というコモンズをもつかどうかが山鉾町の判断に影響した。マンションのロビーなどの共有部分を利用して会所の飾り付けをしていた町では、感染への懸念から多くの人が出入りするのを嫌ってマンション住民が祭礼の使用を拒否したところも出てきた。蟷螂山の会所は通りに面した場所に入り口があり、マンションの共有部分とは独立した空間であったため、マンション住民からの介入はなく感染対策をしての山建および会所での祭礼品授与が行われた。

コロナ禍により日本各地の祭礼では「もしかしたらこのまま継続できなくなるのではないか」とい

写真 2-6　コロナ禍の祇園祭　前祭　榊巡行
上：2020 年，前祭　雨の中，御旅所まで遥拝に向かう祇園會の列。下：2021 年，蟷螂山保存會会長村林利高氏と正使二十五代外郎藤右衛門氏（後ろは長刀鉾）
出典：筆者撮影

う声が聞かれるが、祇園祭山鉾巡行の復活は、誰もが揺るぎない確信をもつ。「応仁の乱以降、京の町衆は何度も立ち上がってきた。今度も大丈夫」という力強い復興神話が祇園祭にはあるのだ。

四、マンション新住民を包括する担いのしくみ

さて、激動の時代を経た後、祭礼の担い手はどうなったのだろうか。ここまで記述してきた参加新住民の指向性について、縦軸をつながり指向、横軸を伝統文化・信仰の四象限図式にまとめると図2-2となる。

「こりゃすごい祭りだ！　先人たちが守ってきた轍をしっかりと踏みしめてご奉仕しないと」と感じる伝統的町衆型、「また今年も祭りで仲間と共に美酒に酔える！　ワクワク♪」と考えるイベント参加型、「もう一回で十分。袢着て写真も撮影した。暑いししんどいし、こんなんやってられへん」と感じる祇園祭体験型、「山鉾町に住んでいるのは自慢したい。でも濃密な人付き合いも雑用もご勘弁……」と考えるフリーライダー型である。居住しているうちに「祭りは面倒だな」という気持ちが生じてくると、仕事や高齢を理由に、フェードアウトしたりマンションを買い替えて町外に転出したりする。また熱心に参加したいと思っていても、転勤の辞令が下りてしまえば京都を離れざるをえないケースもある。実際に継続して熱心に奉仕するのは、上部の楕円形のつながり指向を強く持つ人びとである

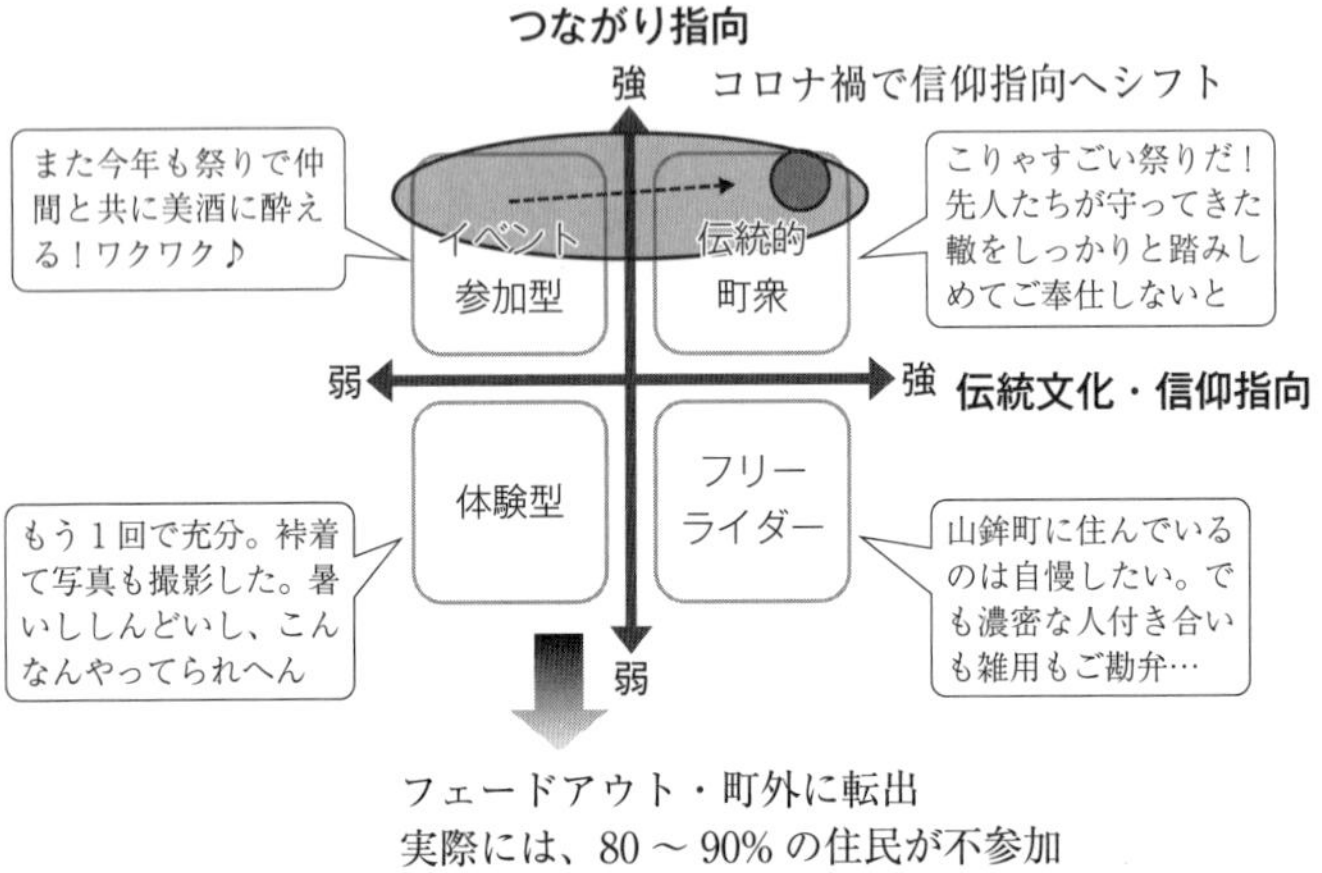

図 2-2　新住民の参加の指向性

出典：筆者作成

のだが、コロナ禍により飲み会の機会がなくなり、信仰指向へとシフトをしている。

　では、このような流動性の高いマンション新住民を包摂する保存会組織はどのようなしくみになっているのだろうか。現在、図2−3に提示した二パターンに大別されよう。

　いずれのパターンも、熱心に活動するマンション新住民をどのような形で登用するのかが鍵となる。パターンAでは、従来の伝統的なマネジメント方法であった町衆の合議制による意思決定機関（保存会）の下部に、マンション新住民も参入可能な役職や新たな組織を「運営委員」「友の会」「サポーター」などの名称で設置し、経験を積んで適任者として認められた新住民は保存会役員へと「昇進」が可能なピラミッド型組織として運営している。そして山鉾連合会の本部役員、評議員など、町衆ロールモデルとして、組織における「出世コース」が存在している。

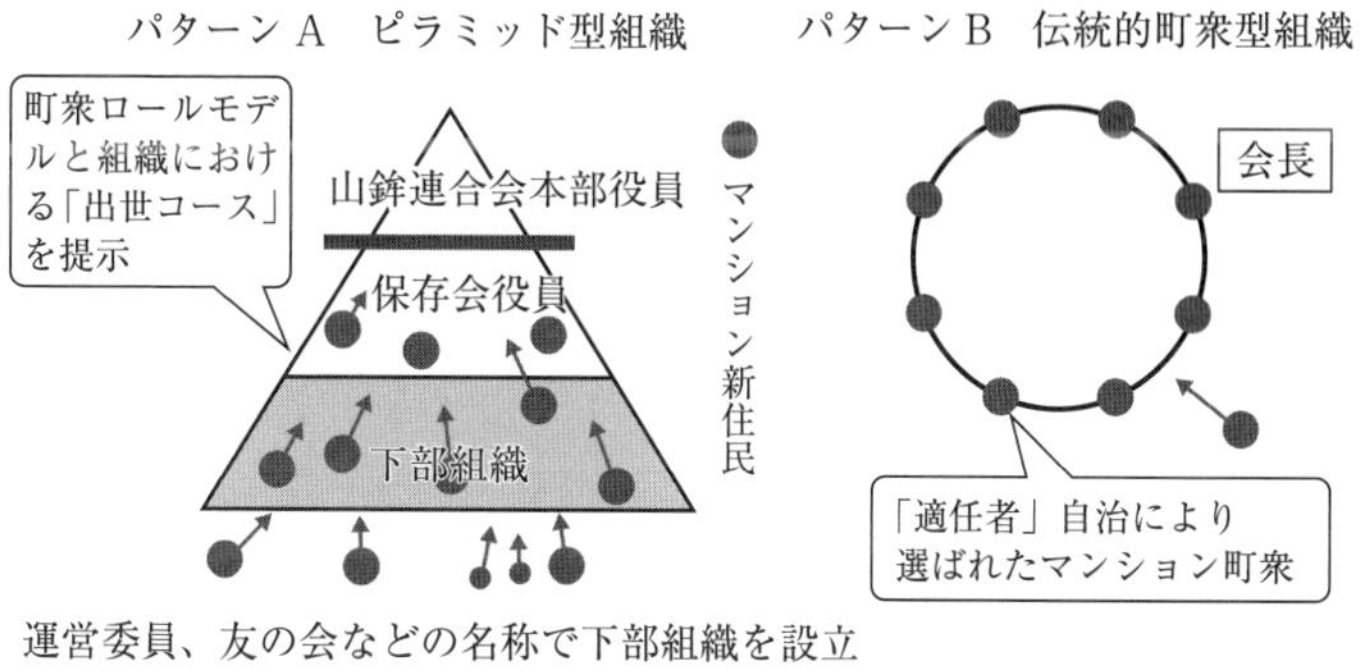

図2-3　保存会の組織形態とマンション新住民の参入パターン
出典：筆者作成

パターンBは、伝統的町衆型組織の運営方式である。熱心に活動するマンション新住民が町衆の適任者として役員になる。大正デモクラシーでは、家持層だけでなく、借家人の店子にも適任者自治が採用されたが、それがマンション新住民にまで適用されたことになる。会長職は町の顔としてふさわしい有力者や人格者が選ばれるが、基本的に合議制の平等な関係である。蟷螂山は、マンション新住民が熱心な担い手として参入し、パターンB、すなわち伝統的町衆型組織で運営がされるようになった。旧住民の町衆と同格に意思決定に参加するようになり、やがて保存会の会長職も担うようになり、現在では執行役員全員がマンション新住民となった。名実ともにマンション町衆が誕生し、マンション町衆が担う山鉾町が誕生したのである。

蟷螂山でパターンBがとられた理由として、第一に、地上げにより旧住民の町衆が極めて少数となり人材不足が深刻化した際に、祭礼を少人数の執行役員（三名）で担える体制を作っていた、第二に、当初より急増したマンション新住民との共生を掲げて積極的に人材育成、登用された、第三に、山鉾保存会の組織形態が諸々の事情で公益財団法人化しておらず任意団体のままであったため、登記のために必要な成員資格を明確にする必要がなく、ゆるやかな参入が可能であった、が挙げられよう。

京都に居住するうちに新住民は、祇園祭や京都の美意識について学ぶ機会もしばしばあった。祇園祭にはいずれの山鉾町も産学連携が進む京都の大学生や、地域学習の一環として子どもたちがボランティアで参加したり、祇園祭についてインタビューされる機会が多々あった。マンション新住民たちは、町外の人びとや学生、観光客などへの説明を通して伝統を強く意識せざるをえない状況におかれたため、積極的に知識を習得していった。

また二〇一四年から後祭が復活したことも美意識の習得にかんして影響が大きいと思われる。以前は祭り期間中に他の山鉾町にいく時間もないほど忙殺されたのだが、前祭が終わった後にゆっくりと他の山鉾町の営みを拝見し「あの会所には鏡餅がかざってあった」「あの飾り付け方は綺麗」などと祭り情緒を楽しみながら目を肥やし、他の山鉾町の矜持や審美眼を磨く機会に恵まれた。

山鉾行事は町内同士の自慢くらべでもある。特に長老たちは、小学校の同級生や幼馴染同士が家業を継いで自らの町の山鉾を担っている。マンション新住民たちには意識せざるをえないような関係者がほぼ存在しなかった。また蟷螂山は学区で唯一の山鉾であり、中京区の西の端に位置するため、他の山鉾町からの過干渉や、東西南北に山鉾が建たないため祭礼中に町内から目に入り、意識せざるをえない近隣の「ライバル山」がなく、周縁性と独立性を保つことができたことも大きいだろう。

次に、なぜ蟷螂山では町の神事としての山鉾行事が継承できたのだろうか。多くの新住民参加者が次第にフェードアウトして淘汰され、有能で伝統文化・信仰指向をもつ若い熱心な人材たちが集まり、任せることができたことが効を奏したと考えられる。

こうしてマンション町衆たちはゆっくりと「京都人」へと同化をした。「京都という町は、人をゆっくりと磨き上げていくところ」とは元NHK京都チーフディレクター瀬地山澪子氏の言葉であるが[28]、マンション住民たちもゆっくりと「伝統的町衆」となり、六〇〇年以上、この地で営まれてきた「神人和楽」を、時に大変な準備に巻き込まれながらも享受している。「京都は、三代住んでようやく京都人と認められる」と言われ、かつてマンションデベロッパーが「より多くの人が京都の良さを知り、住んで新しい京都人になってもらうための居宅」としても拒絶をされたのだが、山鉾町の一角に「新しい京都人」、マンション町衆が担う山鉾町が誕生したのだ。

とはいえマンション住民の次世代への継承性には懸念もある。マンションは富裕層から住み替えるため、人口流動性がどうしても高くなってしまう。子世代は多くの場合、進学、就職を契機に別居するため、次世代への継承も困難となる。次々と流出する住民たちに、伝統が「消費」されてしまう懸念も発生する。だが、それはかつての路地奥の小さな町家に住まい、町を離れた担い手たちも同じであろう。一方で、学区がよいため、少子化とはいえ比較的余裕のある子育て層は中古でもマンションを購入し、新たに引っ越しをしてくる。これは常に山鉾町で営まれてきた営みと同様である。二〇〇〇年頃、町衆企業を調査した研究において立派な町家を維持しておられる現代町衆の一人に、バブル経済にともなう固定資産税や相続税の過重な負担について質問した際にその方は「その時代相応の負担も出来ないようでは鉾町で商売する資格はありませんと昂然と答えられた」(三村・リム 二〇〇一:五)という。[29]山鉾の担い手は「退出―参入」を繰り返し、常にその時代相応の勢いある担い手に入れ替わってきた。そして祭りに魅了されて次第に「京の町衆」となっていく。このしくみこそが六百年以上、祇園祭がこの地で継承された理由であろう。

注

(1) 本章の初出は、二〇一七年一一月 第九〇回 日本社会学会大会(於 東京大学 本郷キャンパス)での学会報告である。筆者は二〇〇三年から当該山鉾町に住まいを構え、現在まで継続して祭礼の参与観察、および調査を継続している。山鉾巡行には二〇〇四年より記録係として映像機器を携えて参加した。また二〇一二年、二〇一五年は同志社大学社会学部にて社会調査実習を担当、学生たちとともに蟷螂山の祭礼に参加する人びとへインタビューを実施した。

(2) 「町衆」は「まちしゅう」と呼ばれることもあるが、これは一九六四年京都大学文学部教授であった林屋辰三郎が町衆研究において「まちしゅう」と呼んだことから広く呼ばれるようになったためであり、実際に京の町衆は「ちょうしゅう」としか呼ばない。

(3) 二〇二二年四月現在、公益財団法人二九、一般財団法人二(伯牙山、太子山)、任意団体は三(四条傘鉾、孟宗山、蟷螂山)、休み山一である。現在、蟷螂山は財団法人化への準備を進めている。

（4）近年まで死後に不動産登記を変更する罰則がなかったため、複数の有力な町衆による共同名義にしたところでは長年放置してしまい、財団法人名義に変更しようとした際に権利人が五〇人や一〇〇人にまで膨れ上がっていた山鉾町もあった。
（5）古山真知子、二〇一六「法による祭の保存―祇園祭山鉾保存会財団法人化におけるコミュニティの法使用」『法社会学』第八二号、日本法社会学会：一八五―二一七
（6）奥田以在、二〇一〇「近代京都山鉾町における町自治―住民自治から「適任者自治」へ」同志社大学経済学部『経済学論叢』第六二巻第三号：三六八―三三八
（7）植木行宣（二〇〇二）『山・鉾・屋台の祭り』白水社：二一。舁山、屋台の別は、松あるいは杉の有無で区別される。
（8）鷹山は山を再建し二〇二二年より巡行に本格的に復帰すべく準備中であり、二〇一九年より唐櫃巡行で後祭に参加している。
（9）林屋辰三郎、一九六四『町衆―京都における「市民」形成史』中公文庫。
（10）祇園祭山鉾町の景観を守る会・木賊山町マンション建設対策委員会編、一九八七『京町衆のマンション撃退法』かもがわ出版。
（11）これは一九八六年に完成した太子山のマンションで最初に導入され、太子山方式として山鉾町で注目され、その後建設されるマンションで導入された。木村万平、一九八九『草の根のまちづくり―京町衆は挑戦する』かもがわ出版。
（12）三村浩史・リムボン、二〇〇一『町衆企業とコミュニティ』高菅出版。
（13）豊臣秀吉が洛中町割整備をしたのち一五九一年に創設され、明治期に廃止されるまで各山鉾町内の祭礼を支えた制度。寄町の数は一～一九町とそれぞれであったが山鉾町に属する寄町は固定された。
（14）子孫は戦国時代に北条早雲に招かれて小田原に移住、現在は二五代外郎藤右衛門氏が継承している。二〇〇五年より蟷螂山町と交流が復活し、二〇一一年より、「株式会社ういろう」の社員とともに蟷螂山の巡行に参加している。

(15)幕末から昭和の復興までの歴史は津田氏が書き記した『祇園祭蟷螂山復元録1978年~1988年 記』に依拠している。方眼紙に細密な手書き文字で書き記されており、津田氏が多大なる熱意をもって復興に挑んだことが読み取れる。津田氏は自身の仕事の歴史的意義を深く理解されていたことがよくわかる。

(16)明治初期までは山鉾町は町持の家や収蔵庫などを持ち、山鉾の木組や懸装品などを格納した。蟷螂山町は明治期に売却されていたため、町内で自由に使用できる空間がなかった。

(17)蟷螂山保存會は、「会」ではなく「會」の字を使用するが、本章では固有名詞以外は「保存会」と表記する。

(18)二〇二〇(令和二)年一月一日現在、京都市統計ポータルに記載された住民基本台帳人口による。第二位は黒主山(烏帽子屋町)一三一世帯四一〇人、第三位は菊水鉾(菊水鉾町)一八一世帯三六五人である。四条通に面している長刀鉾(長刀鉾町)は世帯、人口共にゼロ、函谷鉾は一世帯一人、烏丸通に面している孟宗山は(笋町)は一世帯三人しかいない。

(19)大蟷螂は、昭和の蟷螂山復興時に七代玉屋庄兵衛が制作、現在は九代に継承されている。江戸時代に制作されて焼け残った蟷螂は「先代さん」と呼ばれ、祭礼時には会所に飾られている。

(20)尾上和彦氏は、一九七〇年代に京都の竹田地方で伝承されていた子守唄を採譜し、その後、赤い鳥が唄って大ヒットさせた「竹田の子守唄」の作曲家。

(21)蟷螂山町内には他に賃貸マンション二棟や分譲ワンルームマンション一棟など、高層の集合マンションは計六棟あるのだが、そのうち祇園祭に参加しているのは二〇〇一年~二〇〇三年に建設された分譲マンション三棟のみである。

(22)一方で連れ合いに理解がない場合には、参加の回数が徐々に低下する傾向にある。なかには別居や転居してしまうこともある。

(23)厄除けの縁起物で祭礼時に授与する粽作り、山建の手伝い、宵山の自主警備や祭礼品授与の当番、山鉾巡行など、それぞれに不参加の場合にペナルティとして支払う金額が設定されている。他町の例だが、ある山鉾町の場合は合計で三万円程度であった。そこでは店のテナント契約の際にも、祇園祭に参加し、奉仕することを契約条件とすることを徹底していた。

(24)二〇二一年八月現在、建設中も含む。

(25)署名活動は、蟷螂山保存會会長　村林利高氏、役員　内片康夫氏、当時の蟷螂山町会自治会会長　安田典生氏をはじめとするまだ若いマンション町衆の尽力による功績が、外部からの署名募集は、ネットワークのハブとなっていた旧住民の長老町衆、本井元康氏の功績が非常に大きい。

(26)祇園祭山鉾行事の執行には、多大なるヒト、モノ、カネに加えて長期の準備期間やエネルギーが必要となる。何より専門家からボランティアまで多大なるマンパワーが必要であるために、多くの人がつながり、また惹きよせられる選択縁でもある。これまでの研究では「祭縁」を現在、祭りを執行するための機能的な結びつき、または祭りを契機に結びつく縁として捉えられてきたが、この蟷螂山の事例は歴史的に、蟷螂山の地にかつて住んだ人びとの縁でもあるため、「時空を超えた地縁」なのだ。

(27)遠方に住んでるため山鉾町まで行けなかったり、高齢化で人手不足となったりなどして、それまでマンション住民や女性には担わせなかった仕事をするようになった山鉾町もあった。

(28)瀬地山澪子、一九九二「茶の心をみつめて」冨士谷あつ子編『生きていま　私が語る・京都』阿吽社。

(29)三村浩史・リムボン編著、二〇〇一『町衆企業とコミュニティー京都における都心まちづくりの考察』高菅出版。

引用・参考文献

秋山國三・仲村研、一九七五『京都「町」の研究』法政大学出版局

鯵坂学・小松秀雄編、二〇〇七『京都の「まち」の社会学』世界思想社

井上章一、二〇二〇『京都まみれ』朝日新書

植木行宣、二〇〇一『山・鉾・屋台の祭り』白水社
上野千鶴子、一九八四「祭りと共同体」井上俊編『地域文化の社会学』世界思想社：四六―七八
奥田以在、二〇一〇「近代京都山鉾町における町自治―住民自治から『適任者自治』へ」同志社大学経済学部『経済学論叢』第六二巻第三号：三六八―三三八
貝辻正利、二〇一二「雑踏事故要因である大規模イベントでの高密度群集滞留の発生防止に関する研究」神戸大学工学部博士学位論文
祇園祭山鉾町の景観を守る会・木賊山町のマンション建設対策委員会編、一九八七『京町衆のマンション撃退法』かもがわ出版
木村万平、一九八九『草の根のまちづくり―京町衆は挑戦する』かもがわ出版
KLK特集シリーズ「祇園祭」編、二〇二〇『祇園祭は疫病に負けたのか』KLK新書
京都市文化市民局文化財保護課監修、二〇二〇『祇園祭温故知新』淡交社
古山真知子、二〇一六「法による祭の保存―祇園祭山鉾保存会財団法人化におけるコミュニティの法使用―」『法社会学』第八二号、日本法社会学会：一八五―二一七
佐滝剛弘、二〇一九『観光公害―4000万人時代の副作用』祥伝社新書
瀬地山澪子、一九九二「茶の心をみつめて」冨士谷あつ子編『生きていま　私が語る・京都』阿吽社
得能司、二〇一九「京都祇園祭山鉾行事の社会学的研究―菊水鉾の再生産戦略と祭縁協働体」同志社大学大学院社会学研究科修士学位論文
中井治郎、二〇一九『パンクする京都―オーバーツーリズムと戦う観光都市』星海社
中村圭指導担当、二〇一三『祇園祭蟷螂山　同志社大学社会調査実習報告書（二〇一二）』同志社大学社会学部社会学科
――――、二〇一六『京都・伝統の継承　同志社大学社会調査実習報告書（二〇一五）』同志社大学社会学部社会学科

中村圭、二〇一七『安心安全の祇園祭　ヒヤリ・ハットの根絶―2017年祇園祭蟷螂山祭礼の危機に関する調査報告書』
―――、二〇二二公刊予定「京都祇園祭　あふれかえる観光客―オーバーツーリズムに対抗する山鉾町と町衆あふれかえる観光客」同志社大学経済学部『経済学論叢』第七三巻第四号
林家辰三郎、一九九〇『町衆―京都における「市民」形成史』中公文庫
樋口博美、二〇一二「祇園祭の山鉾祭礼をめぐる祭縁としての社会関係―祭を支える人々」『専修人間科学論集　社会学篇』第二巻第二号（一二三―一二五）
―――、二〇一四「伝統的都市の祭礼にみる共同性の維持と創造―山鉾祭礼の〝祭縁〟を事例として」専修大学社会関係資本研究センター『社会関係資研究論集』第五号：一二九―一四九
深野彰編著、二〇一六『「ういろう」にみる小田原』新評論
三村浩史・リム・ボン編著、二〇〇一『町衆企業とコミュニティ―京都における都心まちづくりの考察』高菅出版
森谷尅久、一九七八『町衆から町人へ』日本放送出版協会
山田浩之編、二〇一六『都市祭礼文化の継承と変容を考える』ミネルヴァ書房

参考ＵＲＬ一覧

『朝日新聞』（二〇一七年六月一四日付）京都　観光客爆増に悲鳴　バス満員、乗れず・違法民泊横行・玄関先で撮影（https://digital.asahi.com/articles/DA3S12987729.html）二〇二一年八月三一日取得
京都市統計ポータル、二〇二〇年一一月現在住民基本台帳人口（https://www2.city.kyoto.lg.jp/sogo/toukei/Population/Juki/#t1）二〇二一年八月三一日取得
平成女鉾清音会（https://onnaboko.com）二〇二一年九月一二日取得

Makuake「1100年を超える伝統を守るために。『京都祇園祭山鉾行事』の応援サポーター募集」(https://www.makuake.com/project/gionmatsuri/) 二〇二一年八月三一日取得

第三章

都市祭礼の興趣とダイナミズムは維持されるのか

――祭礼の「マニュアル化」がもたらすもの――

武田俊輔

写真 3-1　長浜曳山祭の子ども歌舞伎
出典：長浜市広報課提供

写真 3-2　夕渡りとその際に用いられる「招き」
出典：筆者撮影

写真 3-3　裸参りですれ違う山組同士
出典：筆者撮影

一、本書の課題・祭礼におけるルールとノウハウの継承をめぐる困難

本章では滋賀県長浜市の長浜曳山祭という、伝統的に家と家連合（町内）によって継承されてきた都市祭礼を手がかりとして、都市祭礼の担いのしくみをめぐる現代的な困難について、担い手が祭礼を行うことで得られる「面白さ」という用益の喪失、そしてそうした「面白さ」を担い手たちが共有するための基盤となってきた、祭礼を行うためのノウハウの継承をめぐる困難という観点から論じていく。

一般に地域社会において祭礼の継承が危機に陥るといった場合、序章の冒頭で挙げられた例のように、少子高齢化とそれにともなう人口減少、地域住民の祭礼への関心の低下やライフスタイルの変化による参加者の減少といった、人的資源の喪失が問題にされることが多いだろう。また祭礼に必須の山車や道具といった物的資源が損なわれることも大きな危機となるだろう。さらに毎回の祭礼の催行に関する費用や物的資源の維持管理のための長期的な積み立ても含め、祭礼に必要な資金が得られなくなることも危機としてとらえることができる。

こうしたヒト・モノ・カネといった祭礼を行ううえで必要な資源の欠乏という課題は一般に注目されやすいし、それを獲得するために多くの手段が考えられてきた。たとえば人的資源であれば、他出者や移住者、関係人口といった形での人的資源の参加が挙げられよう。資金であれば、観光客誘致と

結びつける形での行政による助成やクラウドファンディングによる獲得もみられる。道具や山車のような物的資源については、文化財保護行政による修理や復元新調への資金的・技術的サポートがそれにあたる。[1] しかしながら人々がなぜ祭礼を継承していこうとするかといえば、それはもちろん単に資源があるからではない。それは必要条件の一つに過ぎず、たとえ資源が十分にあったとしても、自分たちが祭礼を行うことの歴史的な由縁やそれを背景とした祭礼を行うことの意義、それによって獲得される達成感や喜びがもはや感じられなくなっていったとしたら、祭礼を行うことへの動機づけが失われていってしまうだろう。

多くの都市祭礼は、聚落的家連合としての伝統的な複数の町内を単位として行われるが、町内におけるそれぞれの家同士、また町内同士が家や町内同士で名誉や威信を競い合い、さらにそうした競い合いのゲームが担い手だけでなくそれを眺める見物人に興趣や興奮をもたらすという形で行われてきた。こうした用益こそが人々が祭礼を行ううえでの動機づけに大きな意味を持つわけだが、名誉ある地位が賭けるに値する希少性を持つものとして感じられるからこそ、それを賭けた競い合いも本気で行われ、スリルや熱狂といった興趣がもたらされる（武田 二〇一九：第四章）。

しかし仮に地域社会においてそうした名誉・威信の意味が希薄化してゲームに人々が強い執着を持てなくなったとしたら、またそうしたゲームを成立させるうえで共有されてきた、歴史的な背景をふまえたルールのノウハウの伝承が難しくなったとしたら、祭礼の継承は危機に陥り、その再編や断絶を余儀なくされるだろう。地域社会を構成する人口の流動化が進むことで、伝統的な社会秩序自体の価値の自明性が揺らぎ、その結果こうした名誉・威信が地域社会において重要性を失うこともあるし、人口減少が進んでもはや誰でも名誉ある地位が回ってくることになれば、その希少性ゆえの価値は損なわれる。すると莫大な資源を費やしてそれを競い合うことの動機づけが失われ、担い手同士も競い合いに本気を出すことができなくなり、それを面白いと感じることができなくなっていく危険がある。

そしてもう一つ、そうした名誉・威信をそれぞれの家にいかに適切に配分するかという原則についての知識やノウハウの継承という問題がある。たとえば町内においてどの家に名誉ある役職を配分すべきかといったことは、それぞれの町内の家同士の関係性についての歴史的な背景についての知識なしでは行えない。また名誉・威信をめぐっての競い合いはしばしばコンフリクトを引き起こし、それは祭礼の担い手にとってスリリングな興趣を感じられるものであるが、そこでも祭礼の采配を振るう役職の者の手腕が重要になる。興趣を盛りあげて、担い手が祭礼を楽しめる場として演出することはもちろん大事だが、その一方で過度なコンフリクトの結果として事故が起きたり、日常の人間関係にも悪影響を及ぼすことになれば、祭礼を行うための基盤が掘り崩されてしまう。その按配を考えつつ祭礼を執行するためには、ルールや知識、ノウハウの継承が必要になる。本章はそれらの継承をめぐる危機について滋賀県長浜市の長浜曳山祭を事例として考えていく。

祭礼をめぐる危機が担い手によって、また行政や研究者によって論じられる場合、多くは人的資源の不足が問題化されがちだが、たとえ人的資源が何らかの形で補完されたとしても、そうした用益を適切な形で担い手たちに配分する経験や記憶に基づく知識・ルールが失われてしまえば、祭礼の伝承は困難になる。また名誉や興趣といった祭礼をめぐる用益が、地域社会の変容の中でそれほど意義を持たないものになっていったとしたら、担い手が資源を供出する意味自体が失われてしまう。それこそはまさに祭礼の「危機」といえるだろう。以下ではこうした観点から、長浜曳山祭を事例として祭礼の担いのしくみをめぐる危機について考察していく。なお本章のうち二〜三節および四節の一部は拙著（武田 二〇一九）の内容と重なるが、それ以降はそこで用いなかったデータをふまえつつ、新たに書き下ろしたものである。

二、長浜曳山祭の概要と調査データについて

本章において扱うのは滋賀県長浜市の中心市街地において毎年四月一三日〜一七日にかけて行われる長浜曳山祭という都市祭礼である。[2] この祭礼は、羽柴秀吉が長浜城主であった時期に、長浜八幡宮の祭礼として一六世紀末始まった太刀渡りという武者行列に始まり、その後秀吉が自らの男子出生の際に町民に祝金を見舞い、それをもとに各町で曳山を造って渡ったのが起源とされる。一八世紀半ば以降には祭礼のメインステージとでも言うべき中心は、曳山の上で歌舞伎を演じるという形式となり、現在まで引き継がれている（写真3−1）。

曳山祭は江戸時代の長濱五二か町に基盤を持つ「山組」という一三の地縁組織によって行われる。

「山組」は近世以来の歴史を持つ伝統的な町内であり、祭礼組織と同一となっている[3]。したがってたとえば「月宮殿田町組」「諫皷山御堂前組」というように、祭りを担う単位の山組名＋町内名が、セットとして呼称される。このうち太刀渡り行事と呼ばれる武者行列を担う長刀組を除く一二の山組がそれぞれ三年に一度、すなわち毎年四つの山組が曳山を曳行して、その上で子ども歌舞伎（長浜では「狂言」と呼称されるため、以下ではそのように表記する）を執行する。狂言を行う順番に当たることを出番、そうでない場合は暇番と呼ばれる。狂言を演じるのは各町内出身またはそれに準じる六歳～一二歳前後までの男児である。「町内の経済力や文化の高さをほかの町内や見物人に見せる機会として機能し、さらに町内間の祭り・山車を媒介にした競争が当事者たちにとってゲームという娯楽として作用する」（金二〇一三：一七）という都市祭礼の典型であり、長浜曳山祭においてはその競争の中心は曳山と呼ばれる山車の上で行われる狂言ということになる。プロまたはそれに準じる専門家といえるような振付・太夫・三味線を招聘して衣装・鬘も本格的なものを用いており、三年に一度とはいえ、一回の出番には町内ごとに八〇〇～一〇〇〇万円の費用がかかる。

山組は個々人ではなく、そこに居住する家単位で加入するのが基本となる、有賀喜左衛門や中野卓がかつて論じた都市における聚落的家連合（有賀 一九三九＝一九六七、一九四八＝二〇一一、中野 一九六八＝一九七八）である。三〇～一〇〇軒程度の家を単位として各山組は構成される。山組のメンバーとして正式に行事に参加するのは、各家の世帯主である男性とその息子に限られる。女性は曳山（山車）に触ることは許されておらず、祭礼のなかでは妻や役者の母親としてサポートを行うが、祭礼における諸行事で正式な役割が与えられることはない。唯一、一九七〇年代以降になってから祭礼における周縁的な役割であるシャギリ（囃子）の演奏にかかわるのみである。

多くの山組では現在でも、山組内での土地・家屋を所有している居住者・店舗の経営者が祭礼において中心的な役割を担う。現在では店だけを残して住まいを中心市街地の外に移す者も多いものの、山組の町内に店や家屋、土地を所有して祭典費を納め、また労力を割いている家かどうか、またそうした家の血縁かどうかは、祭礼においてどのような役割をはたすかという点で現在でも基底的な意味を持っている。

特に昔から代々山組に居住していた家はそれだけ金銭的にも、また労力の面でも祭礼により貢献してきたとみなされ、祭礼においてより高い威信を持つことが多い。また近年まで多くの山組では、各家が納める祭典費は間口割にもとづく傾斜配分になっており、現在でも一部にそうした山組が存在する。当然ながら、そこではより大きい間口を持ち、高い祭典費を納める家の方がより貢献度と威信が高いということになる。このような「町内」を単位とし、祭典費の支出額や役職という形で組織編成において威信構造が示され、祭礼を通じてそれが強化・再編成されて「町内」の社会構成原理としてはたらくというしくみも、伝統的な在郷町に由来する都市において全国的に見られるものであり（松平一九八三、一九九〇）、その典型的な姿を示している。こうした威信は、長浜の場合はたとえば狂言の際にその家の息子が役者、あるいは山組を代表して八幡宮から御幣を受け取る御幣使に選ばれるか、また世帯主やその息子が重要な役職を任されるかどうかという形で示されるが、そうした貢献度と威信に対する評価は全員が必ずしも一致するわけではない。むしろそうした評価とそれに対する名誉の配分をめぐっては、しばしば山組内でコンフリクトが発生する。

なお近年では中心市街地の人口減少にともなって、テナントを借りている自営業者、また他の町出身だが子ども時代に「借り役者」として祭礼を経験したり、曳山の曳行の際に奏されるシャギリを習いに来たことが縁で地縁・血縁はないが山組に加入した者、役者の親として初めて祭礼を経験した者、血縁者の友人なども加わるようになっている。そこでも祭礼における金銭・労力面での負担をどれだけ担っているかが、山組内において評価の対象となっている。

山組はいずれも男性の、狂言を担う四五歳前後までの若衆と、曳山の管理・曳行や祭礼の進行、また他の山組との交渉を担ったり、後述する総當番と呼ばれる祭礼全体を統括する事務局に出席する七〇歳前後までの中老からなる。若衆の代表を筆頭、中老の代表は負担人と呼ばれる。山組全体を代表するのは負担人である。若衆の中で特に家の名誉・威信と結びついた役職としては筆頭のほか、出番の町内が狂言を披露する際の順番を決める籤を引く籤取人、そして舞台上で黒子や鳴り物を担当する舞台後見といった役職がある。そうした名誉がどの家に対して配分されるかをめぐってはしばしばコンフリクトが発生する。

祭礼の最大の見所となっている狂言を若衆が担うのに対し、中老が担うのは各家からの祭典費の集金とその管理、狂言の移動舞台である曳山の管理、そして他の山組との交渉である。この二つの世代は他の山組に負けないように祭礼を協力して行うべき立場にあるが、実際にはしばしば山組内における資源の配分、また祭礼に関する知識とその解釈の正統性などをめぐって、相争いあう関係にある。たとえば狂言と曳山のどちらにどれだけの予算を充てるかについての対立や、従来の祭礼のしきたりに自分たちなりのバージョンアップを加えようとする若衆と以前のやり方を堅持するよう求める中老とのぶつかり合いがしばしば発生する。このように山組内においては家同士の名誉・威信をめぐる競い合い、さらに若衆世代と中老世代との間での競い合いが幾重にもわたって発生しており、それがこの祭礼における担い手にとって大きな興趣を発生させている。

こうした同じ山組内部における競い合いと同時に、都市祭礼であるがゆえに複数の町内同士もまた相互に競い合う。競い合いの対象はもちろん狂言の出来そのものであるが、役者が長浜のメインストリートを練り歩いて見得を切り、その姿を観客に対して披露する夕渡りという行事もそうした場として注目される。また祭礼直前の四月九日〜一二日に各山組の若衆たちが籤取人を盛り立てて白無垢姿で長浜八幡宮と豊国神社に参拝し、井戸で身を浄めた後に参拝する裸参りという行事は町内同士の対抗意識が最も顕著に表れる。ここでは各町内の若衆たちの練り歩きの格好良さや盛り上げの巧さをめぐって競い合うだけではなく、町内同士のすれ違いの際には挑発や喧嘩が発生する。四日間行われる中で因縁が発生し、また三年前やそれ以前からの因縁のストーリーが語られる中で対抗意識が生まれ、喧嘩に至る。適度な喧嘩の発生は祭礼の興趣として各町内でも盛り上がり、また出番以外の山組やそれ以外の地元の人々もそうした喧嘩を期待して見物に来る。

本章で用いたデータを収集するにあたっての調査は、二〇一〇年一二月〜二〇一八年六月にかけて行っている。二〇一〇年一一月〜二〇一一年三月にかけては、筆者が市川秀之とともに研究代表者として財団法人長浜曳山文化協会により受託した調査に基づいて、四つの出番山組と八つの暇番山組に関する共同での参与観察と聞き取りを、調査員および調査補助員を務めた滋賀県立大学の学生たちと共に行い、報告書を作成した（長浜曳山文化協会・滋賀県立大学人間文化学部地域文化学科 二〇一二）。また二〇一二年以降は筆者が指導学生と共に、出番山組の祭礼について準備段階から参与観察と聞き取りを継続し、これまでに八つの山組（A町・C町・D町・E町・F町・G町・H町・I町）について調査を行っている。また二つの山組（B町・J町）については参与観察は行っていないが、山組の組織や運営等についての聞き取りを実施している。なおそれ以降も調査は継続中であり、二〇二一年のコロナ禍で縮小開催された祭礼についても調査を行っている。

特に二〇一二〜二〇一五年にかけてはA町という山組の若衆として祭礼に参加し、暇番・出番それぞれにおける流れをみずから体験し、参与観察と聞き取りを行った。毎週行われるシャギリの稽古に月に一〜二度参加してその技能を習得すると共に、子どもたちの指導のサポートに当たり、その後に若衆たちと酒席を共にすることもしばしばであった。A町が暇番の際には協力関係にある他の山組のシャギリの応援として、子どもたちをサポートしつつ演奏に参加していた。出番の際には若衆としてほぼ全ての公式の会議や行事、懇親会に参加し、山組が発行するパンフレット記事の編集、三月下旬から行われる狂言の稽古のサポート、裸参り行事への参加と祭礼期間中の役者の世話を行った。二〇一五年に山組を脱退して以後も、それまでに築いた関係性を基盤にインタビュー調査を行ってきた。上記のような活動を通じて得られた山組の人びととの関係性にもとづくインタビューや参与観察、また調査の最中や調査後の酒席の場で耳にすることができた祭礼をめぐるさまざまな語りが本書のデータとなり、またその分析に反映されている。

なお以下ではインフォーマントについてA町・B町・C町とそれぞれの山組ごと、さらに属性（若衆＝W、中老＝C）ごとに区別して記述するため、それぞれのインフォーマントについて町名・属性、そして数字による番号を振って区別している。すなわちA町の若衆であればAW1氏・AW2氏・AW3氏、B町の中老であればBC1氏・BC2氏・BC3氏というように表記している。

三、祭礼における用益の配分とそのノウハウ

さて長浜曳山祭のこうしたしくみからは、家の名誉・威信を示す役者や籤取人、舞台後見といった重要な役割をどの家に配分するか、またその名誉・威信をどのような形で誇示する機会を各家に対して与えるかが、祭礼の責任者にとって問われることになる。この場合の責任者とは、狂言を担う若衆のトップである筆頭となる。

狂言は曳山上の狭い舞台上で行われるもので、かつ全ての山組に対して四〇分までという時間制限が取り決められている。さらに役者を増やすほど、衣装や鬘等の必要経費も高額になるため、せいぜ

い五人くらいまでしか選べない。そもそも役者候補となる男児が何人いて、それぞれの年齢・身体の大きさはどれくらいか、どの子どもが年齢・容貌から主役やヒロインが務まるのかといった判断のほか、先に挙げたようなそれぞれの家がいつから町内に住んでいてどれだけ貢献してきたのかといった歴史について知っておく必要がある。古くから住む家ほど、歴史的に長期にわたって資金や人手の面で貢献してきたのであり、それをふまえれば役者のような名誉を得られるのが当然だという意識が町内には広く共有されている。一方で、仮に古い家でもたとえば近年は十分に貢献していないとか、同じ親戚筋で何人も役者が出るのは不公平だといった理由で外される場合もある。そうであっても外された家の方はたまったものではなく、その家から筆頭の家に対して怒鳴り込まれたり、付き合いが絶えるといったエピソードはしばしば語られる。役者の選択は山組内における最大のコンフリクトの種であり、仮に十分に合意や納得が得られない状態になると、祭礼に協力してもらえなくなるという事態が発生してしまうのである。

また世代間の競い合いについても同じようなことが言える。両者は協力し合わなくては祭礼は執行できないが、実際には毎回のようにコンフリクトが発生する。その背景には狂言を預かる若衆と、曳山の管理や祭典費の徴収を行う中老という両者の立場の違いがある。若衆は他の山組に対してどれだけ見事な狂言を披露できるか、夕渡りなどで役者を華やかにかつ各家の名誉を顕示する形で見せられるか、裸参りで他の山組とのコンフリクトをともないつつも自分たちの威信を誇示できるかといったことを中心に祭礼を考える。それに対して各家から預かった祭典費をしっかり管理するべく費用を抑え、また今回の祭りのことだけでなく、将来的に発生が見込まれる曳山の修理・保全のための予算も確保しなくてはならず、さらに他の山組との交渉に臨むうえで過剰なコンフリクトを起こしてほしくないのが中老の立場である。またそれ以外にも祭礼についての諸々のこだわり、狂言・裸参り・夕渡りについての美意識や、時間的・金銭的負担への配慮、役者や籤取人の家に対してどのようにすればより名誉を誇示する機会を適切に与えられるのかといったさまざまな点で、考え方の違いが発生する。

たとえば夕渡りという行事でのコンフリクトの例を見てみよう。一九七〇年前後から幾つかの山組では、夕渡り行事の際に役者に随行する若衆が「招き」と呼ばれる役者の氏名と年齢を記した木札を掲げ、見物客に対して役者の名前を披露している（写真3―2）。若衆世代に当たる役者親にとってもそれは嬉しいことで、かつ自分の家の子どもが役者をした記念として代々、この「招き」を残しておくことができる。そのため「招き」を用いない山組でもしばしばその使用を求める声が上がり、それをふまえて若衆がその方向で進めようとするが、本来は歌舞伎座などの屋根に掲げる看板である「招き」をそうした形で用いることを「伝統」として不適切と考える中老世代もあり、コンフリクトが発生する。ある山組では若衆が中老の意向を無視して用意した「招き」をめぐって、夕渡り直前に八幡宮に詰めかけた大観衆の眼前で負担人と筆頭が大喧嘩を始め、最後は副負担人の説得に筆頭が折れて、負担人はその場で「招き」を焼却するに至った。それは山組内の多くが知るエピソードとして、現在まで語り継がれている。

家同士であれ世代間であれ、こうしたコンフリクトは避けられないものとして認識されているし、それればかりか祭礼における興趣という、名誉・威信とは異なるもう一つの用益をもたらすうえで不可欠なものとされ、時には積極的に創出されることとさえある。拙著において既に論じたが、中老の世代が行ってきた「伝統」に対して自分たちが考える祭礼はこのようなものだという主張をすることはむしろ必要でさえある。「全部がうまいこといきすぎて完全にマニュアル化されたら、祭りというのはイベントになって、祭りの高揚感はぐっと減る。これがなかったら一本調子で、面白くも何ともない[4]」というように、興趣は人々が祭礼を行ううえでの楽しみなのだ。「粛々とやって、［中老が］怒り甲斐もないような祭りにしてまうとまたあかん[5]」というように、若衆が自己主張することによって、中老がそれに反対しつつ自らの威信、知識・経験を顕示する機会を作ることが重要で、それによってこそ「お祭りの醍醐味[6]」である興趣は生み出される。「ここは意地張ったほうがえんかなとか、ここは［中老を］立てたほうがええなとか」そうした「演出」こそが「筆頭の技量[7]」なのである。町内の多くの人びとがその祭礼に関する知識・経験を誇示し合い、コンフリクトを通じて相互に威信を示しあう機会を生み出して興趣を発生させ、配分できることがここでは求められている。先の夕渡りの「招き」のエピソードも、それを眺めていた多くの人々にとってはもちろん、また当時の筆頭自身にとっても今となっては「ほれもほやけど、面白かったで[8]」と回顧される出来事となっている。

それは山組同士の競い合いについても同様であり、先にも触れたように特に裸参りの際にはそれが明確に見いだされる（写真3−3）。それぞれの山組の若衆が隊列を組んで、他の山組や見物人から威勢良く見えるように高く提灯を掲げ、すれ違うときには「こっちの声が負けへんように[9]」大きくかけ声をすることで、自分たちの威信を見せつけようとする。またお参りの際の冗談やパフォーマンスで若衆や周囲を盛り上げたりもする。たとえば神事にかこつけて横綱土俵入りの格好をして見せて見物人を沸かせたり、祭礼の準備のため会社をずっと休んでいたことにかこつけて「祭りが終わっても、会社に居場所がありますように！[10]」などと大声で祈願して他の若衆を笑わせたりといったようなことが起こる。

喧嘩もそうした中で発生するもので、周囲から「『大きい喧嘩したな』って言われると、勲章やね[11]」というように、見物人からのまなざしのなかで行われる。その意味でこうした喧嘩は単なる暴力ではなく、かなりの程度意識的なコントロールのもとで行われており、隊列の組み方、喧嘩を何度も経験して慣れている若衆をどこに配置してどこで仕掛けるかといった相談が行われる場合もある。また出発のタイミングや練り歩く際のスピードなどを通して山組同士がどこですれ違うかについて調節し、おおごとにならない程度に喧嘩を発生させることで興趣が創出される。逆に人数の多い山組が少ない山組に対して攻撃を仕掛けるようなことは威信も興趣も高めないため決してなされないし、喧嘩をする際にも単なる一方的な暴力として非難されないよう、相手の山組が仕掛けてきたなどの因縁の結果、喧嘩になったのだという形で名誉を守ろうとする。

こうした家同士・世代間・町内間のコンフリクトは、基本的に名誉・威信をどのように配分するかをめぐるものであるが、その際に配分をめぐる判断基準は一律ではないし、また配分されたと考えるかどうかについての人びとの認識は必ずしも一致していない。だからこそなおさらその配分はコンフリクトの火種となりやすく、祭礼を担う各山組の若衆・中老それぞれの幹部は頭を痛めることになる。細心の注意をいかに払ったとしても、全ての家や世代が納得するような結果になることはあり得ないし、むしろコンフリクトを積極的に引き起こすことこそが祭礼における興趣を高める。こうしたなかで家同士・世代間・山組間での名誉・威信をいかに配分できるか、そしてやむなく発生してしまう、あるいは意図的に生み出されるコンフリクトを適度なところで収めつつ興趣をうまく配分するかという、一筋縄ではいかない差配を行えるようになることが重要なのである。

したがってこうした祭礼のやり方のルールやノウハウは、明文化され、固定化されたものではない。山組内においても、また山組同士の間でもほとんど明文化されたルールは作られてこなかった。唯一明文化されているのは祭礼全体には山組の人々が「憲法」になぞらえる「祭典申合規約」であり、そこでは祭礼行事の日時や進行の順番、曳山を据え付ける場所、狂言の時間、山組同士の連絡方法といった、山組間の競い合いに関するルールが定められている。しかしながらこれは競い合いの際の共通ルールに過ぎず、各山組が競い合いの中で何をどのように披露するかという、祭礼のやり方の内実については一切触れられていない。したがってたとえば先の夕渡りの「招き」についても、使うか使わないかはもちろんのこと、「馬上提灯でもプラカードでもいい」のだ。[12] もちろん自分なりにこうしたいという主張を通すための根回しの手間を惜しまず、またそのことによって発生するコンフリクトを厭わなければ、であるが。

むしろそうした細かい点についてまで規定するほどに祭礼におけるルールが明文化され、厳格なものになってしまったら、「どんどん決めごと増えて、ほんなんやりにくな」ってしまうし[13]、それによって山組間の競い合いの幅も狭まることで、先に挙げたようなコンフリクト自体も成立しなくなる。したがって、ルールが明確でないことで祭礼のスムーズな運営ができないという不満があがったときも、結果としてさまざまなルールは曖昧なままで据え置かれる。

たとえばこの祭礼のメインに当たる狂言の役者選びのルールにしても、町内から役者を選ぶのが原則ではあっても、その時に何歳の男児が何人町内にいるのか、女形ができそうな子がいるのか、年齢や背格好から主役級の役を張れるのかといった状況も三年ごとに異なる。そうした状況や筆頭の考えに応じて、たとえば外孫に当たる男児、また地縁・血縁はないがシャギリに参加している男児が「町内」の枠組みに入るかどうかについても、判断は変わってくる。そこで人数や年齢に問題があっても町内在住であったり内孫の男児に限って役者を選ぶのか、あるいは外孫であっても年齢や体格と役柄が合った男児を選ぶのかは、その時々の筆頭によっても判断は変わりうる。いわば「町内という考え方も、決まりがないだけにその形をどんどん変えていきよるし、人の考え、視点によって町内は形が変わってくる。そこは腹を決めんとあかん」[14]というものなのだ。もちろん反対意見も出るだろうが、「これはあいつが言うてるだけであって別のやつは思うてへんで、っちゅうのが多いんや。そんなもん自分の裁量やんけ。で、あかんかったら理屈つけたらいいんやって、自分で。それが祭りやという話」[15]なのである。
であるがゆえに、たとえば筆頭経験者が祭礼のやり方について判断に迷って上の世代に質問しに行ったとしても、「誰に聞いても（迷った問題について）答えは言うてくれはらへん。基本、答えはない。いかに筆頭が取り組むか。結局自分の時の経験しかしゃべれない。それしか言えんかったんかなという気がするな。答えは結局、本人しか出せん。周りも自分の時の話として、ちょっとでも足しになったらということしかできん[16]」といったことになる。

この祭礼における「伝統」は単に固定的に過去に行われた前例を踏襲するところにはない。もちろんある程度の山組内での納得は得なければならないが、その一方ではコンフリクトを覚悟して若衆は自分たちが考える祭礼のやり方を主張しなくてはならない。その結果として中老が怒ることで威信を示す機会を創ることが重要で、その結果互いに自分たちが主張しつつ祭礼に関する知識・経験を誇示するという自己顕示の機会とコンフリクトの興趣が生み出される。現在の中老もかつては若衆としてそうした形で祭礼のあり方を変えてきたのであり、そうしたせめぎ合いの中で祭礼のあり方は出番の度に更新されている。

四、柔軟なルールと伝統のダイナミズムを可能にするしくみ

では、こうしたダイナミズムと柔軟性をもった形での祭礼のルール、またその柔軟性そのものはどのように継承されてきたのか。これについては「わざわざ教えることやない、自分で勉強することや」、「自分らが見て聞いて知ってるんや[17]」というように、わざわざ細かく教えるということはなされてこなかった。ではどのようにするかといえば「恥をかかして勉強させる[18]」ことがしばしば挙げられる。以下は長浜八幡宮に曳山を入れる直前での出来事についての語りである。

八幡さん［八幡宮］の筋交い橋で、［長浜］八幡宮に［曳山が］入るときに一番の年寄りに、「これからC町、八幡宮に入りますけれど、よろしいでしょうか」って、町内の長老に聞いたりもしたんですわ。［すると長老が］「お前ほんまにこれで入ってええと思うか？」って言わはった。「整ってるんで行きたいと思います」［と答えると］、「ほな、入ったらええがな。その代わり後ろあれ［額］ないで」って［長老が］言わはる。分かってあってもギリギリまで言わへんねん。恥かかせて覚えさせるっていうね。まあそれも絶対忘れへんし、周りの人もそれで……その人は恥かいてまうけど、周りの人もやっぱそれで覚えますからね。『絶対あれ忘れたらあかんで』って。うちは額やったんですけど。額が付いてなかった。そういうことがあるんですよね[19]。

明文化はされていないが、長浜八幡宮に入るときには曳山に懸想品（装飾）を全て付けてから入るものとされている。しかし数多くある懸想品のうちどれかをうっかり忘れているということがある。それに気づいていながら、わざと「ギリギリまで言わ」ず、いよいよ祭礼の最大の舞台である八幡宮で曳山をお披露目するという時になって初めて長老が暴露して、皆を慌てさせているのである。もし長老が事前に注意してしまって、何事もなく八幡宮に曳山が入ってしまっていたら、とりたてて誰の記憶にも残らず、何ということもなくこのミスは忘れられていっただろう。それをまさにこのタイミングで言うことで訊いた人が恥をかく一方で、長老には誰もが注目し、その知識を披露して威信を高めることができる。

このように「わざとね、恥かかすために怒ったたってのはようある話[20]」で、「恥かかせて覚えさせるっていうね。まあそれも絶対忘れへんし、周りの人もそれで……その人は恥かいてまうけど、周りの人もやっぱそれで覚えますからね[21]」というように、そうした機会を通してその場にいた誰もが記憶に刻むことになる。さらにこのエピソードは「酒の席で何遍も同じ話をね、してくれはったんですけど。そうやってまあ覚えなあかん[22]」というように、何度も酒の肴として語り継がれ、その場に居合わせなかった下の世代も含めて習得されていく。

特にこれまで町内で「あんま祭りに協力的で今までなかった」にもかかわらず役を持つことになった人などについては、「町内で『そんなことくらい知らんのかい』って言うてくる人もいはる。まぁ、『ちょっといじめたろかい』っちゅうようなもんや。『あいつらいつもしとらんさかい、恥かきよってんや』って言うて。あるんや。町内いじめや⑵³」というように、手厳しい洗礼を受けながら学ばざるを得なくなり、恥をかいたことが後々まで語り継がれてしまうことになる。恥をかきたくないのであれば「自分で勉強する」、すなわち日頃からつながりのある町内の人びとに「訊いて覚える」し、逆に言えば「誰も訊きにいかんと教えてくれへん[24]」。「パッと電話したり、訊いたりする」というような「情報のデータベースをつないどかんとあかんし。これは誰に訊いたらええんか、ほの誰に訊いたらええっていうのは誰とつながってなあかんか。確かに臨機応変はそれがないとできんし、そのもとは普段からのこういう喋り合いやし」というように、日常的な会話や人間関係の結びつきがあってこそ、伝承も可能となる[25]。

そして多くの人びとが祭礼をめぐるルールを伝承していくうえでは、やはり祭礼におけるコンフリクトがカギにとなる。たとえば先の夕渡りの事例は、現在そうしたルールの継承プロセスを理解するうえでの良い例となっている。この山組では現在でも「招き」を用いずに、役者の顔を照らすための提灯に役名と役者の名前を記す「お練り提灯」と呼ばれるもので代用しているが、この独自のやり方やなぜそうしたやり方をとることになったかの経緯を理解することの重要性について、コンフリクトの一部始終を当時見ていたある中老は以下のように述べている。

［負担人と筆頭が］怒鳴り合いをしたときから、今日のあのお練り提灯に至るまでのあのプロセスはやっぱり、大事やったなと思いますね。だからこれからうちの若衆に何でうちだけお練り提灯を持っ

てるんやっちゅうのを、若衆［が］やっぱ伝えていくべきやと思うんですよ。ああいうことを伝えとくと、夕渡りの本来のやっぱ意味が、きちっと出てくると思いますわ。[26]

この時のコンフリクトは現在でもこの山組内で語り草になるほどのエピソードであり、こうしたコンフリクトの記憶こそが、祭礼における「伝統」やそれにまつわる無形のルール、それをつくり出した背景といったものを印象深く伝えていくうえで重要な意味を持っているのである。これは山組同士のコンフリクトの場合でも同様で、裸参りにおける印象深い喧嘩についても、どのような経緯でそれが発生したか、またその際の武勇伝などが面白おかしく語られる。そうした語りを通じて、裸参りの面白さとともに喧嘩の発生するプロセスやそこでの盛り上げ方、またどのあたりで鉾を収めるかの呼吸が習得されていく。先に「わざわざ教えることやない、自分で勉強することや」「自分らが見て聞いて知ってるんや」といった伝承のあり方はこのようにして可能になっている。

そしてこうした形でエピソードが語り継がれ、それによってルールが伝承されるのは、コンフリクトを眺めている人たちにとっても、また当事者自身にとってもそれが面白いエピソードだったからである。ある若衆は「結局、山組同士が会うて、山の話しかせえへんのは、結局もめごとを楽しんでいる話しかしてないんやと。ほれは祭りのときだけやなくて、常日頃から山組同士が普段顔を合わすと、その話しかしない。九割その話やな。日常や。しかも同じ話を何回も言う。言う間にほのネタが熟成されて、よけい面白い話に変わっていく。洗練されてくんやわ。意外と尾ひれはつかんと、しゃべり方から何から洗練されてネタに変わっていくんや。鉄板ネタに[27]」と述べる。

とりわけこうした話題が伝承されるのが山組の若衆たちや中老たちの間での飲み会の席である。そこでは過去に起きた町内のさまざまなコンフリクトや裸参りでの山組同士の衝突をめぐるストーリーが酒の肴として繰り返し楽しまれ、さらに世代を越えた「鉄板ネタ」として山組内に伝承される。このように山組内の飲み会で過去の家同士、若衆―中老間、そして山組間での出来事をめぐる語りを飲みながら楽しむことを通じて、祭礼における行事の意味や発生しうるコンフリクト、その大変さやその一方での面白さ、若衆・中老の役割、筆頭としてのあるべきふるまいなどが習得されていく。祭礼における知識やしきたり、あるべきふるまいを生き生きとした形で習得し柔軟に応用を利かせられるのは、こうしたコンフリクトの面白さと、それを伝承する場があるためである。長浜曳山祭を含む三三の山・鉾・屋台行事がユネスコ無形文化遺産に登録された前後に、ある中老はこうしたことを指して「無形文化遺産は夜［飲み会で］作られる[28]」と表現していたが、祭礼について日常的に語り合うそうした場こそが、この祭礼を継承する核となってきた。

五、コンフリクトを通じた伝承の困難化

しかしながらこうした形で日常的に同じ山組内の中老や若衆たちが集まり、頻繁に飲むような機会

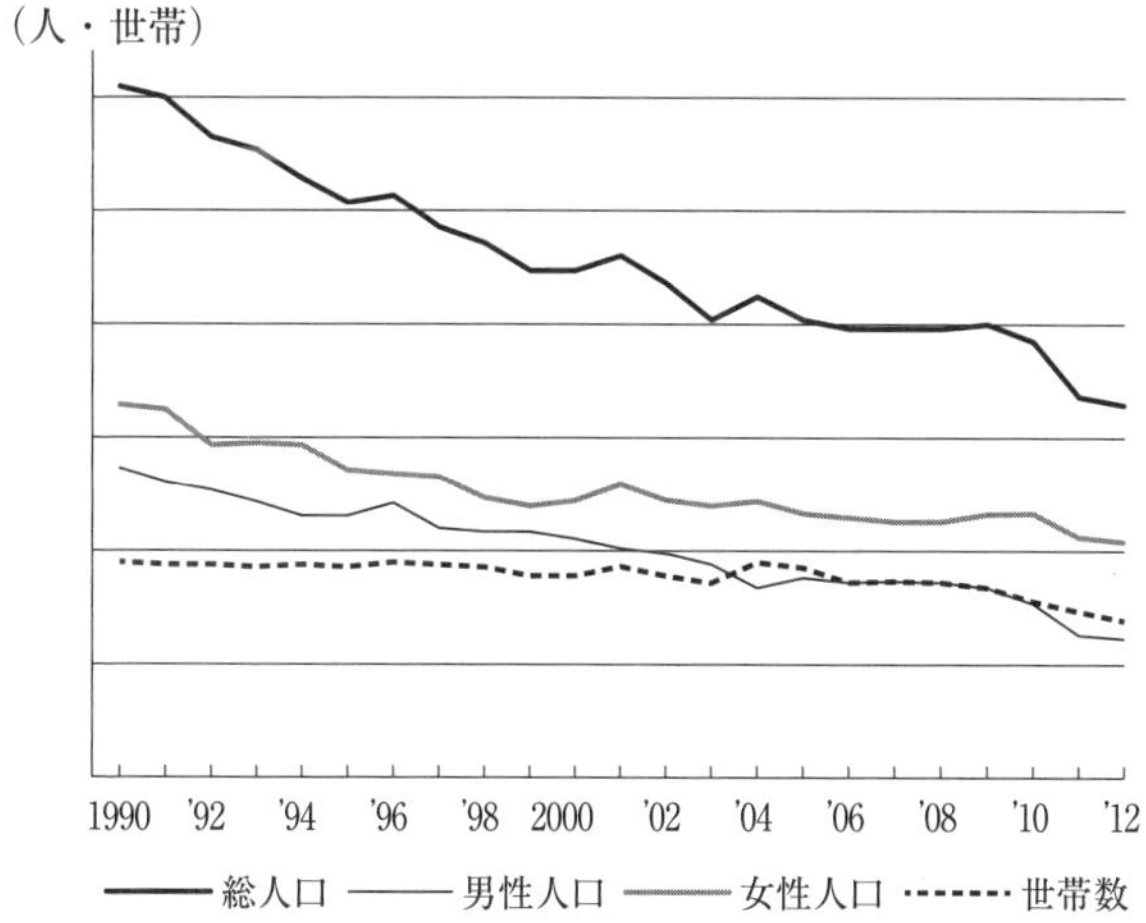

図 3-1　A町の人口・世帯数の推移

出典：村松（2012：183）

は現在においては次第に失われつつある。中野卓はかつて年中行事・法要・葬儀・婚姻・儀礼・社交・娯楽といった生活の諸側面にわたる、伝統的な町内の家同士の関係性としての全体的相互給付関係が成立する要件について、「対面的接触、全人格的な直接的な交渉をたもちうる範囲内」という「近隣性」（中野　一九六四＝一九七八：八七）、あるいは「地縁」（中野　一九六四：五）が不可欠であると述べていた。祭礼もまたそうした全体的相互給付関係の一つであるが、現在の山組において祭礼の担い手同士の近隣性は既に損なわれつつある。

　そのことを理解するために、ここで山組と重なる長浜の中心市街地の近年の人口構成や、山組の若衆メンバーの居住状況、また血縁・地縁関係に注目する。山組と重なる長浜の中心市街地では、一九八〇年代末以降に（山組ではない）

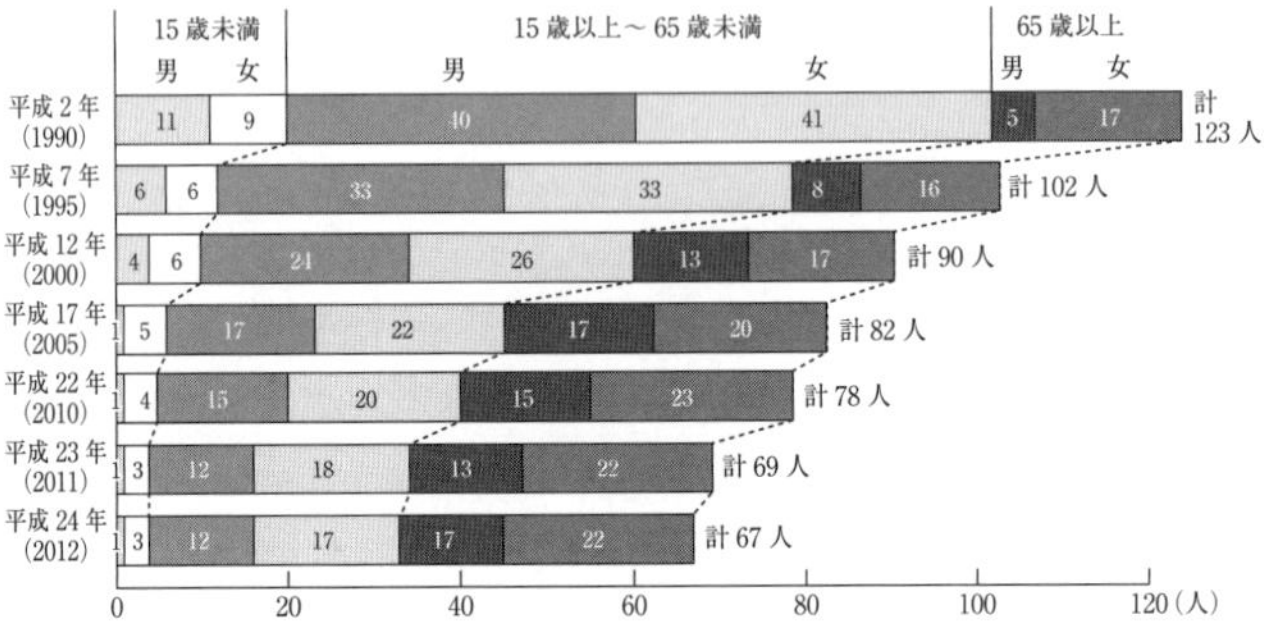

図 3-2　A町の性別・年齢別人口数の推移

出典：村松（2012：183）

郊外の自営業者たちが第三セクター「黒壁」を中心にガラスを中心とした事業を開始し、さらに空き店舗を借り入れて修復・修景して、テナントとして外から新たな商売の担い手を呼び込むことで活性化に成功した（矢部 二〇〇〇）。これによってもたらされた変化を踏まえる形で、ここでは主に黒壁に面して最も観光化が進んだ地域にあるA町を中心として、一九九〇年代初頭からの状況を見てみることにしよう（図3―1・図3―2・図3―3、村松 二〇一二：一八三、一八五）。

まず図3―1は一九九〇年～二〇一二年までの人口動態である。世帯数は三九世帯から二九世帯、人口は一二三名から六七名へと半減している。さらに図3―2の年齢別人口の人口を見ると、一五歳～六五歳未満の男性（これは若衆・中老世代とかなりの程度重なる）の人口は四〇名から一二名へと激減し、一五歳未満の男子（役者の世代とある程度重なる）に至っては一一名からわずかに一名となっている。このデータだけを見ると、果たしてこの状態で祭礼を継承できるのかと疑問に思われるかもしれないが、これは第一節で述べたように、中心市街地に店だけを

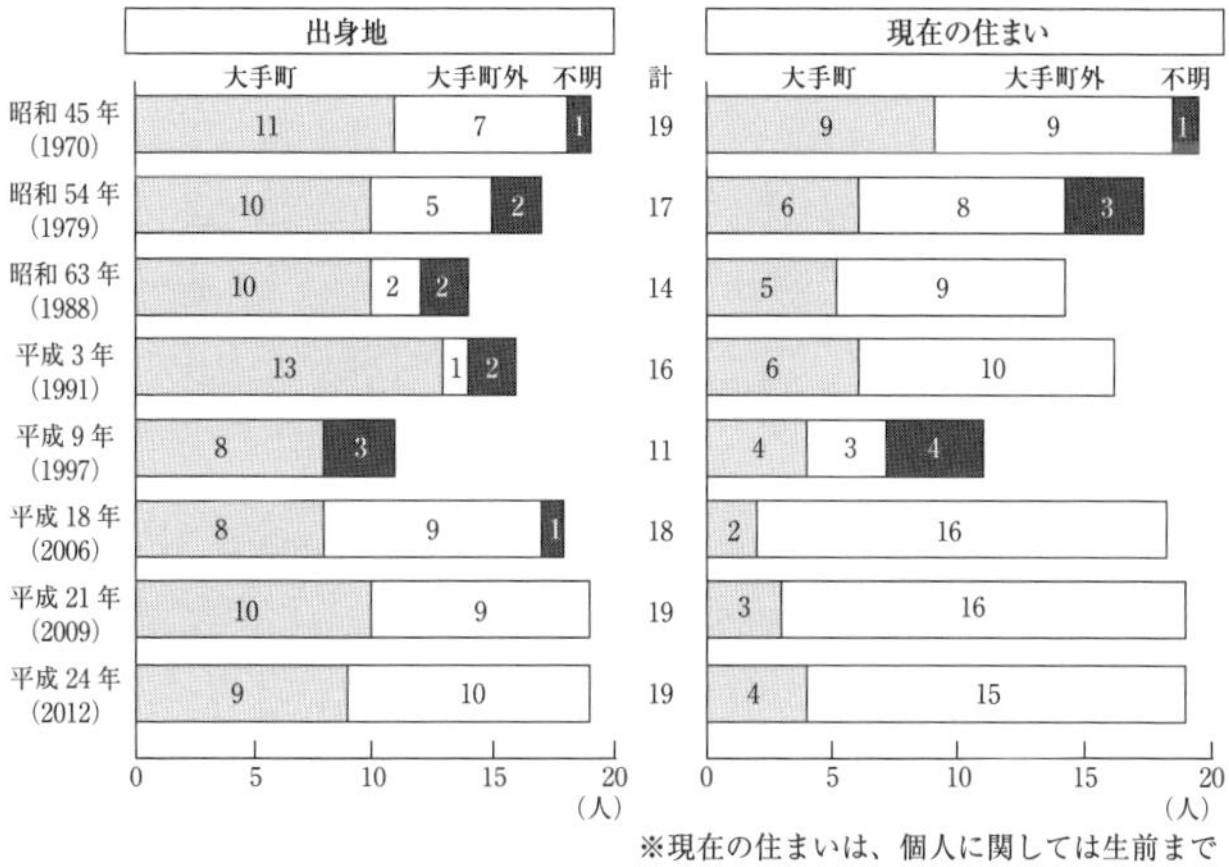

図3-3　A町の若衆の出身地・居住地の推移

出典：村松（2012：185）

残して住まいを中心市街地の外に移す者、また黒壁の事業開始以降の観光化の流れの中で店をテナントとして貸して、自分たちは郊外に住む者が多くなったためである（図3−3）。その場合でも家としてはそのまま祭礼には参加を続けているが、二〇一二年の段階では町内に居住している若衆は一九名中わずか四名に過ぎない。こうしたことから帰結するのは第一に、若衆同士、若衆と中老との間での近隣性を基盤とした形での日常的な関係性が成り立ちにくいということだ。

この一九名のうち、この山組の家の出身である若衆（自身の親も若衆・中老経験者）は一一名（養子・婿養子を含む）で、残り八名はそうではなく、いずれも二〇〇〇年代以降に山組に参加している。うち四名は町内にテナントとして店を借りており、二名は血縁も、またテナント等のつながりもなく友人関係で加入した者である。「それ以外」となっている一名は参与観察のために調査に入った筆者自身である（一名は不明）。こうした家と無関係に加入した若衆は、町内の家出身者から見ればあくまで「助けてもらってるとか、手伝ってもらってるっていう言葉がついて出る[29]」存在であり、決して同列に祭礼を担う存在とはみなされていないし、中核的な役割はできるだけ町内の家出身者が担う形で継承してきた。人数的にはこうした若衆たちがいなければ現実的に祭礼の準備や当日の運営が回らないことは確かだが、かといってそうした若衆たちだけが増えても、祭礼の責任ある地位を担うのは簡単ではない[30]。家の名誉・威信とかかわる重要な役職は早い段階から古くからの家の若衆が務め、過去の経験の蓄積のないままに重要な意思決定をせざるを得ない。

こうした状況はどのような帰結をもたらすか。まず日常的な関係性という点についてであるが、山組によっては現在、「自治会〔の役員会〕はほとんどないで。皆〔加入はしていても〕住んでないんやもん。自治会長はじめ、役員の九割住んでないやで。それも〔会議は〕二カ月に一回くらい。AC3さんが自治会長の間は二カ月に一回集まって一時間くらいの会議するんやけど、AC3さんの前は一年に一回か二回。だから、コミュニケーションでやる祭りやいうてるのに、とる機会がほとんどないんや[31]」という状態にある。そうした中では先に触れたような「自分で勉強する」、すなわち日頃からやりとりのある町内の人びとに「訊いて覚える」というのは難しい。さらに中老のような上の世代の側も、子どもの時にシャギリから入っていて見知っているのとは違う、外から入ってきた若衆に対しては、よそよそしくなるのも無理はない。「新しく入ってきた子はあの子誰、あの子誰って説明せんならん。ようけ知らん若衆がおるって。『なんでいはるん？』って。『なんでいはるん？』って入ってくれてはんねやんけ。『ちゃんと正式に入ってはるんやで』ってちゅうて。初めてはお客さんやってん[32]」というような具合である。

そうした状況で、祭礼に関する伝承を円滑に進めるのは難しい。幹部クラスのある若衆は「何で臨機応変できへんのやって、ずっと思てたんや。他の山組の若衆から『臨機応変言われましても、普段からそういうコミュニケーション取れてないもんが、訊くところがなかったら臨機応変にできませんよ』って［言われた］。なかなかすごいこと言うなあと思て[33]」と、町外に住む下の世代とのギャップについて語る。またこうした状態では、コンフリクトをネタとする形での曖昧なルールの飲み会での伝承も、そう頻繁に行うことは難しくなってくる。

さらに中核的な若衆の経験や、外部からの若衆の参加の増加といった点ではどうか。これについては人数が多く一〇〇戸程度で構成されている山組と、三〇戸程度の山組では大きく状況が変わってくるが、小規模な山組では、町内の家の若衆は「昔やったら二十（はたち）歳前後で若衆入ったとして、［若衆を終えるのが］四〇とすれば、三〇過ぎてからまた筆頭なり何なり当たったりするんやけど、［今では］一、二回経験したらすぐ筆頭が回ってきたりするでしょ、今ね。人数が少ないから。経験がないうえにせんならんから、やっぱりそこで問題が起こる[34]」という状況になりやすい。また新入りの若衆やテナントや友人関係等で入ってきた若衆に対して、過去のさまざまなコンフリクトをめぐる経緯とそれに由来する明文化されないルールを知らせるということについても、どうしても漏れが生じやすい。

時には祭礼の中であまりに自明視されているルールゆえに、経験のない若衆に伝えられていないといったことも発生する。二節で述べたように、この祭礼では囃子を除いては女性がかかわることができる部分はほぼ存在しない。女性が何らかの形で曳山に触ってしまったというだけでも大変な騒ぎになるほどで、その際にどんな事態が発生するかはその場を見聞きしていれば自然と頭に入ってくる。

ところがある町内で、夕渡りの際に役者の母親が途中で紛れ込んでしまい、山組内で大きなコンフリクトを発生させてしまうという事態があった。実は同じようなことはいくつかの山組で過去にも何度か発生しており、以前に他の山組で同様の問題が起こった時にそれを厳しく批判して威信を主張したのが当のこの山組であった。既に述べたように「なぜこうするのか」という了解や、その背景にある因縁やふまえるべき歴史を飲み会などの場を通して聞くことを通じて、若衆たちはその呼吸を柔軟な形で習得していくわけだが、それが機能不全を起こしているということになる。こうした出来事は祭礼をめぐる興趣を活性化させ、それを高らかに批判して威信を示すことができる者もいるが、コンフリクトを適度なところで収めつつ興趣をうまく配分するバランスという観点からは、アクシデントの不慮の勃発はそこまでの計算をめちゃめちゃにしてしまいかねない。

さらにこうしたコンフリクトの当事者になるのは、特にまだ経験の浅い、コンフリクトに慣れていない若衆にとっては精神的に厳しい。たとえば先の事例についても、「夕渡り［で女性が入ってしまったこと］は忘れられんしね。そういうチョンボはいつまでも言われるでしょうけどね。あの時にって」[35]というように、ずっとネタにされ続けることになる。もともとそうしたコンフリクトを長く楽しんできた若衆たちにとってみれば、それも含めて祭礼の一部と認めているだろうし、何年も後になれば、先の夕渡りで招きをめぐって争った当時の筆頭がそうであったように「ほれもほやけど、面白かったで」と回顧することができるようにもなるかもしれない。

しかし従来からこの山組に住んでいたわけでもなく、また将来的にずっとこの町内で仕事をするとも限らないテナント関係の若衆、また友人関係の若衆等にとっては、こうしたコンフリクトに巻き込まれ、また後々までネタにされ続けるというのは勘弁してほしいと思うのも不思議ではない。そもそもそうした若衆たちに取ってみれば家同士の名誉・威信の競い合いも、世代を越えて受け継がれる因縁も自分ごととは言い難い。自分の息子が役者に選んでもらえるようなことがあればそれはとても晴れがましいことで、それが山組への強いコミットメントをもたらすのは間違いないが、コンフリクトに巻き込まれてそこでストレスを感じながらも威信を得ようと張り合うというような動機づけがあるわけではない。

実際、そうした状況を知る若い世代の若衆は以下のように述べる。「若衆に新たに入ってくる子にとって、一番なんかこう……精神的な障害になってるのは、こういう、入ろうとしてる子は多分、何らかのこういうこと［コンフリクト］が自分にも降りかかってくるであろうということを多分分かってます。（中略）結局そこに飛び込んでいくって言うのは、自分も多分その火の粉をかぶるだろうしという覚悟のもとに入ってくる。［山組の］外部から内部に入るときに、ハードルになってるのがここなんですよ。自分がネタになるっていうことは避けられない(36)」。

では、そうしたコンフリクトの当事者にならないために、そうした若衆たちはどのように振る舞うか。A町でテナントとして町内に入っている若衆が籤取人を務めることになった際、町外出身で不慣れな籤取人に対し、裸参りの際に何をしてはいけないか明確にしてほしいと他の若衆から筆頭がせまられ、以下のようなやりとりになったという。

「どうやって参ったらいいか、［籤取人を務める］AW4さんにもちゃんと教えたって下さいよ」と［他の若衆から言われた］。僕から言うたら参り方は一つやと。役者の健康とか真剣に考えて、参ってもらったらほんでええんやと。「いや、それではあかんのです。やったらあかんことまで明確に言うてもらわんとわからんのです」と。「たとえば神前ではこれ以外のことを言うたらいかんのか」とか。冗談を言うたらあかんとか茶化したらあかんとか。そういう会話のやりとりになるで、そこは世代のギャップなんや。多少のことはええぞとか言うても、「多少があかんのです」。「神前はいっぱい人が見てると、だからいらんこと言うなと。唯一ええとすれば、豊国さんの裏行ってからにしとけ」と［返すと］、「ほれが中途半端にすると分からんようなるんです」言うから、「それやったら参るな」と［返した］[37]。

実際、裸参りは公式には役者の健康や本日の晴天、祭礼の成功を祈るお参りだが、その面白さは先にも述べたようにそこからの逸脱である。お参りにかこつけた形で冗談を言い、中老からの批判も覚悟のうえで自分たちの格好良さを見せつけ、他の山組との喧嘩も楽しみにする形で、準備のストレスを発散するところにもう一つの目的があるわけだ。「祭りにマニュアル作ったってしゃあないんで、それはもう状況で。ほんで、そこの見方が皆が違うのが面白い[38]」というように、その曖昧さ自体が祭礼の興趣とコンフリクトを通じた継承を成立させている以上、厳格な規定はそれを不可能にしてしまい、その「面白」さが減殺されてしまう。それゆえ筆頭も「それやったら参るな」と押し返したわけだが、こうした形でルールを厳格化し、さらにはマニュアルとして明文化してほしいという意見が、外からの若衆が数多く参加するなかで見られることを示している。そうしたギャップについて、ある筆頭経験者はそうしたコンフリクトが、「恥を掻かせて覚えさせる世代以外の、今のマニュアル化世代にとって一番ストレスやで、ガチガチに聞いたこと以外はしませんっていう壁を作ってくる」と述べる[39]。

そうした中で次第にマニュアル化への動きは進みつつある（図3－4）。「細かいスケジュール表を出して、ここではこういう着物を着なさいとか、こういう準備をしなさいとかいうのを事細かく書いて（中略）マニュアル化する[40]」といったこと自体は一九九〇年代に始まり、そこから各町に一斉に広まったという。実際、筆者のような完全に外から入ってきた若衆からすれば、いつどの行事でどこに集まり、どんな服装をしていく必要があるかなど覚えきれるものでもないし、もし間違ったら自分だけでなく筆頭や他の若衆たち、山組全体に迷惑をかけてしまうとも思うわけで、これなしでは現実的に参加は不可能だっただろう。

しかしながらこうしたマニュアル化は「それに縛られて、そうしなければならないと皆、思い込んでやんすから[41]」といった意識をもたらす。たとえば服装一つとっても、「たとえばうちらなんかでも籤取り式に行くときには、普通は着流し着ていくんです。あの時は着流しを着るんですわ。で、法被だ

[redacted]町組[redacted]山若衆スケジュール

平成[redacted]年4月13日

行事内容（全体の流れ）	行事時間		集合場所	適用
御幣使・御幣使親 御幣迎えの儀 集合 御幣迎え出発 八幡神社到着	 5:30 6:20 6:50		御幣宿 [redacted] [redacted]	雨の日の準備確認（車　人乗（　）・傘） 若衆： 紋付羽織・紋付着物・袴・白襟・白足袋・扇子 早番（御幣使着付）・・・ 宿当番（[redacted]）・・・・・・・留守番（　） 9:00: 御幣使自宅お送り確認　御弊使おやつ確認
稽古舞台撤収 予備	9:00		[redacted]	自町帰着後自宅にて軽装に着替え ※ござは、そのまま
	役者親・役者　・・直接、[redacted]へ ↓			~~囃子　10:20　学校正面玄関迎え~~（ 本年は始業式と重なるため各自帰宅 ） 囃子は学校を公休として、自宅で昼食を済ませた後で集合 囃子対応・・・ごみ回収（　） 扇子用意（役者・御幣使）計8本　親へは事前配布済み
籤取式 籤待席 自町出発 八幡神社着 籤取式の儀 ※　1番籤お礼参り	（10：50籤待席参加若衆集合時間） 11:00 12:10 12:45 13:00	 役者・役者親同行		籤取人：[redacted] 紋付羽織・紋付着物・袴・白襟・白足袋・扇子 籤待席参加若衆： （着流、必要により相応の服装） 若衆役者親：[redacted]、[redacted]（着流、必要により相応の服装） 籤待席参加役者親： 平服着物（着物・羽織）色衿、色足袋、げた又はせった、扇子 役者：着流し 籤取式立会い　（　5人　、　、　、　、　） 八幡宮⇒稽古場　役者　車での移動（　、　） 1番山・・・紙ふぶき作成・三宝・扇子（[redacted]⇒[redacted]）用意 三番叟提灯発注・・・（　担当　[redacted]　） 食事　（担当　[redacted]）
役者化粧着付 [redacted]君 [redacted]君 [redacted]君 [redacted]君 [redacted]君 [redacted]君 [redacted]君 三番叟 終了	 壱番山 13:35 14:00 14:25 14:50 15:15 15:40 16:05 16:30 16:55	 弐・参・四番山 14:00 14:25 14:50 15:15 15:40 16:05 16:30 16:55	[redacted]	1番山・・・舞台後見三番叟稽古 役者方、衣装方　メイク・着付手伝い （足袋・肌着は若衆、ストーブ用意） 会計・・・籤順による予定表作成（至急） 三役・[redacted]・役者親・若衆配布 [redacted]山囃子、[redacted]、賄い方 裏方打合わせ、音響
自町狂言準備 一回目 山蔵前東向	 17:30 （雨天時、[redacted]前）			狂言時間　張り紙表示　（[redacted]） 例　開演　午後五時半 若衆： 平服着物（着物・羽織）色衿、色足袋、げた又はせった、扇子 法被連中（　、　、　） 後見： 紋付着物・袴・白衿・白足袋・扇子 会計　4月１４日資料確認
	18:30	夕食	[redacted]	
二回目 山蔵前東向	19:30 （雨天時、[redacted]前）			
片づけ			[redacted]	打ち合わせ　4月14日段取り

図 3-4　A町のスケジュール表の一部

注：氏名・町名・地名については伏せ字とした

出典：A町の副筆頭（当時）より提供

けの町内も最近ちょっと増えてますよね。簡単やいうことでね。着流しの上の羽織を脱いで法被の町内もありますけど。これをマニュアルに全部書いてもうたら、それが絶対全てになるんですよ。別に一人羽織着ててもええやないか、一人二人法被着てても、まあ別に構へんやないかちゅうところなんやけど、もう全員揃えないかんみたいな感じになってしまいますよね[42]」というわけだ。

もちろんそれらは本来、筆頭の裁量で決めていいこと、むしろ「筆頭が取捨選択、いいもの取りして、『俺はあれが気にいらんでせん』とか、選択すべきもん[43]」のはずであり、それが祭礼における名誉・威信の張り合いとコンフリクトの興趣をつくり出すにもかかわらず、そうしたせめぎ合いやダイナミズムがマニュアル化することによって失われてしまう。「自分の時、自分のカラー皆出したい。ま、本来出したいと思てもらわな困る[44]」のだが、そうした自己主張をするには、それまでに過去の祭礼での経験やコンフリクトをめぐる物語を聞いていなければ、そうした自己主張の按配も分からない。そうなるとやはり「ガチガチにマニュアル化してしまう方が進むのは間違いないことですよね。文句も出ないですしね。面白みはなくなるでしょうけどね[45]」というように、むしろ名誉・威信の張り合いの機会とそれによる興趣は失われていく。そうした祭礼をめぐる興趣とダイナミズムの消失こそが、本章が示す祭礼の危機と担いのしくみの変容なのである。

六、祭礼のダイナミズムは引き継がれるのか

長浜曳山祭におけるルールの口承による伝承、そしてあえて明文化せず、固定化せずに、若衆たちや中老たち自身がそれぞれのあるべき祭礼のあり方を主張しあうことで名誉や威信を張り合い、それが興趣を創出する。そうしたルールのあり方が、若衆・中老たちの近隣性の喪失、そしてテナント・友人関係等を通じて若衆に入ってきた者の増加という状況の中で変化しつつある状況をここまで論じてきた。こうした状況においては家同士や世代間の因縁や威信、それを競い合う興趣といった用益の意味はその意味を減じざるを得ないし、そうした中で、口頭で伝承された過去の経緯を踏まえつつ適度に自分たちの主張を繰り出して自分なりの祭礼をつくりあげていくというようなことも難しい。そしてそんな柔軟な、言い換えれば曖昧なルールとそれによるコンフリクトに巻き込まれないためにはできるだけルールを透明化してもらえた方が安心して祭礼に参加できる。

祭礼のルールの曖昧さの重要性を説く若衆や中老は、現在の状況について祭礼の「フェスティバル化」「委員会化」、また「イベント化」といったように表現する。かつてであれば祭礼をめぐる過去の経緯をよく知る家の者しか筆頭のような中心的な役割を担うことはできなかったが、若衆自体も人数が減ってそうした経験をしていないし、また飲み会の場での伝承も十分には行えない。そうなると「誰がやってもできるようなマニュアル化ができてて、誰がやっても何とかなるというような、そういう意

味での運営の仕方」[46]にならざるを得ない。

長浜に限らず、祭礼における人的資源の不足やそれを選択縁的な関係性を通じて補っていく必要性については、多くの事例でそうした状況が指摘され、またその必要性が主張されてきた。長浜の場合はこうした状況の中で、十分に祭礼をめぐるルールや知識が若衆たちに十分に伝承されないことを危惧し、手を打っている。たとえば祭礼全体の保存会に当たる組織である財団法人長浜曳山文化協会の伝承委員会という組織では、コロナ禍前まで「楽衆塾」として、「籤取式体験」や「祭礼における挨拶の役割」といったテーマで、各山組の若衆たちを集めて、祭礼に関する知識を学ぶための学習会を年三回程度行ってきた。ただしこうした場で、これまで述べてきたような祭礼が持っている柔軟なダイナミズムをうまく伝承できるかというと、そう簡単ではないだろう。

また直接にそうした意図で設けられたわけではないが、戦後に農村部から人を雇うことができなくなったシャギリの担い手を山組で養成するべく、各山組の垣根を越えて発足した長浜曳山祭囃子保存会は、各山組の幹部クラスの若衆・中老たちの交流の場となっており、それぞれの山組の事情や悩みについて互いに話しあうような場として機能している（武田 二〇二二 d）。さらに一九九七年に発足し、現在では懇親会だけでなく祭礼に関する若衆たちの意見をまとめる場ともなっている若衆会という組織もあり、同様の効果をもたらしている。それらが祭礼をめぐるさまざまな過去のコンフリクト、若衆と中老との関係性やそこでの駆け引きなどを飲み会などを通じて学び、また祭礼を今後どう継承していくかについての議論ができる場となっているのは確かであろう。[47]

二〇二〇年からのコロナ禍の中で若衆・中老たちの飲み会の場はもちろん、祭礼の準備のための山組内の集会も含めて飲食の禁止や時間・人数面の制限が加わった。このことは本章で論じた口承によるコンフリクトやそれを通じたルールの伝承の機会を失わせている。さらに感染対策を徹底した形でシャギリや狂言の練習、また祭礼当日の行事の実施を行おうとすれば、明確なマニュアル抜きでは困難になってしまう。マニュアル化を志向する動きがみられる祭礼の傾向を、コロナ禍は今後さらに強めていく可能性があるだろう。[48] 固定化した「伝統」をマニュアル通りに継承するだけにとどまらず、この祭礼が生き生きとした活力とダイナミズムをともなって今後も伝承されていくかどうか、長浜の町衆たちの創意工夫のなかで、それが今後も引き継がれていく可能性に筆者としては期待したいと思う。

注

(1) 武田(二〇二一a)は、担い手外部からのそうしたさまざまな形での資源調達のバリエーションを、長浜の事例から分析している。

(2) この長浜曳山祭についての詳細な報告書としては、長浜市教育委員会・長浜曳山祭総合調査団編(一九九六)、長浜市史編さん委員会編(二〇〇二)、長浜曳山文化協会・滋賀県立大学人間文化学部地域文化学科編(二〇一二)がある。また市川(二〇一七)、武田(二〇一九:一三-二〇)、武田(二〇二一b)はこの祭礼の概要や組織、祭礼としての特徴についてまとめている。

(3) したがって以下、本章では「山組」という言葉と「町内」という言葉は互換可能な意味で用いている。

(4) AW1氏への聞き取りによる。
(5) BW1氏への聞き取りによる。
(6) AW2氏への聞き取りによる。
(7) AW2氏への聞き取りによる。
(8) AC1氏への聞き取りによる。
(9) CW1氏への聞き取りによる。
(10) 二〇一二年四月一一日のA町の裸参りの参与観察による。
(11) DW1氏への聞き取りによる。
(12) AW1氏への聞き取りによる。
(13) AW1氏への聞き取りによる。
(14) AW1氏への聞き取りによる。
(15) EC1氏への聞き取りによる。
(16) AW1氏への聞き取りによる。
(17) EC1氏への聞き取りによる。
(18) AW1氏への聞き取りによる。
(19) CC1氏への聞き取りによる。
(20) CC1氏への聞き取りによる。
(21) CC1氏への聞き取りによる。
(22) CC1氏への聞き取りによる。
(23) EC1氏への聞き取りによる。
(24) AW1氏への聞き取りによる。

(25)ＡＷ１氏への聞き取りによる。
(26)ＡＣ２氏への聞き取りによる。
(27)ＡＷ１氏への聞き取りによる。
(28)ＣＣ１氏への聞き取りによる。
(29)ＡＷ２氏への聞き取りによる。
(30)なお、このインタビューから六年たった二〇二一年現在、A町では初めて町外出身の筆頭が選ばれた。本章で論じた継承をめぐる問題が、こうした状況のなかでどう解決されていくのかは、さらに今後も含め考察が必要になっていくと思われる。
(31)ＡＷ１氏への聞き取りによる。なお、このインフォーマントが所属するA町は、山組と自治会の範囲が重なっており、自治会の会議で山組についての協議も行われるため、このような表現がなされている。他にそうした山組はひとつだけで、それ以外は自治会と山組の範囲は重なっておらず、会議も完全に別である。
(32)ＥＣ１氏への聞き取りによる。
(33)ＡＷ１氏への聞き取りによる。
(34)ＣＣ１氏への聞き取りによる。
(35)ＣＣ１氏への聞き取りによる。
(36)ＡＷ３氏への聞き取りによる。
(37)ＡＷ１氏への聞き取りによる。
(38)ＣＷ１氏への聞き取りによる。
(39)ＡＷ１氏への聞き取りによる。
(40)ＣＣ１氏への聞き取りによる。
(41)ＣＣ１氏への聞き取りによる。

(42) CC1氏への聞き取りによる。
(43) CC1氏への聞き取りによる。
(44) CC1氏への聞き取りによる。
(45) CC1氏への聞き取りによる。
(46) CC1氏への聞き取りによる。
(47) ただし一方で「この頃の他所から入ってくる人が、他所の山のことを聞かはる。若衆会でいらんこと聞いてくんねや。お前んとこしてんのかいって。こういうことせいって書いてあるのにしてんのかって、変なマニュアル主義になってくんねや」(BC1氏への二〇一六年一一月一一日の聞き取りによる) というように、こうした場で他の山組から影響を受けることで、それぞれの山組同士の祭礼のやり方の違い、特徴こそが名誉・威信の競い合いの賭け金になっているにもかかわらず、その差異を失わせるような結果になるのではないかという批判もみられる。その意味では祭礼のダイナミズムを生み出し活性化させる場としての若衆会の機能には両義的な面があると言えるだろう。
(48) コロナ禍における都市祭礼の困難についてはさしあたって武田 (二〇二一c) で論じているが、二〇二一年に行われた長浜曳山祭の縮小開催を事例として別稿を準備中である。

引用・参考文献

有賀喜左衛門、一九三九＝一九六七『有賀喜左衛門著作集Ⅲ　大家族制度と名子制度』未来社
――――、一九四八＝二〇一一「都市社会学の課題―村落社会学と関連して」有末賢他編『都市民俗基本論文集四　都市民俗の周辺領域』岩田書院：一六一－二〇七
市川秀之、二〇一七「序説・長浜曳山祭の歴史と現在」市川秀之・武田俊輔編『長浜曳山祭の過去と現在―祭礼と芸能継承のダイナミズム』おうみ学術出版会

市川秀之・武田俊輔編、二〇一二『長浜曳山まつりの舞台裏―大学生が見た伝統行事の現在』サンライズ出版
市川秀之・武田俊輔編、二〇一七『長浜曳山祭の過去と現在―祭礼と芸能継承のダイナミズム』おうみ学術出版会
金賢貞、二〇一三『「創られた伝統」と生きる―地方社会のアイデンティティー』青弓社
松平誠、一九八三『祭の文化―都市がつくる生活文化の形』有斐閣
――、一九九〇『都市祝祭の社会学』有斐閣
村松美咲、二〇一二「山組の組織と今後」市川秀之・武田俊輔編、滋賀県立大学曳山まつり調査チーム『長浜曳山まつりの舞台裏―大学生が見た伝統行事の現在』サンライズ出版：一七七―一八七
――、二〇一七「山組の組織の変化と今後」市川秀之・武田俊輔編『長浜曳山祭の過去と現在―祭礼と芸能継承のダイナミズム』おうみ学術出版会：一九五―二三〇
長浜曳山文化協会・滋賀県立大学人間文化学部地域文化学科編、二〇一二『長浜曳山子ども歌舞伎および長浜曳山囃子民俗調査報告書』長浜曳山文化協会
長浜市教育委員会・長浜曳山祭総合調査団、一九九六『長浜曳山祭総合調査報告書―重要無形民俗文化財』長浜市教育委員会
長浜市史編さん委員会、二〇〇二『長浜市史　六　祭りと行事』長浜市
中野卓編、一九六四『地域生活の社会学』有斐閣
中野卓、一九六四＝一九七八『商家同族団の研究―暖簾をめぐる家と家連合の研究』（上・下）未来社
高木唯、二〇一二「まちなかの変容と山組」市川秀之・武田俊輔編、滋賀県立大学曳山まつり調査チーム『長浜曳山まつりの舞台裏―大学生が見た伝統行事の現在』サンライズ出版：一六六―一七六
武田俊輔、二〇一九『コモンズとしての都市祭礼―長浜曳山祭の都市社会学』新曜社
――、二〇二一ａ「祭礼に関わる地方都市の諸アクターと社会的ネットワーク」植木行宣・福原敏男・西岡陽子・

橋本章・村上忠喜編『山・鉾・屋台の祭り研究事典』思文閣出版：二一〇‐二一八
――――、二〇二一b「長浜曳山祭」植木行宣・福原敏男・西岡陽子・橋本章・村上忠喜編『山・鉾・屋台の祭り研究事典』思文閣出版：五六四‐五六八
――――、二〇二一c「コロナ禍における都市祭礼継承の困難と模索―地方都市の共同性と資源調達への影響をめぐる中間考察」『地域社会学会会報』二二〇：一‐五
――――、二〇二一d（近刊）「『囃す』というミュージッキング：シャギリが生み出す祭礼の場と関係性」野澤豊一・川瀬慈編『音楽の未明からの志向―ミュージッキングの学際的研究』アルテスパブリッシング
矢部拓也、二〇〇〇「地方小都市再生の前提条件―滋賀県長浜市第三セクター『黒壁』の登場と地域社会の変容」『日本都市社会学会年報』一八：五一‐六六

付　記

本研究は、ＪＳＰＳ科研費２２７３０３、１５Ｋ０３８５２、２０Ｋ０２１１３、および公益財団法人北野生涯教育振興会・二〇二一年生涯教育研究助成金の成果の一部である。

第四章
諏訪地域における御柱祭の変化と継承
――〝観光資源〟化と〝伝統〟のせめぎ合いのなかで――

矢野　晋吾

写真 4-1　諏訪大社上社御柱祭・建御柱
（曳行された巨木は，神社の四隅に人力で建てられる）
出典：筆者撮影（2016 年祭）

写真 4-2　諏訪大社上社御柱祭・川越し
（山から人力で曳き出された御柱は，雪解け水の川で清められ進む）
出典：筆者撮影（2016 年祭）

一、氏子の奉仕から、「見られる」祭礼へ

本章では、地域の氏子たちによって永年継続されてきた祭礼が、近年進展した〝観光資源〟化の影響を受けることで、祭礼の構造及びその担い手にどのような変化が生じてきたのか、という点を明らかにすることを目的とする。

事例として取り上げた御柱祭《おんばしらさい》は、長野県諏訪地域の諏訪大社を中心に行われてきた祭礼で、数え年で七年に一度（寅と申の年）、催行される。山より巨木を切り出し、氏子の人力のみで曳行し、神社の四隅に建てる、という形式で、一説によれば一二〇〇年以上の伝統を持つとされる。祭礼のサイクルは、永年にわたる歴史を通じて諏訪地域の人々の生活時間の中軸となり、精神的な支柱としての機能を果たしてきた。

この祭礼に、ひとつの変化が起こったのが、一九八〇年代後半であった。従来、地元地域の氏子による諏訪大社への自主的な奉仕として執り行われていた祭礼が、地域の〝観光資源〟としての側面を強く見せるようになったのである。そして、その傾向は以後、回を増すごとに強まっている。その結果、担い手である氏子と、行政・観光関係者及び観光客、さらには地元の氏子たちの間には、祭礼に対する意識のズレが生じてきている。

他方、祭礼の担い手にも変化が生じている。従来、祭礼の主力を担っていたのは、消防団を軸とし

た屈強な若い男性であり、祭礼の場は彼らの独壇場であった。ところが、本来の巨木の曳行に加え、祭礼に附随する要素が拡大する傾向が強まるにつれ、従来、積極的に祭礼に関与してこなかった層、具体的には若年層あるいは女性の参加が促進され、アクターの多様化が進展している。

以下、主として参与観察と聴取調査のデータをもとに、〝観光資源〟化に伴い祭礼が「開かれ」ていくプロセスのなかで、祭礼、ひいては地域社会にもたらされた変化について分析を行いたい(1)。

二、諏訪地域と諏訪大社・御柱祭の概況

(1) 諏訪地域の概況

諏訪地域は、長野県中部、諏訪盆地を中心とした地域で、二〇二一年現在、岡谷市、諏訪市、茅野市、諏訪郡下諏訪町、同原村、同富士見町の六市町村で構成されている。明治時代以降、この範囲がそのまま、御柱祭に直接かかわる氏子の範域となっている。

諏訪地域六市町村の人口推移については、図4-1に示した。合計の人口は、一九八〇（昭和五五）年時点で二〇万三四八九人だったが、二〇一五年まで微減傾向であった。ただし、二〇二〇年には新型コロナウイルスの影響で移住者やUターン者が増加したこともあいまって、二一万一六二九人となっている(2)。六五歳以上の高齢者は、約一一・四%から二〇一五（平成二七）年には約三〇・八%へと急増したが、

その後下降に転じ、二〇二〇年は二〇・三%となっている。

市町村別では、下社の御柱祭を担当する岡谷市と下諏訪町の人口は減少傾向にある（岡谷市六万二三二〇人→五万六四〇一人、下諏訪町二万六五七四人→二万三九三〇人）のに対し、下社・上社の双方を担当する諏訪市、上社の範域である富士見町はほぼ横ばい、上社を担当する茅野市と原村は人口が増加している（茅野市四万三九四二人→五万四八四一人、原村六二二五人→七二〇七人）。

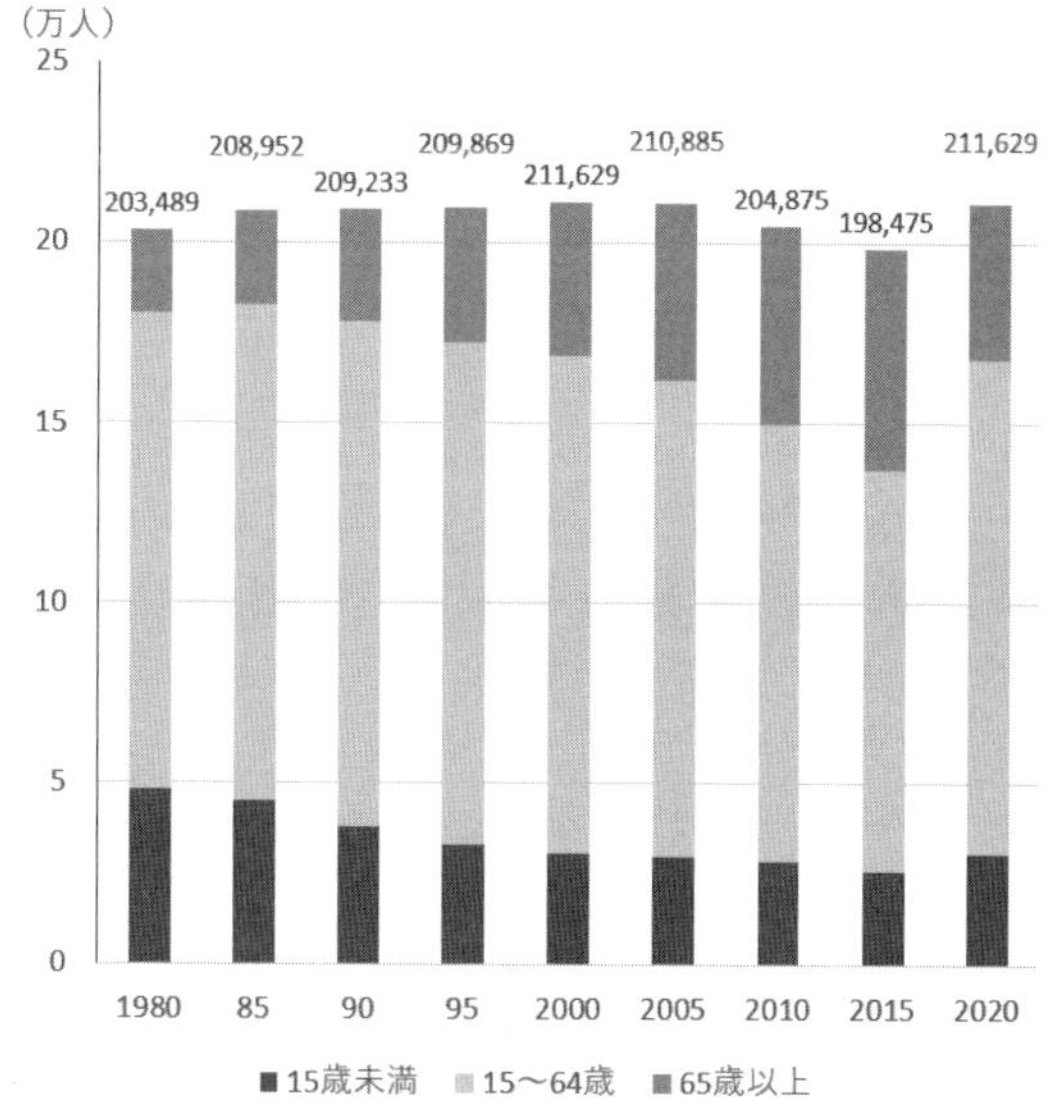

図 4-1　諏訪地域（６市町村）における人口の推移
出典：国勢調査をもとに作成

上記のように、諏訪地域全体でみれば、人口は長期的にほぼ横ばいであった。それでも、二〇〇〇年代に入って、地域差があるものの、全体としては、少子高齢化が進展し、微減傾向にあった。この背景には、当地が精密機械産業やリゾート産業、あるいは高収益が得られる農業など、産業に恵まれていたことがあげられる。

昭和初期、養蚕衰退の大打撃を受けた当地であったが、戦時中の企業疎開に端を発した精密機械産業は戦後、「東洋のスイス」と呼ばれるまで発展を遂げたほか、古くからの温泉に加えて、霧ヶ峰、八ヶ岳などのリゾート資源を活用した産業が育ってきた。また、八ヶ岳山麓など高冷地の冷涼な気候を利用した高原野菜や花卉を軸とした農業は、高所得を得られる産業として日本有数の産地へと成長してきた（矢野 二〇〇四：七八〜七九、八七〜九六）。

（2） 諏訪大社の歴史と概況

このような諏訪地域の信仰の軸となってきたのが諏訪大社である。歴史は古く、『諏方大明神絵詞』には、神功皇后の三韓出兵や坂上田村麻呂の蝦夷征討で神威を発揮したという記述がある。『日本書紀』によれば、六九一（持統天皇五）年、朝廷が勅使を遣わし、国家の安泰と五穀豊穣を祈願し、その後も歴代朝廷が崇敬してきた（金井 一九八二：五〜一三）。

平安時代には、関東第一大軍神として知られるようになり、鎌倉時代以降は、源頼朝、北条一門、足利尊氏、武田信玄などが社領を寄進、奉納などを行っている。江戸時代に下ると、徳川家康以下歴代の将軍、諸国大名が社領を寄進、奉納。庶民からも雨・風の神、水の神、五穀豊穣の神として崇敬されてきた（山田：六六〜八六、今井 一九八二：一四四〜一四六、二四〇〜二四四）。

現在も、膨大かつ特殊な神事を行う古社として信仰を集めている。信仰域は広く、末社は北海道から九州まで全国に分布している。神社本庁加盟の諏訪神社だけでも約六五〇〇社を数えるとされる(3)。

祭神は、上社が建御名方神（男神）、下社が八坂刀売神（女神）。建御名方神の父は大国主神、兄は八重事代主神で、国造りを行ったとされる神々である。

諏訪大社は、若干複雑な構成となっており、基本的に四つの神社の総称である。まず諏訪湖の南方に上社、北方に下社が鎮座している。そして、上社には本宮（諏訪市中洲）と前宮（茅野市宮川）、下社には春宮と秋宮（ともに諏訪郡下諏訪町）と各二社を有し、合計四つの神社で構成されている。従って、御柱祭では、この四つの神社の四隅、合計一六本の柱を建てることになる。

氏子区域は、明治以降から現在まで、上記の諏訪六市町村が範囲となっている。うち、下社は岡谷市と下諏訪町に加え、諏訪市の北部、上社はそれ以外の諏訪市と、茅野市、原村、富士見町が氏子域である。

（3）御柱祭の歴史と概況

諏訪大社で永年行われてきた重要な祭礼が「諏訪大社式年造営御柱大祭」、通称「御柱祭」である。〝天下の奇祭〟とも呼ばれるこの祭礼は、数え年で七年目ごと（寅・申の年）に、山中から巨木を伐採、氏子の手で曳行し、諏訪大社四社境内の各四隅に建てる行事である。

歴史は古く、諏訪円忠が一三五六（正平一一）年に記した『諏方大明神絵詞』には、「寅申ノ支干ニ当社造営アリ、一国ノ貢税永代ノ課役桓武ノ御宇ニ始レリ」との記録があり、当時には既に寅と申の年に造営が行われ、桓武天皇の時代から信濃国の租税を造営費に充当したとしている（金井 一九八二：二一七）。

一五七八（天正六）年の記録（「上諏方造営帳」（前全））によれば、武田勝頼の時代には、諏訪だけでなく信濃国内に賃租の割り当てをしていた模様だが（山田肇：二〇二一-二〇三）、江戸時代には、諏訪郡内が軸となって祭礼が行われたとみられる。

明治時代以降、明治行政村を軸とした地域の単位で各柱を担当する形式で、上記の下社・上社の地域分担が行われるようになり、現在に至っている。

祭礼は、二年前から準備が本格化し、御柱用材の選定、伐採、曳行を経て、神社の境内へ建てる「建御柱《たておんばしら》」に至る。

御柱用材はモミの大木で、直径一メートル、重さ一〇トン以上にもなる。上社は、八ヶ岳山麓の御小屋山から伐採していたが、一九五九年の伊勢湾台風による倒木の影響で大木が枯渇し、一九九八（平成一〇）年からは別の市町村から調達して曳行を行ってきた。[4] 下社は下諏訪町の東俣原生林の材を使用している。用材選定は、「仮見立て」、「本見立て」と行われ、下社の場合は曳行の三年前から準備が行われている。

伐採した御柱は、先端附近に二本の元綱（直径三〇センチメートル程度）を取り付け、それからさらに綱をつなげ、一本の柱に二〇〇〇人とも言われる氏子が集まって曳行を行う。

曳行は、四月に山麓から里まで曳行する「山出し」と、五月に里を神社まで曳行する「里曳き」の二回に分けて行われる。

山出しでは、急斜面を人が乗ったまま曳行する「木落し」、人家の近くの急なカーブを曲がる「大曲《おおまがり》」、上社の場合は同様に川を渡る「川越し」など勇壮な見せ場がある。里曳きは、町中を緩やかに曳行する形となり、各種芸能などの出し物が併せて披露され、山出しとは対照的に、お祭りムードが高まる。神社まで曳行された御柱は、人の力だけで巨木を建てる「建御柱」を迎え、祭礼は終了する。

御柱祭については、これまで国の重要無形民俗文化財指定への動きがあった。しかし、現在まで、指定を受けるには至っていない。その要因の一つとされるのが、後述するラッパ演奏など、近代以降の要素を盛んに取り入れて祭礼が行われている点である。

それでも、一九九四(平成六)年八月、長野県無形民俗文化財の指定を受けるに至った。指定理由としては、「古い信仰にかかわる祭祀の形態を濃く残していることが貴重」で、「地域住民が総力を挙げて展開する雄大な祭祀への取り組みに特色」があるとしているが、祭礼の様式など、保護の対象になる要素は特定していない。結果として、近代以降の新たな構成要素が容認された形となっている。

上記の「諏訪大社」の御柱祭が行われた後、諏訪地域を中心とした各村落の神社でも小規模な御柱祭が行われる。これらを「小宮《こみや》の御柱」と呼んでいる。近年では、村落の神社に加え、企業・団体・個人などが祀る神社でも同様に「小宮の御柱」が盛んに行われるようになっている。御柱祭自体は春に終わるが、その後諏訪地域では秋まで御柱一色に染まることになる。

(4) 生活時間としての御柱祭

七年目に一度行われる御柱祭は、諏訪の人々にとって、日々の生活における精神的な支柱として、また人生の時間の一つの主軸として重要な位置を占めてきた。

古くから、御柱祭が行われる年には厳しい禁忌があった。「御造営ニ元服袴着よめとり聟とり屋作造作不可有」(『諏方上社物忌令之事』一二三八(暦仁元)年一二月一三日施行)、あるいは、「元服婚嫁の礼、元服婚嫁の礼共以是をとゞむ。違反の者に必神罰をかうぶる」(円忠 一三五六年『諏方大明神絵詞』一二段…五八)などとされ、結婚式、元服式、家屋の新築・建て替え等が忌避された。現在も、これらを避ける傾向は続いている。

その半面、催行年には、蕩尽も行われる。曳行の経路に面した家では、御柱祭の際、通りかかる氏子たちに酒食などの「おふるまい」をすることが多い。また、「小宮の御柱」も含めて、普段は付き合いの浅い親戚や知人なども氏子の家に集まることになる。多額の出費を伴うため、地元の信用金庫では、御柱祭に向けた積立預金の商品などを用意している。

三、〝観光資源〟化する御柱祭

(1) 〝観光資源〟化へのプロセス

御柱祭の観光客は近年、急激に増加してきた。一九六二(昭和三七)年には六〇万人だった総動員数はその後、緩やかに上昇し、一九八〇(昭和五五)年に八四万八千人となったが、次の一九八六(昭和六二）年には一二八万八千人に急増。一九九八（平成一〇）年に長野オリンピック開会式で、御柱祭の一部が披露されるなど知名度は広がり、その後も急伸を続け、二〇一〇（平成二二）年には一九二万五千人を記録した（諏訪地方観光連盟）。

これを受けて、御柱祭をめぐる観光に期待した地元行政の予算規模も増加。諏訪市、岡谷市、下諏訪町、茅野市、原村、富士見町の六市町村で構成する諏訪観光連盟の予算は、二〇〇三（平成一五）年度（二〇〇四年祭向け）に二五五〇万円だったが、次の二〇一〇（平成二二）年祭では四八〇〇万円と急増した。

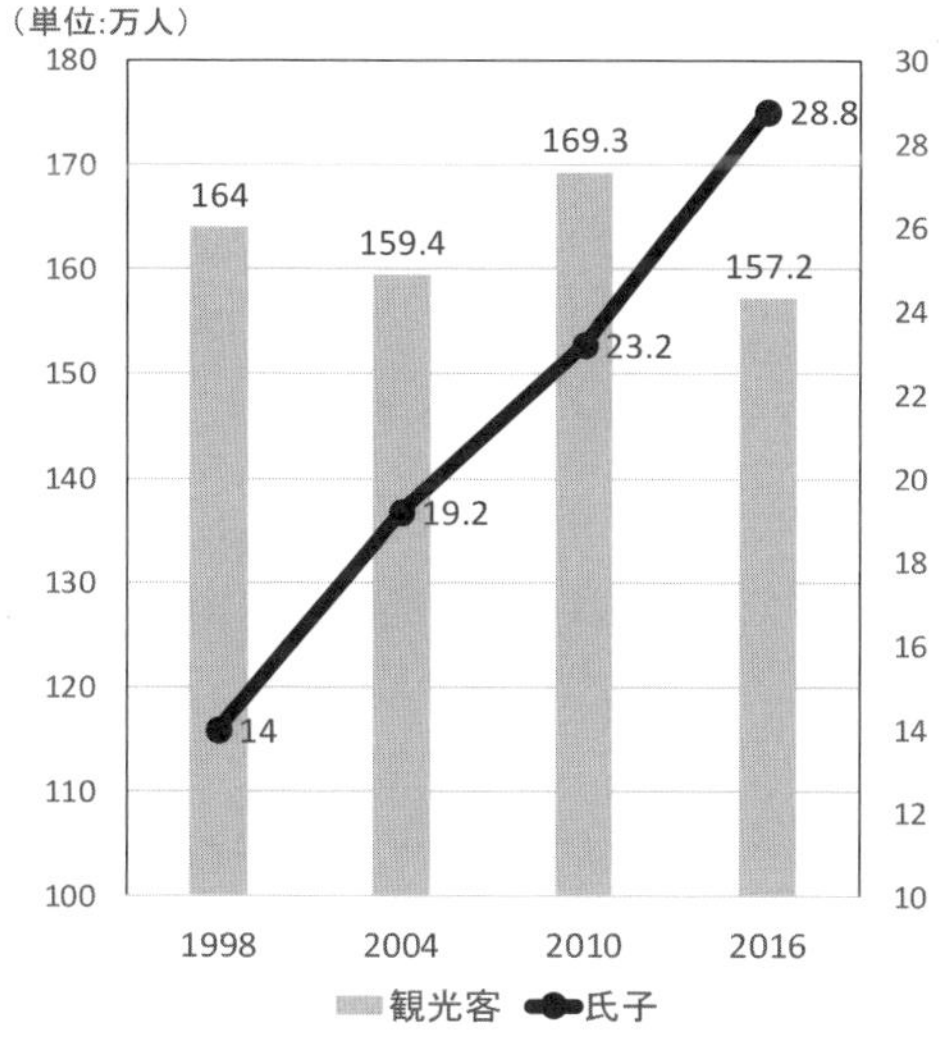

図 4-2　御柱動員数の推移（氏子・観光客別）
出典：長野経済研究所・諏訪広域連合の資料をもとに作成

その結果、御柱祭の経済波及効果二〇一・七億円（二〇一六（平成二八）年祭、長野経済研究所。二〇一〇（平成二二）年は二一五・六億円）に達し、行政や観光関係者だけでなく、地域の住民たちも、祭礼の存在感を再認識していくことになる。実際、その結果として氏子の参加が近年、急増したのである（図4－2）。

二〇一〇（平成二二）年祭では、観光客

が前回比九万九千人の増加をみたが、実は氏子の参加者は、のべ四万人と大幅な増加をしている（諏訪市町村全体の人口が当時、二〇万五千人弱）。さらに、二〇一六（平成二八）年祭では、観光客が前回比一二万一千人減少したのに対し、氏子は五万六千人の増加をみている。つまり、〝観光資源〟化の盛り上がりとともに、地元住民のアクターが急増したのである。

こうして、総動員数の急増が、祭礼の〝観光資源〟化をもたらし、地元の行政、観光関係者、そして住民たちも、御柱祭に〝地域資源〟としての価値を再発見していくこととなった。

（2）運営体制の組織的管理に向けた動き

〝観光資源〟化が進展するなか、押し寄せる観光客はさまざまな影響を及ぼしていく。大型観光バスで慌ただしく見物をするケースも増え、「木落し」や「川越し」などの見どころを時間通り見られないという苦情が数多く寄せられるようになった。さらに、観光客が勝手に曳行に加わったり、柱に土足で上るなど従来、地元の人びとが主体で行っていた時には想像できない出来事が起こるようになった。さらに、動いている柱に近づくなど事故に直結しかねない危険な行為さえも見られるようになった。

こうした状況に対応して、地元自治体・観光関係者は、観光資源としての御柱祭の活用に向けた体制強化を進めることになる。具体的には、二〇一〇（平成二二）年祭に向け、「御柱情報センター（二〇一六（平成二八）年からは御柱祭観光情報センター）」を開設し、情報の一元化を図った。この組織は諏訪地方観光連盟が設置したもので、事業内容としては、御柱祭プロモーション各種事業の推進、各種関係機

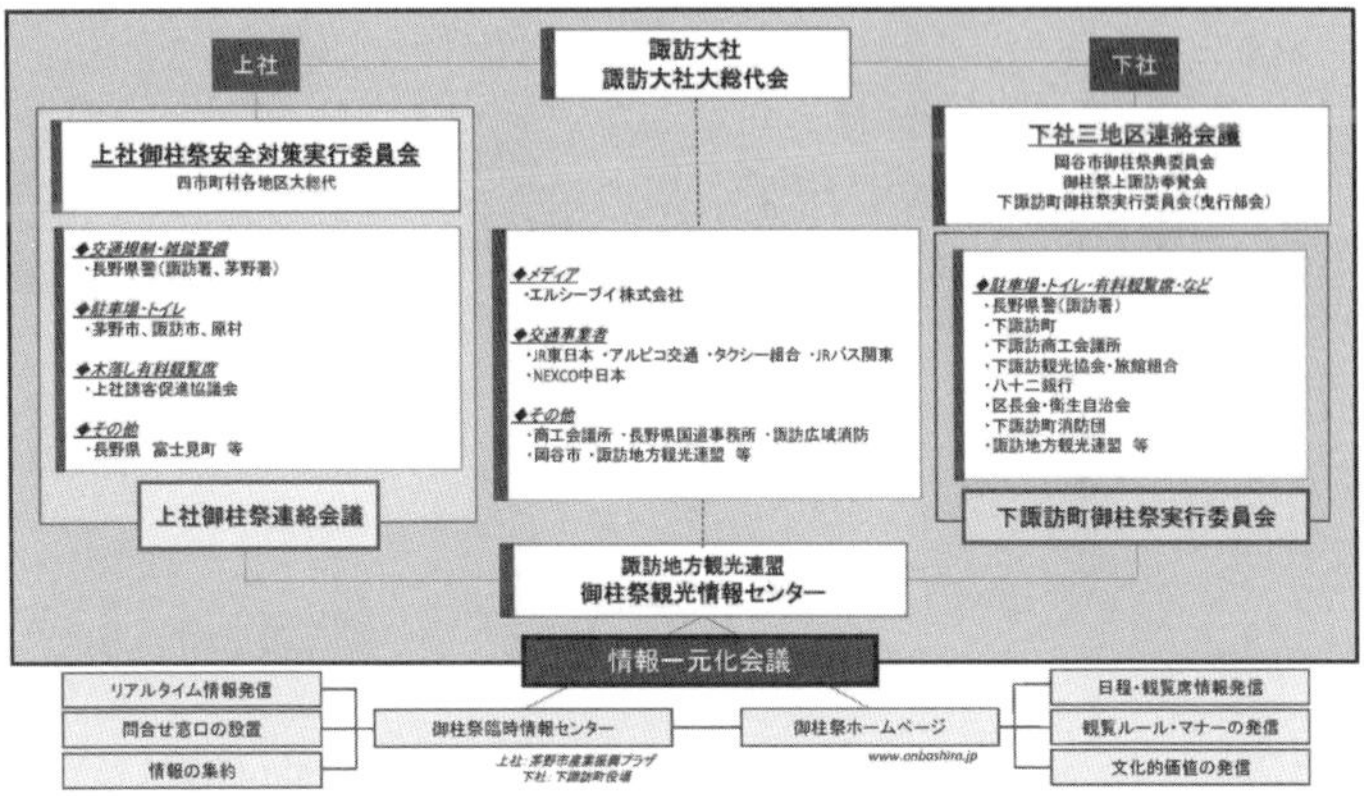

図 4-3　「情報一元化会議」組織図
出典：諏訪地方観光連盟資料

関との連絡調整、情報集約と発信、情報一元化検討会議の実施などを担っている。祭礼の前年度に発足。職員、派遣職員、臨時職員三人で構成し、二〇一〇（平成二二）年は下諏訪町役場内、二〇一六（平成二八）年は諏訪市役所内に事務局を置いた。

初年度である二〇一〇（平成二二）年には、主として駐車場の状況や曳行スケジュール等への問い合わせの一元対応、有料観覧席の設置（上社）を、二〇一六（平成二八）年には、ホームページの他SNS（Twitter、Facebook）を活用し、観光客に祭礼への理解を深めてもらうため、地域住民の思いや取り組みの発信、ルール、マナーの徹底を旅行会社を通じて呼び掛けるなどの情報提供にも力を入れた。その結果、ホームページへのアクセス数は四八万九〇五五件（二〇一〇年比一五万五四六三件増）に達した。

さらに次の二〇一六（平成二八）年祭に向けては、「諏訪大社御柱祭情報一元化会議」を設置（二〇一四（平成二六）年九月初会合）した（図4−3）。これは、御柱祭観光情報センターに加え、上社御柱祭連絡会議（警察署や自治体などで構成）、下諏訪町御柱祭実行委員会（警察署、自治体、商工会議所、観光関係者、銀行、地元区町会などで構成）、そして、氏子組織である諏訪大社大総代会、上社御柱祭安全対策実行委員会、下社三地区連絡会議が加わり、行政、観光業者だけでなく、氏子組織とも情報を共有する組織であった[5]。

こうした組織を活用し、観覧ルールやマナーを周知し、加えてパブリックビューイングなど混乱回避に向けた新たな取り組みを行った結果、二〇一〇（平成二二）年に寄せられた、観覧場所、駐車場や曳行時間などの苦情が大幅に減少することとなった。

（3）観光・行政関係者と氏子たちの「温度差」

a　強化される規制

このように、行政、観光業者、さらに氏子組織も加わって、〝観光資源〟化に向けての組織的な対応が進展し、増加する観光客を受け入れる体制の整備は進んでいった。観光客への対応を基点に、混乱を抑え、強まる要望をかなえるための対応が具体化するなか、結果として、従来行われてきた祭礼の運営自体に、新たな変更を加えざるを得なくなったのである。

〝観光資源〟化への対応は、御柱祭の曳行にもさまざまな制限をかけざるを得ない結果につながった。とりわけ、厳格に規制されたのが曳行の時間管理である。この点は、曳行する氏子の側にとって、大きな課題、そして負担となった。

・待ち時間（山形県50代男性、東京都50代女性）
・待ち時間が長い（愛知県60代女性）
・待ち時間改善。モニターなどほしい（宮城県50代女性）
・待ち時間。イス等がほしい（東京都60代女性）
・待ち時間が長く、電車が邪魔だった（神奈川県70代男性）
・時間通りに落ちないので、観覧席の誘導後スムーズではない（埼玉県50代男性）
・時間がルーズすぎる。パンフに書いてあるように進行してほしい（東京都60代男性）
・待ち時間が長い（栃木県60代男性）
・時間がかかり過ぎる。落ちそうで落ちなくてイライラした（東信地域60代女性）
・上社３日目、川渡場最後の一つ前の時、役員に座ってくださいと伝える。役員が「うるせいー」と言った。氏子のためにやっているようだ。観光客に来てもらいたいのか…（東京都60代女性）
・一般の人も参加させてほしい（東信地域20代男性）

（平成28年度「広域観光振興調査結果報告書」（諏訪広域連合）自由意見より抜粋）

資料4-1　観光客の声

従来、御柱祭の曳行は大まかな日程のなかで行われていた。地元の人は「柱は、神様が動かすもんだで、人間の思うようにはならねぇ」と話す。実際、見せ場の「木落し」が予定の翌日にずれ込んだり、「川越し」が日没後になってしまうことも珍しくなかった。曳行自体も、柱を動かしている時間より、むしろ前を進む柱の進行を待つ休憩時間の方が長いという印象であった。いっこうに進まない前の柱に対し、後続の柱の若者たちが、曳行を制御するテコ棒を持ち、追い立てに行き、一触即発の緊張が走る、というのは、いわば御柱祭の風物詩でさえあった。

こうしたなか、特に見せ場である「木落し」については、二〇一〇（平成二二）年祭より公式の有料観覧席が設置された。観覧席は事前申し込みの抽選制だが、たとえば二〇一〇年祭の下社では、最高倍率で四三・九五倍と（長野日報Web・二〇一〇年二月二六日）、〝プラチナチケット〟となる人気ぶりだったが、半面、時間管理の厳密化ももたらした。

とりわけ、上社の観覧席では、柱一本、木落しの観覧を終えると、観客を全て入れ替えて次の柱に備える方式を採用したため、厳しい時間管理に拍車がかかる結果となったのである。

厳しい時間管理が進むにつれ、御柱祭の進行は時計に追い立てられるような慌ただしさになり、二〇一六（平成二八）年祭では、休憩時間が激減し、逆に昼食時間さえ取れないような状況であった。そこまで厳しい時間管理がされてもなお、観光客からは、さらなる時間厳守の声が上がってきている（資料4-1）。

b　誰のための祭礼なのか

観光客の混乱を回避し、要望にこたえるため、観光・行政関係者のみならず、氏子組織も協力して、祭礼の組織化・規制作りが進み、それは一定の成果を上げることになった。

半面、一般の氏子たちからは、「まるで追い立てられるようだ」、あるいは、「やらされているようだ」などといった不満の声も、回を増すごとに、頻繁に聞こえてくるようになった。永年、各地域の氏子たちがそれぞれの柱を、自主的に奉仕して曳行する形で継続してきた御柱祭だが、氏子たちの一部には、時間管理自体は仕方ないとしながらも、自分たちの思い通りの曳行が出来なくなったという不満の声も数多く聞こえてくるようになった。

これまでの御柱祭は、氏子たちの生活に根ざし身体化されている「村落」の時間が軸となって進行していたが、観光の要素が強まるにつれ、「産業」の時間が重視され、両者のせめぎ合いのなかで、変化を余儀なくされたのである。

時間管理が厳格化すると同時に、課題となっていた観光客の安全管理も徹底されていった。その一環で、柱の曳行に加われるのは、その柱を担当する地域の氏子に限るという制限も課せられるようになった。従来、地元の人が親戚や知人、時には沿道の観光客を誘って、賑やかに楽しみながら曳行していたが、近年は、安全管理が優先され、誰でも気軽に参加できる側面は薄れていかざるを得なかった。さらに、曳行に中核でかかわる氏子だけでなく、高齢者や女性も含めた一般の氏子たちからも、不満の声が聞こえてくるようになった。

観光客の増加とその対応に伴う観覧スペースの問題も、氏子たちの祭礼へのかかわり方に影響を与えている。かつて、氏子たちは思い思いの場所で曳行を見物していた。特に「木落し」は、それぞれが昔から気に入った場所をもち、そこから見物をしていた。ところが、その場所に有料の観覧席が設置されるようになり、地元の人が自由に見ていた場所から閉め出される形となってしまった。

御柱祭、最後の見せ場である「建御柱」も、かつては自由に神社の境内まで入って見学が出来たが、近年、見物客が増加すると、その柱の曳行担当地区の氏子以外は入れないよう、規制線が張られるようになった。さらに、二〇一六（平成二八）年祭では、混雑のあまり、曳行を担当する地区の氏子さえも神社の境内に入れてもらえない状況となってしまった。

こうしたなか、観光客の受け入れや安全な曳行については理解を示しながらも、「誰のための祭礼なのか」、という疑問の声も聞かれるようになった。

それでも二〇一六年祭は、事前の予想では観光客が二百万人を超えるとの見方もあり行政の関係者

・御柱祭をご観覧のみなさまへ
御柱曳行路には立ち入らないでください。
境内での建御柱は観覧できません。周辺の大型モニターでご覧ください。
神賑わいや御柱パレードは沿道からお楽しみください。
曳行している柱に触ったり、跨いだりすることはできません。
・御柱祭 1200 年の歴史にご配慮ください。
七年に一度の御柱祭。氏子たちにとっては準備を重ねて迎える「ハレ」の日です
観覧場所やマナーを守り、安心・安全な御柱祭開催にご協力ください。
・交通規制のご案内
御柱祭の当日は各所で交通規制・通行規制が行われますので、事前のご確認を何卒宜しくお願い致します。
（御柱祭ホームページ（2016 年祭向け）より）

資料 4-2　観光客に向けた「御柱祭観覧のおねがい」

からは、「受け入れは飽和状態」との声が上がっていた。御柱祭観光情報センターも、このままでは「観光客の安全確保や古来より継承される祭り本来の形態の維持が危惧される」という認識を示し、旅行会社と観光客向けに、観覧に際しての「おねがい」を発信する状態であった（資料4―2）。

この「おねがい」には、観光客への規制とともに、氏子にとっての祭礼の意味を知ってもらうという意図も込められていた。つまり、祭礼自体は観光のためではなく、地元の氏子が営々と引き継いできたものであり、それを周知することで、観光客の理解を得て、スムーズかつ安全な祭礼を目指そうというメッセージである。また、御柱祭のホームページには、氏子を統率する「大総代」をはじめ、祭礼を陰で支える人々のインタビュー記事「氏子の想い　諏訪の心意気」が掲載され、諏訪の氏子たちにとって、御柱祭がどれだけ思いを込めた重要な祭礼か、という点を強調した。

終わりのない観光客の要望に対し、一方的に観光客のニーズだけを受け止めるのではなく、地元の氏子たちの心情を理解してもらうような動きが出始めたのは、観光客と氏子の間の「温度差」

を埋めるためのひとつの試みととらえることができる。

それでも、〝観光資源〟化の大きな流れのなかで、「観光客」、「観光・行政関係者」、「氏子」の間、さらに氏子の中でも全体を指揮する立場の人と、一般に参加する氏子との間にも「温度差」が生じ、それをなかなか埋めきれていない状況となっている。

四、拡大するアクターと、〝伝統〟へのまなざし

(1) 拡大するアクター

〝観光資源〟という新たな枠組みのなかで新たな歩みを進める御柱祭だが、こうした枠組みで祭礼を捉えなおしたのは、観光客やそれを受け入れる観光・行政関係者にとどまらない。地元の氏子たちも、当たり前のように受け継がれてきた祭礼に対して「再認識」をする契機となった。

既述のように、一九八〇年代以降、観光客以上に、氏子の参加が急激に増加しているのである。

かつて、御柱祭を主として担ってきたのは、屈強な若い男たちであった。近代以降は、地域の青年組織、具体的には消防団が主としてその曳行の主力となってきた。実際、戦前に撮影された御柱祭の写真を見れば、消防団の法被を着た若い男性が曳行の中心を担っていたことが判る（諏訪市博物館 一九九二：三二〜三五など）。

こうした状況が変化したのが、戦時下に迎えた一九四四（昭和一九）年の御柱祭であった。消防団を担っていた若者が出征したため、国民小学校六年生以上の子供たちが曳行に加わることとなった。そして、戦後を迎えると、子供に加え、女性の曳行も認められるようになった（同：三九、四六）。それでも、実際の曳行の中心を担うのは、屈強な若者たちであった。

若い男性以外の氏子たちは、祭礼に参加することはあっても曳行自体よりも周縁的な形での参加が主であった。たとえば、女性たちは、祭礼に訪れる親戚や多くの客人への料理の作りやもてなしに追われていた。中高年の男性は、主として祭礼を行うための神社や他集落との交渉にたずさわっていた。このように、年齢層、性別によって祭礼の関与への仕方が異なっていた。

では近年、急激に氏子の参加が増加した背景には、どのような要因があるのだろうか。

まずひとつには、〝観光資源〟化の流れを受け、御柱祭がマスメディアなどで注目を集めるようになり、地元の氏子たちが御柱祭を再評価するようになったことである。特に地元ケーブルテレビ会社が一九八〇（昭和五五）年に開始した御柱祭の生中継は地元氏子たちの関心を集め、次の一九八六（昭和六一）年の中継では、最高視聴率が実に九八％に達したほどであった。結果、これまで、特に御柱祭に関心を持たなかった、あるいはテレビで見るだけだった氏子たちが、実際に曳行の現場へと足を運ぶようになったのである。(6)

そしてもうひとつが、祭礼自体の構成要素に変化が生じ、新たなアクターたちの役割が拡大したことである。従来、曳行の合間には諏訪市で継承されている騎馬行列や、下社の「長持」(7)など伝統的な出し物が演じられていたが近年、地元有志や企業のグループによる花笠踊りやダンスなど、多様な出し物が新たな構成要素として付加されてきた。

伝統的に継承されてきた構成要素にも、変化が起こっている。たとえば、曳行に先駆けて伝統的に唄われてきた「木遣り」は主として男性が担っていたが、女性や子供たちの参加機会が広がっていった[8]。

子供たちは、「子供木遣り」として、小学生の頃から練習を重ね、地元で開かれるコンテストなどにも出場して技術を磨き、実際の祭礼では「木遣り隊」を編成して、参加するようになった（写真4−3）。

写真4-3　子供木遣り

これに伴い、その母親たちも祭礼に付き添い参加している。木遣り隊には成人女性の参加も増加し、現在では、老若男女を問わず木遣りに加わっている。

そして、若者のなかでも参画の場が広がっている。これまで主役だった、腕力や体力を誇る男性以外の若者も、祭礼に参加する機会が広がった。それが「ラッパ隊」である。

ラッパ隊は現在、既述の木遣りとともに曳行に欠かせない要素となっている。御柱祭の曳行は、まず最初に木遣りが唄われ、続いて、ラッパ隊（鼓笛を伴う）が短い演奏を行い、その終了とともに、曳行にかかわる全員による「よいさ、よいさ」のかけ声で曳行が始まる。

諏訪地域をはじめとする長野県内では、明治以降、消防団に「ラッパ（喇叭）隊」という部署が存在してきた。現在も存続し、ラッパのコンテストや大会も盛んに行われている。(9) そのラッパという要素を、御柱祭に取り入れた形だ。

ラッパ演奏については、その正確な起源は不詳だが、遅くとも第二次世界大戦後には行われていた模様である。現在では、木遣りの後だけに止まらず、曳行中もラッパの演奏が続けられ、見せ場である「木落し」や「川越し」、「建御柱」などの際には、必ずラッパ隊による演奏を行う時間が設けられている。(10) 今や、ラッパ演奏は、御柱祭に欠かせない存在となっている。

地元新聞の報道を見ても、「大観衆が見守る中、四〇人の氏子を乗せゆっくりと建つ『前宮一』。木やりやラッパ隊が雰囲気を盛り上げ祭りは最高潮」（『信濃毎日新聞』一九九八年五月四日）、「御柱祭の最後を飾る下社里曳《び》き祭。フィナーレに向けて木やりやラッパが響き渡り、氏子らの活気が新緑に包まれた街道にあふれた」（『信濃毎日新聞』一九九八年五月九日）など、ラッパ演奏は盛り上がりを示す象徴として表現されている。

ラッパ隊の構成メンバーはもともと消防団員であったが、御柱祭に関しては近年、それにとどまらず、女性、中学生・高校生にまで拡大してきた。各グループごとに揃いの法被を作製してまとい、曳行に随行し、盛り上げる役割を果たしている（写真4-4）。

写真 4-4　ラッパ隊

　こうして、かつて屈強な若者の独壇場であった御柱祭に、新たなアクターが活躍する場が広がったのである。男性の場合、中学や高校で吹奏楽部の経験がある人が参加するケースも多数見られる。たとえば、富士見町のKさん（一九九五年生まれ）は、高校時代、吹奏楽部で金管楽器を担当していた。卒業後、町役場に就職したが、その後、地域の先輩から、消防団のラッパ隊メンバーとして勧誘され、入団した。高校時代の経験を、見込まれた形であった。入団後はラッパ隊員として活躍し、地元の小宮の御柱祭では、ラッパ隊長を務めている。

　彼の消防団の同期入隊者は一五人。およそ半数は吹奏楽の経験などからラッパ演奏ができたという。吹奏楽部などの、いわゆる〝文化系男子〟が、ラッパ隊の存在によって、消防団という地域社会を支える組織へとリクルートされるルートが広がった。それを通じて、御柱祭、さらに地元の重要な行事である小宮の御柱祭で中核的な役割を果たしている。

結果として、これまで御柱祭の「曳行」という表舞台と距離があった〝文化系男子〟が、ラッパ隊を通じて、御柱祭に参加する機会を得て、そこで活躍し、さらには、小宮の御柱祭等を通じて地域における祭礼において主要な役割をも担うようになってきた。

加えて、既述のように、近年は女性や中学・高校生などもラッパ隊に参加。若年男女が地域社会における祭礼にアクターとして参加する機会を生み出している。

(2) 〝伝統〟へのまなざしのギャップ

地元の地域社会からの視点からすれば、ラッパ隊の台頭は、従来の御柱祭では周縁的になりがちだったアクターを、表舞台に登場させる機会、つまり多くの氏子が祭礼に参加するための装置としてプラスの機能を果たしていることになる。

長い御柱祭の歴史に比べれば、ラッパの歴史はわずか数十年に過ぎない。それでも、既に多くの氏子たちは、ラッパ演奏を聞いて御柱祭の到来を想起し、祭礼に欠かせない構成要素として認識している。

ところが、観光客からは、ラッパ演奏には否定的な意見も聞かれるようになっている。アンケートをみても、「ラッパは合わない。伝統や雰囲気を壊している(東京都三〇代男性)」、「ラッパはちょっとへんです(千葉県五〇代男性)」などの声があがっている(資料4－3)。筆者が御柱祭を初めて見る来客を

・秋宮の「木落としではラッパ隊は演奏を控え、木遣り衆が透き通る声を山あいに高らかに響かせた。奉賛会顧問の手長神社宮司宮坂清さん（53）は『ラッパは戦時中に導入されたらしい。本来の姿ははっきりしないが、木遣りが木を運ぶことが原点なのは確かだ』と説明した。ラッパなしの木落としを提案した上諏訪氏子会代表の横山真さん（32）＝上諏訪金山＝は『観光客向けの栄えが重視されることもあるが、今回は自分たちならではの木落としができたのではないか』と手応えを感じていた」。（信濃毎日新聞 2004 年 4 月 10 日）

・「他所から見物に来る人も『突撃ラッパ』を不思議に思うそうで、『これが天下の奇祭ということか』と皮肉られてしまいました」、「諏訪大社から強く申し入れて欲しいのが、鳥居をくぐった時点（境内）での『突撃ラッパの禁止』です。諏訪大社が「日本第一大軍神」であったからといっても、平成の世に、銃剣をイメージする突撃ラッパが鳴り響くのは馴染めません」。（「from 八ヶ岳原人サイト御柱祭見聞録」）

・「ラッパ（鼓笛）は木遣り唄に付随するものという位置付けであるが、全員で演奏するので音が大きく、木遣り唄よりも目立つ場合が多い。実際の曳行でも木遣り唄は聞こえず、ラッパの音だけが聞こえるという時もあった。このようなことから、『木遣り唄の立場がない』という批判があることは確かである。しかしながら、上社の御柱祭においてラッパ（鼓笛）は欠かせないものになっている。木遣りと並んで女性が参加できる役でもある。他方、下社ではラッパや鼓笛はそれほど盛んではない。岡谷市長地地区は、ラッパの使用を控えており、木遣り唄のみで曳行を行っている」（石川俊介 2014：198-199）

・「ラッパは合わない。伝統や雰囲気を壊している（東京都 30 代男性）。」（『広域観光に関する調査広域観光振興における御柱祭の役割（「平成 16 年度諏訪広域連合委託事業」2010 年上社山出しアンケート）

・ラッパはちょっとへんです（千葉県 50 代男性）

（「平成 28 年度広域観光振興調査結果報告書」上社アンケート）（下線は引用者）

資料 4-3　ラッパへの批判的意見

案内する際も、ほぼ全員が違和感を感じるようで、ラッパ演奏の経緯や意味などについて質問されることが多々ある。

では、近年になってラッパへの違和感が、なぜ拡大しているのであろうか。その要因として考えられるのが、〝観光資源〟化の影響である。

近年、御柱祭への関心が高まり、マスメディアによる報道も増加してきた。その際、〝天下の奇祭〟である御柱祭は、諏訪地域の文化的特異性が昇華したものとして描かれるケースが多い。その特異性とは、アニミズムや巨木信仰などを基層とした縄文文化との深いつながりである。当地は、縄文時代に全国へと流通した黒曜石の産地である和田峠や、尖石や井戸尻などをはじめとするおびただしい数の縄文の遺跡群を擁し、国宝の土偶二体をはじめとして、重要文化財クラスの土偶や土器などが多数、出土している。

縄文文化と当地のつながりは、古くから注目されていたが、一九八〇年代には、芸術家の岡本太郎が御柱祭を縄文文化と結びつけ、その認識が広がっていった。[11]

マスメディアもそうした視点に立った番組を作成している。たとえば、二〇一六（平成二八）年、御柱祭の年に放映された「NHKスペシャル」は、「古代史ミステリー〝御柱〟～最後の〝縄文王国〟の謎～」と題して、御柱祭と諏訪地域を、縄文時代や古代とのつながりを強調するなかで描いた内容であった。

さらに近年、縄文文化への関心がさらに高まっている。[12] 地元もそれを受け、〝観光資源〟化への取り組みを進めている。二〇一八（平成三〇）年五月には、「星降る中部高地の縄文世界ー数千年を遡る黒曜石鉱山と縄文人に出会う旅」という「文化ストーリー」を設定し、「日本遺産」に認定されることとなった。[13]

このように、御柱祭や諏訪地域を「縄文文化」との関連のなかで描くことで、〝観光資源〟化を推進しようとする動きを受け、観光客はもちろん、地元の氏子たちの間でも、縄文文化を感じさせる〝伝統的〟な祭礼を望む声が高まってきた。そして、御柱の構成要素として比較的、新しく加わった「ラッパ」への違和感が増大してきたのである。

実際、ラッパへの違和感から、祭礼の一部でラッパ演奏を除外する動きも出てきている。下社では、二〇〇四（平成一六）年に秋宮の木落しでラッパを自粛した。当時の新聞記事によると、木落しの際、ラッパ隊が演奏を控える試みを行ったという。これは、上諏訪氏子会が提案したもので、柱を神社まで曳行して建てる際、木遣りがその重責を担ってきたというやり方に立ち返り、比較的新しく導入されたラッパを、いわば新規の要素としてとらえ直し、本来の木遣りを引き立たせるという試みであった（資料4-3。『信濃毎日新聞』二〇〇四年四月一〇日）。

その延長線上で、伝統的な木遣りをかき消してしまうという言説で、ラッパを自粛しようという動きも少しずつ広がりつつある。石川俊介は、本来、木遣りが主役であるはずが、ラッパ（鼓笛）は音が大きく、大人数で演奏するため、一人で「なく」木遣りよりも目立ってしまうことを指摘し、そうしたラッパ演奏への批判が、地元の氏子たちの間からも上がっているとしている（資料4-3）。このようなラッパ自粛の動きは、主として下社において広がりつつある。(14)

このように、若い男女の新規アクターが、ラッパ隊として祭礼へ積極的に参加する状況のなかで、観光客や一部の氏子たちの声が、少しずつ、祭礼に影響を与えつつある。ラッパ隊をめぐる動きは、御柱祭は「誰のための祭礼なのか」という課題へとつながりつつある。

五、〝観光資源〟化と〝伝統〟のせめぎ合いのなかで

諏訪の御柱祭は特に一九八〇年代以降、伝統ある〝観光資源〟として外部者から評価を受け、観光客が増加した。それを受けて、企業・行政も〝観光資源〟化に向けて舵を切り、受け入れ体制の整備や商品開発などを行ってきた。実際の担い手である氏子には、その動向に違和感を感じる層がいた半面、こうした機会を活かして、新たに自らの活躍の場を作り出そうとするアクターが登場し、一見相反してみえる動きが見られた。

これらの変化を通じて、御柱祭は、地域の氏子による氏子のための祭礼から、従来は外部者であった観光客や地元企業・行政も含めたアクターを意識した祭礼へと変化してきている。そのプロセスを通じて、いくつかの課題が新たに出現してきた。

本章では、主として二つの課題を軸に、祭礼の変化を分析してきた。即ち、「観光・行政関係者」対「氏子」の間に生じた「温度差」の問題と、「氏子」、特に新規に祭礼に加わった層と、「観光客」の間にある祭礼に対する「価値観」のズレであった。

「温度差」の問題については、従来、氏子による諏訪大社への奉仕として継承されてきた御柱祭が、〝観光資源〟化していく過程において、観光客の集客に成功した半面、観光客の祭礼に対する要望が強まっていったことが契機となった。

特に問題となったのは、祭礼のタイム・スケジュールであった。決められた観光コースの中で時間に追われながら観光を行う客が増加したため、「木落し」などの見せ場では、時間を厳守することが強い要求となった。いわば氏子たちの生活に根ざし身体化されている「村落」の時間と、観光という「産業」の時間とのせめぎ合いを余儀なくされたのである。

それを受けた観光業者・行政は、観光客の期待にこたえるべく、諏訪地方観光連盟を主軸とした「情報一元化会議」などを通じて祭礼遂行のプロセスにコミットする形になった。たとえば、上社の「木落し」の際の有料観覧席に、柱ごとに観光客を入れ替える方法は、集客や観光客の不満解消には大きな効果があった。そして氏子側も時間厳守の方針を重視し、曳行を取り仕切るようになったが、結果として、さらなる時間規制の強化をもたらすこととなった。

行政と観光業者、氏子の指揮を執る役員たちの努力で、観光客の不満は回を追うごとに解消されつつあるが、一般の氏子たちからは、「誰のための祭礼なのか」という疑問の声も聞かれるようになった。こうした形で、「観光客と観光業者・行政」と「氏子」の間、そして氏子同士の間でも立場によって、祭礼に対する「温度差」が生じてきている。

二つ目の「価値観」のズレについては、「氏子」のなかで祭礼への再評価が進み、同時に祭礼に附随する構成要素が拡大していくことを契機に、新たなアクターが祭礼に積極的に参入するようになったことに端を発する。

〝観光資源〟化が進み、氏子自らも祭礼を再認識するなかで、従来の、柱の曳行と曳き建てという御柱祭の中核要素に加え、出し物など新たな構成要素が次々と付加され、祭礼の構成が多様化してきた。それに伴い、従来の曳行の中核を担っていた屈強な男性の若者だけでなく、異なった層が祭礼の当事者として加わることとなった。事例で見たラッパ隊をはじめとして、これまで祭礼の周縁にいたアクターたちが、表舞台に出るようになってきた。

新規のアクターたちにとっては、自分たちが担っている構成要素は、氏子が奉仕する曳行に花を添えるもので、御柱祭に不可欠で好ましいものと認識している。本人たちだけでなく、幅広い氏子たちから、こうした参加は概ね歓迎されている。

ところが、そんな地元氏子たちの「価値観」と、観光の施策やメディア等を通じて認識される諏訪地域、そして御柱祭へのまなざしとの間には、ズレが生じてきている。

既述のように、観光客の立場からすれば、永年にわたって諏訪地域で独特な形で継承されてきた御柱祭の〝伝統〟の要素のひとつとして、縄文の息吹を感じさせる祭礼を期待している。そこに、ラッパが鳴り響くことに、観光客の一部からは違和感の声があがるのは、無理もない部分がある。

しかし、祭礼の担い手という視点から見ると、ラッパ隊のように、地域社会における一定の機能を果たしてくれる若者が地域社会の活動へ参加する、リクルートメントの契機としての機能を果たしていることになる。さらに、女性や中学・高校生の参加も広がっており、若年男女のアクターを生み出す効果をもたらしている点は、今後の祭礼を考える上で、重要な点であろう。

以上のように、本章では、祭礼が〝観光資源〟化の影響を受けるなか、その構造及び担い手にどのような変化をもたらしてきたのか、という課題について、御柱祭を事例に考えてきた。〝観光資源〟化に対して、各当事者間で「温度差」が生じるなか、地元の氏子たちは時代と環境に応じた変化を加えながら祭礼を維持してきた。こうした変化は一見、〝伝統〟にそぐわない変更に見える部分もあろう。また、外部の観光客の「価値観」とのズレもそこから生じている。

しかし、それは同時に従来祭礼の周縁にいた新規のアクターを祭礼へと包摂していく機能を果たしていた。観光客の視点からは、それは〝伝統〟と対立する動きに見えるとしても、参加する当事者及び地元の氏子たちからすれば、多様な〝伝統〟の一定の側面に準拠した変更である。こうした変化のなかでこそ、御柱祭という地域に根ざした祭礼が継承されてきたのであろう。

注

(1) 筆者は一九九三年より諏訪郡富士見町瀬沢瀬沢新田区で主として生業にかかわる分野の参与観察調査を開始。その後、一九九八年以来、直近の二〇一六年まで四回の御柱祭において、上社の山出し、里曳きに「曳き子(柱の曳行を担う氏子)」として奉仕したほか、小宮御柱祭(後述)を各回数カ所、二〇一〇年祭には下社山出しについても曳行に参加。

(2) 人口については、二〇二〇年は国勢調査レベルでは増加に転じた市町村が増えた。たとえば、岡谷市は二〇一五年に五万〇一二八人→二〇二〇年五万六四〇一人となっている。ところが、岡谷市の統計(毎月人口異動調査)によると、国勢調査と同じ二〇二〇年一〇月一日現在、四万七七五三人となっている。新型コロナウイルス下での常住人口と住民票も加味したデータの差異が大きい点は留意する必要があろう。

（3）諏訪大社ホームページ「信濃國一之宮諏訪大社由緒略誌」。

（4）二〇二二（令和四）年は、一九九二年以来、五回ぶりに、御小屋山から切り出すこととなった。

（5）この組織において諏訪大社は一歩引いた立ち位置となっている。御柱祭は諏訪大社の神事ではあるが、あくまでも「氏子の奉仕」と位置づけられていて、曳行などの実務については氏子組織が責任を持って行う形となっている。その氏子組織は、御柱祭以外も含めた神事については「諏訪大社大総代会」、御柱祭は上社が「上社御柱祭安全対策実行委員会」、下社は「下社三地区連絡会議」が統括している。

（6）地元ローカルテレビ局（現・LCV）は、一九七一（昭和四六）年に開局。初回である一九八〇（昭和五五）年の御柱祭での生中継は合計一二日間にわたった。その後も毎回、諏訪大社上社・下社の御柱祭はもとより、準備段階、各地域の小宮の御柱祭に至るまで、詳細に放映を続け、高い視聴率を上げている。地元での加入戸数は二〇〇二（平成一四）年に一〇〇％に達している（エルシーブイホームページ）。

（7）「長持」は諏訪地方の祭礼などで行われる出し物で、オカメの面や菰で飾りつけた木箱に長い竿を付け、箱の前方を二人が担ぎ、竿の後方を他の人が支えた状態で、長持唄に合わせ、揺らしてきしませ音を出しながら進むというものである。

（8）「木遣り」は御柱祭の曳行に非常に重要な要素である。御柱が動き出す前には必ず、木遣りが唄われ、その上手下手によって柱の動き方が変わってくるほどの影響を及ぼす。当地の木遣りは低音を発する江戸木遣りと異なり、遠くに響くように、極めて高い音程で唄われることも特徴的である。なお、地元では、木遣りを唄うことを、木遣りを「なく」と表現する。

（9）長野県では、消防ポンプ操法大会で同時に消防ラッパ吹奏大会が開かれている（主催は長野県・長野県消防協会）。また独自に演奏会も行われている。

（10）さらに、用材の伐採、曳行の綱を作製する際、小宮の御柱祭など、御柱祭にまつわるさまざまな局面でラッパの演奏が行われている。

(11)岡本太郎は、東日本縄文文化圏の焼畑農耕文化、東北アジアのシャーマニズム、石器時代・縄文の立石の風習などを挙げながら諏訪地域の文化及び御柱祭について考察している(岡本 一九八〇:一四七―一五四)。

(12)たとえば東京国立博物館がで開催した特別展『縄文―一万年の美の鼓動』(二〇一八年七月三日～九月二日)には、三五万四二五九人が訪れた。諏訪地域からは二点の国宝(「土偶 縄文のビーナス」、「土偶 仮面の女神」(ともに茅野市尖石縄文考古館蔵))のほか、土器などを出展した。

(13)「星降る中部高地の縄文世界―数千年を遡る黒曜石鉱山と縄文人に出会う旅」は、長野県(茅野市、富士見町、原村、諏訪市、岡谷市、下諏訪町、長和町、川上村)と山梨県(甲府市、北杜市、韮崎市、南アルプス市、笛吹市、甲州市)で認定。

(14)石川俊介は、「上社の御柱祭においてラッパ(鼓笛)は欠かせないものになっている。木遣りと並んで女性が参加できる役でもある。他方、下社ではラッパや鼓笛はそれほど盛んではない。岡谷市長地地区は、ラッパの使用を控えており、木遣り唄のみで曳行を行っている」(石川 二〇一四:一九八―一九九)と指摘している。

引用・参考文献

石川俊介、二〇一四「諏訪大社御柱祭の文化人類学的研究―祭礼の存続と民間信仰」平成二六年度名古屋大学大学院文学研究科学位(課程博士)申請論文
今井広亀、一九八二『改訂 諏訪の歴史』諏訪教育会
エルシーブイ・ホームページ(https://www.lcv.jp/)二〇二一年九月一九日確認
岡本太郎、一九八〇「諏訪『御柱祭』」『芸術新潮』一九八〇年七月号(第三一巻第七号)、新潮社:一四七―一五四
御柱祭・ホームページ(諏訪地方観光連盟・御柱祭観光情報センター http://www.onbashira.jp/)資料4-2「観覧のお

願い」は二〇一六年祭向け・二〇一七年一〇月七日確認
金井典美、一九八二『諏訪信仰史』名著出版
信州諏訪 御柱祭（http://www.onbashira.jp/）二〇二一年九月九日確認
諏訪円忠、一三五六「諏方大明神絵詞」、一九八三『日本庶民生活資料集成』第二十六巻 神社縁起、三一書房（五五一-七八）
諏訪広域連合、二〇二一「平成二二年度 諏訪広域連合広域観光調査業務 広域観光振興調査結果報告書」諏訪広域連合
——、二〇一七「平成二八年度 広域観光振興調査結果報告書」諏訪広域連合
諏訪市観光サイト・諏訪 de すわ（http://www.city.suwa.lg.jp/kanko/info/detail.jsp?id=2964 二〇二一年七月一〇日確認）
諏訪市博物館、一九九二『御柱とともに』諏訪市博物館
諏訪大社ホームページ（http://suwataisha.or.jp/suwataisya.html）二〇二一年九月九日確認
長野経済研究所、一九九八『98年 御柱祭に関する調査報告書』長野経済研究所
——、二〇〇五「広域観光に関する調査 広域観光振興における御柱祭の役割（平成一六年度 諏訪広域連合委託事業」長野経済研究所
長野県教育委員会、一九七二『諏訪信仰習俗 長野県民俗資料調査報告12』長野県教育委員会
長野県諏訪郡富士見町、一九九一『富士見町史 上巻』長野県諏訪郡富士見町
日本遺産ポータルサイト・日本遺産 STORY #061「星降る中部高地の縄文世界―数千年を遡る黒曜石鉱山と縄文人に出会う旅」（https://japan-heritage.bunka.go.jp/ja/stories/story061/index.html）二〇二一年九月一三日確認
富士見町消防団のあゆみ編集委員会編、一九九二『消防団のあゆみ 自治体消防45周年記念』富士見町消防団のあゆみ編集委員会
from 八ヶ岳原人（http://www.yatsu-genjin.jp/）二〇二一年九月一九日確認

三井写眞店、一九三八『御柱祭記念写真帖 昭和十三年度』官幣大社諏訪神社御柱祭記念写真帖刊行会
宮坂清通他編著、二〇〇九『おんばしら 諏訪大社御柱祭のすべて（改訂版）』信州・市民新聞グループ
宮坂光昭、一九九二『諏訪大社の御柱と年中行事』郷土出版社
矢野晋吾、二〇〇四『村落社会と「出稼ぎ」労働の社会学 諏訪地域の生業セットとしての酒造労働と村落・家・個人』
御茶の水書房
山田肇、一九三〇『諏訪神社鑑』諏訪神社奉賛會

第五章
学校と地域社会の協働による民俗芸能継承の試み
――川崎市宮前区土橋の事例から――

夏秋　英房

写真 5-1　土橋太鼓連
（2017 年土橋町内会納涼盆踊り大会）
出典：筆者撮影

写真 5-2　土橋万作踊り
（第 36 回川崎市民芸能発表会、2014 年）
出典：土橋万作踊り保存会提供

一、土橋町内会と川崎市立土橋小学校の概要

神奈川県川崎市宮前区にある土橋小学校は田園都市線沿線にあり、隣りあう過大規模校であった三つの小学校からそれぞれ一部を分離・割譲して新たに小学校区を構成し、学校運営協議会制度の指定を受けた学校（コミュニティ・スクール）として、二〇〇六（平成一八）年に新設された。すなわち、土橋小学校はそもそもの成り立ちから地域社会の参画を理念として掲げた公立小学校であるが、しかし土橋小学校を支える基盤となる学区（以下、新学区と表記）は、同じ中学校区ではあるものの三つの小学校区（以下、旧学区と表記）を分割して接合したものであって、学区としての統合性はまったく脆弱であった。

むしろ新学区は三つの旧学区に属する子どもたちの学校生活やその保護者・家庭の結びつきを分かつことにより成り立ったのである。旧学区は近接しながらもそれぞれ地域特性や慣習が異なり、また旧学区の元の小学校において培われた学校と保護者と地域社会との結びつき方（人間関係や物事の進め方の慣わし）が異なっていた。したがって、地域社会に開きその学校への参画を理念とする土橋小学校は、学区のなかに多様性と大きな緊張を内包しており、「学区をいかに調整し融合・統合して学校を運営するかが最大の課題であった」（初代校長のことば）。

また新学区を構成する二つの町内会にとっては、町内に居住する児童が通い保護者がかかわる小学校が変わり、また旧来の運動施設等が解体されて「地域に開かれた学校」として小学校が建設された

ことに対応して、土橋小学校の学校運営協議会に代表を送るなど、学校運営や教育活動に緊密に参加することが課題となった。

現在、土橋小学校の学校運営協議会は、保護者・地域住民・学校管理職等により構成されているが、法律で定められた承認・評議を行うだけの機関ではなく、教育課程内・外のさまざまな行事を創出し企画・運営することで保護者や地域住民の参加と結びつきを生む働きを発足当初からしてきたことに特色がある。町内会の代表や公募による地域住民が学校の運営にかかわることで、また地域住民が諸行事に参画することで、学区という空間的結合と児童の健全育成というテーマによる結合の両面に、町内会がもつ地縁性・テーマ性という二重の性格が響き合ってきた。

他方、この土橋小学校が学区とする地域は、東急による多摩田園都市開発事業で新たに開発された地域であり、圧倒的に多数となる新住民が少数の旧住民とともにまちづくりに取り組んできた経緯がある。この地域は流入する人口が多く世帯数も若い世代を中心に増加し続けており、児童数も増加している。

川崎市統計書二〇二〇年版によると、二〇二〇(令和二)年の土橋小学校区の町内会別世帯数と人口は、小台地区合計三、八一三世帯、人口は七、八七一人である。土橋地区は世帯数七、四三八、人口は一七、三八八人である。宮前区全体では、世帯数一〇六、〇五八、人口は二三三、三〇一人であり、四年前の二〇一六年は二二六、六五七人であったから、四年間で六、六〇〇人余り増加している。

このような地域に創設された土橋小学校と、その学区を構成する土橋地区が、地域文化である民俗芸能を継承する働きをどのように果たしてきたか、また、あらたな地域文化や祭礼の担い手をどのように育てようとしているか、を考えてみたい。

筆者は創設後六年目から土橋小学校学校運営協議会の一員として関与してきた。これまでの土橋小学校区での参与観察と関係者へのインタビューや諸資料をもとに記述を進めていく。

二、土橋小学校と土橋町内会の特性と関係

(1) 土橋小学校区の特性：地域の概要

土橋小学校は川崎市宮前区の東急田園都市線の鷺沼駅と宮前平駅の中間にあり、長いこと市民に親しまれてきた市民プールの跡地に、宮前区の過大規模校解消を目指して、二〇〇六(平成一八)年に建てられた新設校である。学区の中央を東急田園都市線が走っていて、その西側の土橋地区二、三、四丁目と東側の小台地区一、二丁目が土橋小学区である。東急を利用すれば渋谷駅から二〇分から三〇分の距離である。

地理的には多摩丘陵東部に位置していて、かつては竹で覆われていて竹の里と呼ばれ、山林の中に畑作と谷戸の稲作を中心とする農村集落が点在していた。

土橋地区も小台地区も東急による多摩田園都市開発事業において「一ブロック」に組み込まれ、

一九六二年には土橋地区で土地区画整理事業が開始され、一九七八年まで一七年にわたり継続した。また、小台地区では一九六八～一九七五年の八年間にわたり土地区画整理事業が施行された。その間、一九六六（昭和四一）年には大井町線（現在の田園都市線）が溝の口から長津田まで延伸し、宮前区内に宮崎台、宮前平、鷺沼の三駅が作られた。急激に宅地化が進み、竹藪もめっきり減ってしまい筍栽培も次第に衰退し、現在は数軒の農家が直売をしているだけである。

（2） 学区の住民の特徴

宮前区は区外に通勤通学する人が圧倒的に多く、とくに東京都に就業先や通学先がある人が多い。区内の就業先や通学先に通う人数に比べて、区外に通う従業者及び通学者が二倍近く多く、典型的な郊外住宅地の特徴を呈していて、大都市東京のベッドタウンとしての役割を果たしてきている。

都市構造の視点からみると、土橋小学校区は宮前区のなかでも行政的に「東急田園都市線沿線地域」に区分され、区役所等の公共施設が立地する宮前平駅周辺（小台町内）と、商業集積が進んだ鷺沼駅周辺（土橋町内）という「地域生活拠点」と呼ばれる地域が学区を構成しており、二つの駅周辺は利便性が高く、戸建て住宅と中高層の共同住宅が並ぶ地域と、土地区画整理事業で形成された戸建住宅地とが広がっている。

若年層や子どもが多く、市民活動が盛んであり、近年では土橋町内会が高齢者を対象にした地域カフェを「土橋カフェ」として設立し、町内会の取り組み事例としてマスコミの取材や官公庁の視察の対象となっている。

また、土橋小学校の保護者は比較的高学歴者が多く、子どもの教育には熱心な親が多い。卒業生の半数以上が私立中学校へ進学するため、四年生ぐらいになると大半の子どもが塾通いをするため、放課後や休日のクラブ活動を止めてしまい、地域行事への参加児童も急減してしまう。

働き盛りの世代が多く、海外勤務経験者が多いため帰国子女が多く、一クラスに二、三人の帰国子女がいる。また外国籍の児童のため、日本語指導教員が居ることもある。海外滞在中にインターネット、ホームページ等で土橋小学校の評判を知り、わざわざ土橋小学校区へ転居して来る家庭がある。

土橋小学校の校章は、「竹の里に生まれた小学校と四角いモダンな校舎」をイメージしてデザインされている。竹を軸に四枚の竹の葉で構成され、それぞれの竹の葉は「子どもたち」「学校」「保護者」「地域」を表し、四者が一体となって、新しい教育（コミュニティ・スクール）を目指す学校を象徴している。

（3） 土橋町内会は土橋小学校の創設をどのように受け止めたか

「校歌の歌詞は、宮前区の在住、在勤者を対象に募集し、なんと九七名もの方々から応募があり、また教育ボランティアの募集に対しても一五〇名もの申し込みがあったとのことです。この小学校に対する期待、関心のふかさがわかります」（土橋小学校開校記念誌）。「毎年一一月下旬に『土橋フェスタ』で午後から近隣の大人の時間として歌や踊りが披露されます。近隣のボランティアがブンブンごま、わりばしテッポウの作り方・使い方などを子どもたちに教えました」「土橋小学校の子どもたちを安全で安心して登下校できるように見守ることは地域の責務と考えます」（土橋小学校創立一〇周年記念誌）。

このように土橋小学校区では開校以来、学校行事や授業の実施などさまざまな局面で学校運営協議会を仲立ちとして学校と地域社会が親和的で協力的な関係を構築する努力を双方が払ってきた。このような特性をもった学校と地域社会において、子どもを対象とした芸能および民俗芸能による教育活動がどのように行われ、それがどのような意味と課題をもっているのか、検討していきたい。

三、社会教育・生涯学習活動における芸能の伝承

それでは、土橋地区において、どのような民俗芸能が伝承され、もしくは芸能の活動が行われているのだろうか。その内容と特徴はなにか。祭礼を担う働きを果たしているのだろうか。

（1）土橋太鼓連

宮前区では七団体の保存会が組織されて民俗芸能を伝承している。しかし、地域全体を見渡せば、民俗芸能の伝承が薄い地域であり、日頃から舞い踊りに触れたり、囃子の音が耳になじみながら子どもが育ったりする環境にはないといっていい。

また、舞い踊りの音曲は録音されたものを流すことが多く、実際に太鼓を叩いたり笛を奏でたりす

ることも少ない。その意味では、民俗芸能が伝承される場がごく限られているので、地域も学校も芸能については空白地帯が広がっているように感じる。

例外的に、和太鼓や子ども太鼓については、川崎市内でも多くの団体が活動し、和太鼓教室なども開催されている。平間わんぱく少年団のように子どもたちの和太鼓の演奏で国際交流活動まで展開してきた団体もあり、筆者は放送大学の放送教材で紹介したことがある（玉井・夏秋 二〇一八）。

しかし、とくに伝承すべき芸能がない地域では、新たに地域文化を創って伝えることになる。一九六五（昭和四〇）年に発足した土橋町内会子ども会では、一九八三（昭和五八）年ごろ、横浜の中華街などで演じられているのを真似て蛇踊りを提案し、青少年フェスティバルや川崎市市民祭などで上演した。また、一九八〇（昭和五五）年には空き缶で缶みこしを作製し、その翌年には本格的な木造の神輿を手作りで作製して、横浜伊勢佐木町のパレードに出演して賞をとるなど、土橋子ども会は非常に多様で活発に活動していた。一九九二（平成四）年には、全国子ども会連合会から表彰され、感謝状を受けている。祭礼にかかわる子どもの文化を新たに地域で創出してきたことがわかる。

このような子ども会の活動をつうじて旧住民と新住民は試行錯誤と成功体験を共有し重ねていくことでつながりを深めていくことができた。このころの保護者は多くが後期高齢者の世代に属するが、土橋町内会では全国に先駆けて町民が自主的に企画運営する認知症カフェ「土橋カフェ」を毎月一度、盛況のうちに開催している。

一方、子ども会加入者の著しい減少は土橋町内会でも起こり、参加者が減少し、また宮前区子ども会連合会から脱退したこともあって、その後は子ども会活動はなかなか復調の兆しが見えない状態である。土橋子ども会の基本的な理念である「いつも仲良く、楽しい遊びや勉強・奉仕活動を通して、強く明るく世の中の役に立つ子どもになるよう努力すること」（土橋町内会五〇年記念誌：四七）をかかげて工夫を重ねている。

この土橋町内会で継続している土橋太鼓連の活動が子どもの育成と地域社会の形成にどのようにかかわるか、どのような意味をもつのかについて検討したい。

子どもの社会的発達を考えるとき、地域社会とは「子どもの日常的な対面的接触の可能な範囲での、地域的拘束性を帯びた社会的相互作用」が生起する近隣社会のことであり、それは、「子どもの生活を軸として、さまざまの世代の生活が錯綜し重なりあって、対面的接触を可能にし、相互作用を集積させているところの、同一地域への居住を機縁として特定の領域」である近隣地域を基盤として成り立つ（住田 二〇〇一）。そのような近隣地域において子どもと大人（地域住民）が隣人関係を結ぶ場と機会を提供する組織として住民の自治活動にかかわる町内会がもっとも一般的である。

都市部の近隣公園で催される夏祭りにむけた期間に限定した土橋太鼓連の活動ついて、小学生から大学生の異年齢の集団に郷土意識を形成し、ＯＢ・ＯＧが回帰してくる場として作用している意味と仕組みがあり、ひいては祭礼の担い手を育成する働きがあるかという視点をもって考えてゆきたい。

土橋太鼓連の活動のあらましと特徴を簡単に紹介しておこう。

土橋太鼓連は、先に触れた缶みこしを子ども会が土橋神社の秋の例大祭で披露したのと同じ一九八〇（昭和五五）年に、神官から盆踊りの太鼓の指導を受けて練習を始めたことが発端のようである（土橋町内会五〇周年記念誌：四五）。その後、盆踊りで子どもたちが太鼓を叩く慣わしは続いていたが、一九九六（平成八）年に子どもたちの太鼓の練習が組織化されて、一九九九（平成一一）年に土橋太鼓連という名称がつけられた（太鼓指導者江木幸代さんの話）。

土橋町内会では一九七三（昭和四八）年から土橋納涼盆踊り大会を毎年七月末から八月初めの二日間にわたり開催している。これは土橋二丁目公園という近隣公園が三、〇〇〇人からの人で賑わう盛大な祭りで、土橋太鼓連はここで活動を続けている。そのほかに、さぎ沼なごみ保育園の園児が納涼盆踊り大会にダンスを踊るので、園に出かけて太鼓を叩いて教えたりしている。

六月ぐらいからの募集に応募した小学四年生から六年生の児童が、太鼓連の先輩たちと太鼓の練習を行っている。七月の納涼盆踊り大会の櫓の上で小学生は呼び込み太鼓を叩き、盆踊りの本番では中学生から大学生の現役の会員が櫓に登って叩く。

活動時期は、毎年五月末に町内会に告知のチラシを配布し、六月中旬に町内会館である土橋会館にて顔合わせ、その後、七月下旬の土日の二日間にわたって開催される「納涼盆踊り大会」に向けて、平日も含めて一〇回ほど練習を組んでいる。

構成メンバーは、子ども会に加入していることが応募条件で、二〇一八年には小学五年生以下一六名、小学六年生は八名である。さらに「現役」と呼ばれる中学生から大学生は二二名（うち中学生六名高校生六名）、OB・OGの社会人は三八名であった。指導には土橋町内会有志の三名があたり、その他にOB・OGの学生や社会人が指導をする。また、夜間の練習であるため、見守りを育成会やスポーツ指導員が務めている。

二〇二〇年と二一年はコロナ感染対策のため盆踊り大会は開催されず、それに代わって企画された「土橋　踊りと太鼓の日」も取りやめとなった。二〇二二年は「太鼓の日」に向けて、小学生は本番に参加できないという条件で募集したところ、それでも五年生二名と六年生二名が練習に参加した。太鼓連は二〇二一年には中学生七名、高校生七名、大学生八名で、OB・OGは四二名である。また、太鼓指導者三名のほかに見守り隊一〇名がかかわっている。

太鼓連の趣旨は、音楽や芸能の活動というよりも、太鼓を叩くことにより地域社会への感謝の気持ちを込めて貢献する態度を養う社会教育的な性格をもった活動である。地域への愛情を養い、子どもが卒業・成人して他出しても盆踊りには地元に帰ってくるような関係性を培っている。子どもが太鼓をとおして祭礼に参加することで地域意識を形成していくとともに、異年齢集団でひとつの目標を達成し、保育園児に接する機会ともなる貴重な体験の機会を提供する教育活動であると言えよう。

また、活動の意義を指導者が子どもたちに話す際には、土橋地域の行事への貢献とともに、「先祖の供養のため」に盆踊りで太鼓を叩くのだということが強調される。この点でも、盆踊りを祭礼のひとつとして捉える視点が活きている。

「おじいちゃんおばあちゃんと一緒に住んでいる家庭っていうのがやっぱり少ないんですけども、なかには必ずお盆のころに、田舎に帰るっていうような習慣があるお子さんもやはり多くいますね。そういう子どもたちにお話しすると、ああそうかっていうので」「太鼓連として活躍している子どもたちにはそういうのを毎年、口を酸っぱくして（言うので）、頭のどっかに残ってくれていればいいかなという気持ちで、こちらもうるさく何度も何度も言うので、あ、そういうもんなんだな。自分たちがいまいるのはご先祖様、親がいておじいちゃんおばあちゃんたちがいてっていう観念はだいぶ持ってくれていると思います。ですからああやって活動していても地域の先輩方・ご年配の方にも上手に合わせることができている姿を見るとちょっとほっとします」（太鼓指導者江木幸代さんの話）。

練習においては、開始と終了における挨拶と礼儀と、練習のけじめを重んじている。指導者は夏祭りで太鼓を叩くことの意義と、練習の心構えを繰り返し伝え、活動内容や日程の調整を行う。そのほかの、太鼓等の練習準備や片付けなどは子どもたち自身が行う。

大太鼓の設営に際しては毛布を噛ませたり太鼓の替わりにタイヤを叩いたりして近隣への音漏れを低下させる工夫をして、指導者や居合わせた町内会役員などもこれに助力する。

活動の特徴は、子どもたちの自律性が高く、規律が守られ、異年齢での教え合いが行われている点である。演目は一〇ほどあるが、一般的に流通されている盆踊りの曲やよさこいソーラン節、保育園児

写真 5-3　土橋太鼓連　練習風景（2021 年 7 月）

が踊る曲で構成され、CDで流す楽曲に合わせて太鼓を叩く練習を重ねている。宮前区のご当地ソングである宮前音頭と、保育園児が踊るEジャンダンス（市の資源回収車が日頃流している曲）が、地域に関連する曲である。

活動を始めて二〇年ほどになるが、太鼓連を終えて他出したOB・OGが納涼盆踊り大会の際に帰ってきて、櫓の上の太鼓の設置と、昼間の太鼓の打ち鳴らしを行う。

本番ではOB・OGは櫓の上で叩くことはできない。あくまでも現役の太鼓連のメンバーが叩く。OB・OGは櫓下で踊ったり、来賓席で観たりしている。

組織としては町内会の活動のひとつであり、宮前区の「みやまえ太鼓ミーティング」などに参加する、太鼓愛好者の集まりとは性質が異なっている。

子ども太鼓連への共同参加の過程をつうじて、子どもたちの自律的で継続的な活動ができている背景には、指導者の一貫した指導姿勢がある。OB・OGたちにとっても人間関係と地域への帰属意識を形成し再確認する活動となっているように思える。

コロナ感染対策のために納涼盆踊り大会が開かれず、活動が休止する状況が続いたことは大変残念である。二〇二一年には『土橋　踊りと太鼓の日』が企画され、それに向けて練習が行われていた。しかしそれも中止となってしまったが、盆踊りには出られなくても、せめて揃いのTシャツを着て太鼓を叩き練習に励む様子が土橋町内会のホームページで発信された。

（2）土橋万作踊り保存会

それでは、土橋地域にはどのような民俗芸能があり、それはどのように伝承されているのだろうか。以下では土橋万作踊りについて紹介し、その伝承の形態として保存会の活動と、節を改めて学校教育と連携した伝承活動について考察したい。

a　万作踊りについて

万作踊りは民俗芸能の一つと位置づけられるが、民俗芸能とは何だろうか。西角井正大によると（西角井　一九七九：六二）、「日本という自然環境のもとに生きてきた日本人の信仰的な精神生活の、文化的な表出（心意伝承）として行われてきた芸能で、それが固有の生活のなかで、生活の古典として善なるしきたり（周期伝承）であり、うけ継ぐべき生活経験（行動伝承）であるがゆえに、民俗として認識される芸能」であると定義される。民俗芸能の語が初めて使われたのは一九五二（昭和二七）年ごろで、学問的にも行政的にも民俗芸能が一般的用語として認知されたのは一九五八（昭和三三）年ごろだろうと

写真 5-4　土橋万作踊り　第 36 回川崎市民俗芸能発表会（2014 年 3 月 9 日）

いう。民俗芸能は、「村落共同体のなかで生活の古典を守ることに意義があるのですから、むしろそれは共同体生活者として役割に従って芸能に参加することがたいせつ」なのだという。西角井によると、民俗芸能は、神楽、田楽、風流、獅子舞、祝福芸、人形呪戯、狂言（芝居）、民謡、語りもの（祭文）、地舞楽、地延年、地能と地能狂言、地歌舞伎、地人形芝居に分類される（西角井　一九七九：六八）。万作踊りは、狂言（芝居）のなかに、万作芝居として分類されている。

それでは、万作踊りとはどのような民俗芸能なのだろうか。万作の芸能を学問的に取り上げて世間に紹介した西角井（一九八一）らの資料により、万作踊りの由来と特質を見てみよう。

万作の演目は、西角井が編んだ『大衆芸能資料集成』第八巻、舞台芸一～俄《にわか》、万作、神楽芝居～に五五ページに渡って網羅されており、そこでは万作は手踊り、所作物、段物、茶番狂言、褒詞と返詞に分類されている。ここでは主に、同書に西角井が付けた解説に拠って万作踊りの由来を見てゆきたい（表記は「万作」とされている）。

万作とは豊年万作の意味で、主に南関東の平野部に散らばる農村演芸であり、春秋の祭礼に神社の境内や掛小屋で演じられた。唄に「豊年じゃ万作じゃ」の踊歌の文句があることから万作と呼ばれ、歌詞の頭に「ソウダヨ、ソウダヨ」とか「オイトコソウダヨ」の文句が入り、唄の切れ目に「ヨホホイ」のはやしを入れるのが万作唄の特徴である（三隅　一九九〇）。

東京や埼玉など旧武蔵国領で「万作」という呼び名が多いが、神奈川県では飴屋踊り、千葉県の上総ではノホホン踊り、下総では中山節、茨城県南部から埼玉県の一部では小念仏など、伝播者である飴屋や地名、囃し詞などに由来する呼び名がさまざまにある。その内容は、手踊り、所作入り手踊り、段物、茶番狂言、地芝居などに区別できるが、神奈川県では手踊りと段物という区分けになっている。そのうち段物が「万作芝居」といわれる。

このうち茶番狂言や地芝居は、万作が娯楽的に演芸化を進めた結果、余興として付け足されたもので、本質は手踊りにあるが、実際に好まれる演目は段物であるという。段物は歌舞伎の外題と共通するものであるが、そのまま移植したというより、願人坊主、瞽女、飴屋、太神楽師、地芝居師（シバヤ）たちが仲立ちとなったことで内容に影響している。とくに飴屋は江戸時代を通じて遊芸の渡世人であり、芸好きの自由人であった（永田　一九六八：四〇〇）が、集落の祭りや盆踊りなどの余興芸として残していった俗曲が飴屋歌・飴売唄であり、旧武蔵国では万作・豊年節と呼ばれる。

また、万作の普及には幕末期の伊勢信仰が関連している。万作の手踊りに下妻節や木更津節に伊勢屋が登場するように、また、「ヤートコセヨーイヤナ」の伊勢音頭の要素が絡んでいる。かつて江戸時代末期に伊勢参宮のおかげ参りが爆発的に流行するなかで、願人坊主が、伊勢参りができない人の心理に応えて代参する祈祷を行っていた。願人坊主は無頼放浪の遊行坊主であり、伊勢音頭や住吉踊、あるいは歌念仏、祭文などを諸国に持ち歩いたもので、祈祷を依頼した人びとに伊勢参宮の道中や伊勢市中の賑わいを伝える必要があり、「伊勢音頭」を普及させることとなった。ともに、伊勢音頭を農民の感情や素養や興味に合うように、願人坊主はより戯謔的に演芸化していったのだろう。「そうすること自体が伝統的に俗聖に潜在する体質なのかもしれない」（西角井 一九八一：三二七）から、演目の中には農村的で艶笑、野卑にちかい素朴で悪趣味なものもあり、おおらかな農民感情の発露であると思うと西角井はいうが、評者によって好みは分かれるとのことである。「万作芸は願人坊踊りの派生物で風土になじみスタイルを多少変えて登場した」（西角井 一九七九：八三）。

万作の手踊りは長襦袢、あるいは浴衣に片肩がけの襷姿で、踊りぶりは盆踊りなどにおよそ見ない独特なものである。手踊りは女も踊ることがあるが、他は男たちが演じる。普段野良仕事にいそしんでいる男が鬘や衣装をつけ白粉を塗って芸をするのが万作らしいところであり、滑稽ではあるが野暮ではない。「万作は関東農民の野生の演芸である」と西角井は解説を締めくくっている。また三隅治雄は「関東の庶民生活の中に花咲く芸能の花々の根に、願人、飴屋、瞽女などの遊行者のまいた種子が宿っていることだけは、はっきり指摘しておきたい」（三隅 一九九〇：六〇）と述べている。

いずれにしても、民俗芸能は郷土性をもち、その土地の信仰や歴史物語の一端を担っている。その土地土地に伝わる由来譚があり、「きわめて自然発生的にみえる民俗芸能の存在も、自然発生的にあるものは少なくて、民俗的に歴史的に学び習得されたものが意外と多い」「それにはいちばんに乞食人（ほかいびと）の巡遊という伝統性が関与したでしょう」と西角井は言う（西角井 一九七九：八四）。そのような芸能が土橋地域に定着し、地域社会とともにあるコミュニティ・スクールの学校行事に地域の芸能として採り入れられていることの意義を、積極的に考えてゆきたい。

b　土橋万作踊りについて

つぎに、土橋の地に万作踊りはどのように伝わり、現在まで継承されてきたのだろうか。「由来譚は郷土愛の心と表裏一体の関係にあるはずで、郷土意識の薄い土地では民俗芸能の存続の可能性が薄くならざるをえない」（西角井 一九七九：八六）という西角井の指摘を心に留めながらみてゆきたい。

土橋町内会50周年記念誌（一三四‐一三五）に万作踊りの由来と現在の保存会に到る経緯などについての記事がある。中村亮雄（一九七七）によると、そのはじめは、現在の地名で川崎市麻生区王禅寺にいた役者上がりの飴屋が教えて現在の横浜市青葉区保木に伝えたものを、江戸の末に土橋の男性五名が保木まで出かけて習い覚えて、村の念仏講の宿を廻ったり、結婚式のある家などで踊ったという。また、郷土史家の角田益信「土橋の万作踊り」によると、明治の頃に横浜市緑区谷本まで土橋の人が毎晩歩いて習いに行ったという説もある。

大正末期には、村の念仏講の宿に招かれて余興として演じたり、野川影向寺において一二月に二晩続きで万作を演じたという。さらに大正一〇年三月から一二年七月までに二四回も上演した記録もある。演目としては唄い手の唄と鉦や四ツ竹拍子木、三味線に合わせてゆったりと踊る手踊りが八つ、歌舞伎狂言から来た段物が五つあり、最初は三番叟から始まり、次に白枡粉屋とつづき、全部演じるには二晩かかっても終わらなかった。村の若衆を中心に村祭りや農家の祝い事などで演じられ楽しまれ、定着したようである。

土橋町内会五〇周年記念誌の万作踊りの項（一三四）には、内野菊治が記した「大正十一年度費用支出遊芸回顧録」の内容が紹介されている。近隣の有馬、神木、坂戸や馬絹の庚申堂の新築祝いに呼ばれたり、渋谷の金王八幡宮の祭礼に呼ばれて踊った。その時々の演目、謝礼金の金額、掛かった経費、遊芸稼人として税金を役所に納めていたこと、踊りの練習の様子（公共施設がないので、各家庭を順番に借りて、畳がすり切れるほどに熱心に練習が行われていた）などの内容が記録され、「他の村から頼まれても無鑑札では踊りに行くことができないので、興業をおこなうために、郡役所の営業鑑札を師匠と連中に各一枚受けたとあり、そのために村税、県税を一円五〇銭ずつ納めたことや鑑札を受ける様子なども記され」ている。万作踊りの導入と習熟に取り組む熱心さと万作踊りによる活動の活発さの背景には、万作踊りが当時の青年たちの楽しみであると共に地域内に娯楽を提供し、近隣地域と関わりを結ぶ貴重な文化資源であり、また収入源のひとつであったことがうかがえる。

角田益信はさらに、一九二一（大正一〇）年ごろの演目として、段物は白枡粉屋、織田の奴、笠松峠、義経千本桜、国定忠治、三人奴などがあり、手踊りには新川伊勢音頭、瀬田の唐橋、島田金谷、鵟勝

一、ハア　土橋なぁ　キタショ　よいとこ 一度はおいでよ　アリャヨイサ 竹のお宿にヤンデエ雀なくよ アーコリャコリャ ヤートコセー　ヨンヤーナーアリヤンリヤ アーコレワイセー　コーノヤートコセ	三、目出度なぁ　キタショ　目出度の 若松様はよ　アリャヨイサ 枝も栄えてヤンデエ葉も茂げるよ アーコリャコリャ ヤートコセー　ヨンヤーナーアリヤンリヤ アーコレワイセー　コーノヤートコセ
二、春のなぁ　キタショ　野に出て 七草つめばよ　アリョヨイサ 矢上川瀬のヤンデエ水の音よ アーコリャコリャ ヤートコセー　ヨンヤーナーアリヤンリヤ アーコレワイセー　コーノヤートコセ	四、踊りようなぁ　キタショ　踊る人 ありゃどこの人よ　アリャヨイサ あれは土橋のヤンデエ色男よ アーコリャコリャ ヤートコセー　ヨンヤーナーアリヤンリヤ アーコレワイセー　コーノヤートコセ

資料 5-1　土橋踊り

出典：土橋万作踊り保存会（2013：5）

五郎、芝山内、与市兵衛、切られ与三郎、かっぽれなどがあったという（角田　一九九〇：二〇七）。

戦災の過程で万作は中断したが、戦後は青年団の素人演芸として小学校や公民館で演じられたりした。一九七三（昭和四八）年に大久保作雄ら有志七名が保存会を結成し、翌年川崎市教育委員会より川崎市民俗芸能の指定を受けた。

ながらく男性のみが保存会への加入を認められていたが、一九九一（平成三）年にそろそろ女性もということで、初めて現会長の大久保和江氏が加入した。

二〇一三（平成二五）年に作られた保存会の冊子には、保存会の構成員二〇名（うち女性が一二名）とあるが、二〇一九（平成三一）年には会員数は一五名となっている。演目は土橋踊りをはじめ、瀬田の唐橋、島田金谷、新川踊りの唄、大津絵（切られ与三郎）、勝五郎箱根山、粉屋踊り、柴山内、与市兵衛、鏡山（奥庭の場）、かっぽれの一〇演目が掲載されているが、実際に現在伝承されている踊りは八種類である。

現在、保存会は川崎市に二八団体ある民俗芸能保存会のひとつとして民俗芸能保存協会主催の発表会に順番で出演したり、小学校の運動会で毎年上演したり、土橋納涼盆踊り大会に出演するなどの活動を行っている。また、土橋町内会を学区に含む土橋小学校と富士見台小学校の二校の三年生もしくは四年生のために、万作踊りを毎年指導している。

そこで指導されるのは「土橋踊り」であるが、大久保保存会会長によれば、伊勢音頭をベースにして土橋の唄として内野菊治により創作されたものやわらかな作品であり、一九八三年以前にはすでにあったという。この囃し詞に伊勢音頭の名残があり、また実際に運動会で踊られる際に唄と唄の合間には「サアーサ、マーダアル、マーダアル、ヤーテクレー」などという合いの手も入るが、これも伊勢音頭に由来するものである。小学校で教えたり運動会で上演したりする際は、土橋踊りの一、二番のみ演じ、伊勢音頭に由来する三、四番は唄わない。

四、学校教育における民俗文化の伝承——土橋小学校の事例をとおして

土橋万作踊り保存会は、富士見台小学校では二〇〇四年より、土橋小学校では創立の二〇〇六年より、三年生（もしくは四年生）を対象に万作踊りを教える活動を展開している。また、富士見台小学校をはじめ宮前平中学校、宮崎中学校などの開校記念式や周年行事に出演している。学校で教える背景には、

子どもたちに民俗芸能に触れて興味をもってもらい、ふるさとの思い出を作ってもらうとともに、ひいては後継者の育成につなげようという思いがある。とはいえ、宮前区の住民は移動が多く、子どもたちも将来にいたるまで当地に定住するとは限らない。他出したとしても、その土地土地の芸能に親しむきっかけになればよいと子どもたちには話している（大久保和江保存会会長の話）。

土橋の万作踊りの伝承を、土橋小学校の教育活動と関連付けながら調査・考察した論考には、清水（二〇一九）がある。清水は土橋町内会や土橋万作踊り保存会、さらに土橋小学校と富士見台小学校に取材している。土橋小学校の教育課程において、万作踊りは三年生の総合的な学習の時間のなかで扱われたが、その比重は学習指導要領に基づくその年のカリキュラムの設計によって異なるようである。たとえば清水によると、二〇一四（平成二六）年の総合的な学習の時間の三年生の単元計画として、「もっと知りたい！　土橋・小台　地域に農園」（一五時間）、「いろいろな国の遊び」（二〇時間）、「万作踊りを伝える人々」（一〇時間）が設定されていた。「万作踊りを伝える人々」という単元では、保存会の方々の話を聴き、資料で調べ、踊ったりする活動を通じて、昔から現在に掛けて地域に受け継がれている伝統・文化の魅力に気づき、大切にする態度を受け継ぐことを目標としている。これは社会科「さぐってみよう　昔のくらし」の学習と合科でおこなうものであった。

具体的な活動内容は、一時間目から五時間目までは万作踊りとはどのようなものかを資料を見て知る。六時間目と七時間目は、実際に万作踊りを踊る。八時間目と九時間目は万作踊りについて保存会の方々の話を聴いたり、一緒に踊る。一〇時間目がふりかえりとなっている。並行して社会科では、「四、五、六年はなぜ運動会で万作踊りを踊ったのだろう」「万作踊りの歴史を知ろう」「これからも万作踊りは受け継がれていくのだろうか」などの課題が取り上げられた。

これに対して、学習指導要領の改訂を経た二〇一九年度は、総合的な学習の時間が校内研究の対象となり、「主体的に学び　豊かにかかわり　自分を高める」を研究主題としていた（第四回授業研究会資料より）。三年生は「校歌からみつめ直そう　地域とつちはし」を単元名として全七〇時間の単元構想を立てている。土橋小学校は二〇〇六（平成一八）年の開校時に開校準備に参加した子どもたちの願いをこめた学校の目標である「つながる心、ちからを合わせ、はじける笑顔、しあわせいっぱい」が校歌の歌詞に織り込まれている。この「土橋小学校の願いやそれを実現するためにさまざまな人たちがかかわっていることに気付き、土橋小学校での生活を見つめ直し、友達と地域の人たちとともにさらによりよくしていく」ことを単元の目標に設定している。

したがって三年生の学習の柱は校歌の意味を考え、何を大切にして学び、生活していけばよいのかを具体的に考えることにある。万作踊りは、この単元の終盤の一〇時間に、それまで子どもたちによる校内調査の内容を整理して、「自分たちにもできる『地域とつながる』活動を考えてみよう」という課題のなかで、「地域の人で『万作おどり』を踊っている人がいるらしい。運動会で高学年の人たちが踊っていたから、僕たちも教えてもらいたいな」という願いが生まれてくることが指導計画において期待されている。

このように、万作踊りの教育課程における教材としての位置づけは、年度によって大きく変わっている。しかし、三年生で万作踊りを保存会の人から習い、四・五・六年生のときに運動会で万作踊りを保存会の人たちとともに踊る、という大きな流れは堅持されている。このことは大変重要である。なぜかというと、伊野（二〇一二）が指摘するように、万作踊りは踊りを踊る（舞う）ために存在するので、「舞と一体となった学習が不可欠である」。なぜなら「身体の動きと唱歌《しょうが》を唱えるという行為が同時に行われない限り、この『音楽』を学ぶ意味は生まれてこない」からである。「民俗音楽における舞・踊りは本質的に音楽と一体不可分な性格を持って」いる身体表現なので、音楽の四つの活動とされる歌唱・器楽・創作・鑑賞の範疇に入らない。むしろ体育のダンスにちかいことになる。

実際に、子どもたちは例年どおり、事前にビデオなどで万作踊りの手踊りを学習したうえで、二〇二〇年二月に土橋万作踊り保存会の人たちから二時間にわたり講習を受けている。講習を受けた三年生の児童の感想を、保存会の人たちへのお礼の文章からみてみよう（資料5–2）。

これらの子どもの感想からどのようなことが読み取れるだろうか。三年生一五五名、同じような内容の感想は一例だけ資料に抜粋した。これは指導してくれたことへの礼状であり、否定的なことはあまり書けないことは子どもたちも意識しているであろう。また、似通った構成の手紙が多く、おそらく前後の挨拶にはさんで、その間に二つ以上の感想を述べるようにと指導されているのだろう。そのような制約があるものの、一〇歳前後の子どもが万作踊りを指導してもらうなかで体験したことに思いを凝らして書いた文章で、巧拙はあるものの万作踊りを生で習った体験を素直に思い返している。

資料 5-2　土橋万作踊り授業の感想文（小学３年生）抜粋　2020 年２月

・教わってとくに上手になった所が二つあります。一つ目は「アリャヨイサ」の所です。なかなか曲に合わせておどるのがむずかしかったですが、やってみるとだんだんできるようになってうれしかったです。
・万作おどりでおぼえたことが二つあります。一つ目は、一番さいしょの、手をくるっとまわして、手を横に開くことです。二つ目は、キッタショといって、手を左にふることです。
・今日は万作おどりがしれて良かったです。唄、難いです。キタショはどういう意味ですか。
・とくにぼくは大きな声がだせてませんでしたが　大きな声がでました。
・万作おどりで声のだしかたを教えてくれてありがとうございます。おかげでうたうのもおどるのもうまく楽に歌ったりおどりをおどれたりしました。これで４年生の運動会でおどる時はバッチリおどれそうです。
・さいしょはおどりになれなかったけど、何回かやっているとなれてきました。手を大きく広げている人がかっこよかったです。がっきもないのに声だけでうたっているのがすごいと思いました。
・とくに、手の向きや手を上と横に一回一回かえて回る動きがむずかしかったです。教室で練習したときはテレビだったのでどうしても動きがぎゃくになってしまうけど　いっしょにおどったときは向きが同じなのでよくおぼえれました。
・初めて万作踊りをビデオで見ただけで踊った時は運動会の踊りよりもむずかしい、と思ったけれど、ちゃんと教えてもらうと、むずかしかったけど動きがどくとくでとてもおもしろかったです。
・教えてくださって、あらためてわかったことが２つあります。一つめは、動きです。今までは動きの速さなどあまりわからなかったけど、実さいに見て動きの速さがくわしくわかりました。二つめは、リズムです。今まで、いつのまにか次の動きに入っていたりしておどれなかったけど、今は、万作おどりほぞん会のみなさんとおどってリズムがわかり、うまくおどれるようになりました。
・２番目の所がすごくむずかしかったけど万作ほぞん会の人とおどって目をつぶってもおどれるかもしれません。あとさいしょは動きが小さかったけど大きくおどりましょうと言ってくれて大きくおどれるようになりました。
・みな様が踊っているときに踊りが楽しそうだな～と思いました。
・交流会でよかったことが二つあります。一つ目は、前よりきれいにできるようになりました。二つ目は、前よりうまくなったのでみんなに教えたくなりました。
・私が一番分かったポイントは、手をこうごにうごかして前へ進む動作のポイントです。私は、しょう来万作ほぞん会にはいるかもしれません。
・これから万作おどりほぞんかいがなくなるかもしれませんががんばってくださいおうえんしています。
・昭和ぐらいのとき、せんそうがはじまって、中だんしてしまったけど今年お年よりの人たちが万作おどりをやりはじめたからほんとうによかったです。
・万作おどりは、これからもつづいてほしいです。できたら万作ほぞん会に入って、みなさんといっしょに練習したいです。

（原文のまま）

民俗芸能の継承の視点から読み取れることを四点にまとめてみた。

一つ目は、身体性にかかわることである。画面からの情報ではなく生の人の動きと声であることに由来する感想。たとえば画面では動作が左右逆転してしまう。画面から上下左右の動きや空間のなかでの移動の速さを読みとり、画面を真似るのは難しい。

また、機械から流れる音楽に合わせて踊ることが当たり前と思っていた子どもにとって、生の唄声に合わせて踊ることは新鮮な驚きである。生で向かい合ったり隣り合ったりして踊ることで感受できる身体のあり方や動かし方がある。

これはマネブからマナブことへと民俗芸能の伝承が進むことと関連するだろう。

二つ目は、踊りよりも舞いに近い、民俗芸能における詞と音楽の関係にかかわることである。「正しく」リズムを刻むことよりも、詞の流れや場の状況にあわせてテンポ、リズムを変えることを優先する民俗芸能の性質によるのだろうか。子どもたちの踊りのわかりかたにあわせて曲の緩急を変えてくれることを「やさしい」と子どもは受け止めている。

詞のながれに合わせて動くので、目をつぶっても踊れると思う。安心して大きく踊り、大きな声を出すことができる。ゆったりとしたテンポの土橋万作踊りだからこそ、子どもも習熟する道のりを味わいやすいのかもしれない。

三つ目は、楽しさ、美しさへの気づきとよろこびである。

声と身体を合わせて囃し詞を唱えることのむずかしさと楽しさがある。とくに言葉の意味よりもテンポや囃し詞の愉快さに乗って踊ることや、ふだん耳にしない音調の曲に合わせて踊ること自体の不思議さ・楽しさを味わっている。大久保会長によると、四年生から転入してきた児童であっても、この囃し詞はみなと大きな声で唱えることができるので、参加できた、楽しかったという感想がある。なかでも、保存会の万作踊りの動きを「うつくしい」と感じ、自分も「きれいに踊れるようになった」と気づく一〇歳くらいの子どもの感性は大事に思われる。

そしてその美しい営みに自分たちも声と身体で参入する感覚が、「これからもいっしょに練習したい」と書かせているのだろう。

四つ目は、民俗芸能を地域で伝承する必要とその課題に気づいていて、保存会の存続など、保存会の人たちの課題を我がこととして考える態度が現れていることである。自分も保存会に入るかも知れませんと書き入れる、子どもの側のやさしさが示されている。なかには自分たちで保存会の会員募集のポスターを描いてきてくれた子どもが四人もいたことに、保存会のみなも感動したという。

もちろん、その基盤には、総合的な学習の時間の終盤の展開において、「自分たちにもできる『地域とつながる』活動を考えてみよう」という問いかけが教師からなされていたからであろう。指導に当たった保存会の人たちも、土橋小学校の子どもたちの質問や態度から、万作踊りを自分のこととして受け止めて熱心に取り組んでいることを感じ取れたと話していた。

しかしそのような態度の底流にあるのは、この感想文の表現から読み取れるように、万作踊りという民俗芸能が詞と唄が一体化した芸能であり、「歌詞に添って振りがついていく、写実的な動きを折り折りに示す舞踊」（三隅 二〇〇二：一一三）であって、子どもたちが日頃親しんでいるリズム中心の身体運動ではないことがある。そのために、万作踊り保存会の人の生の唄声に乗って生の踊りをまねる＝学ぶことを通して、子どもたちは保存会の人たちとコミュニケートする時間を生きたのだといえるのかもしれない。

このような交流会を経た後、通例では翌年五月の運動会で、万作踊りは保存会の人たちの輪を取り囲むようにして四年生、五年生、六年生が保存会の人の唄声に合わせて一緒に踊る。外から見ていると、ゆったりとした、古めかしく意味のとおりにくい詞と囃し詞で構成された万作踊りを運動会で踊る意味はなにかと考えてしまう。けれども、このような三年生の交流会への感想を読むにつけ、動きが激しくアップテンポな曲で踊る場合と、万作踊りで舞うように踊る場合では、子どもは異なる心身の動きに出会うのであり、そこに教育的意味があるのではないか。このような経験を、学校のある地域に伝わる踊りとして三年生から六年生まで重ねることを通じて、子どもたちは土橋踊りをどのように受け止めているのだろうか。ポスト・コロナの時期が到来したら、時間をかけて見つめてみたい。

もちろん、このような肯定的な受け止め方ばかりを児童生徒がするとは限らない。むしろ、郷土に伝わる芸能を教育課程に採り入れることで、子どもたちに郷土愛や民俗芸能のよさを知ってもらうという目的を果たそうとしても、子どもの側にその芸能を知りたいという内発的な動機が生まれていなければ、民俗芸能が学校で強制的にやらされるものとして多くの児童生徒から反発や消極的な意味付けを受けることになろう。

土橋小学校の総合的な学習の時間の取り組みのように、学校区である地域社会への関心を呼び起こし、つながり、かかわることへと学年進行に伴い子どもの学びを広げていくような教科横断的な構想と計画のなかに、民俗芸能の学びが位置づけられていることが必要だと考えられる。

五、学校教育をとおして民俗芸能を伝承する意味

民俗芸能が濃密に伝承されている地域での学校教育と異なり、大都市部であり戦後に新しく形成された川崎市宮前区においては、地域の民俗芸能は保存会によって継承されるもので、夏祭りや民俗芸能の祭典などを除けば子どもたちの成育環境のなかで伝統文化に触れる機会は多くない。

本章では、そのような地域特性のなかで創立当初から学校運営協議会をもったコミュニティ・スクールである川崎市立土橋小学校とその学区にある土橋地区における芸能の活動との関係を中心に考察してきた。

地域の伝統文化を学校教育に取り込む運動として、一方には「民舞教育」の理念と実践の系譜があり、中森孜郎（一九九〇）の著作や西郷由布子（二〇〇六）の論考に示されている。

他方、民俗芸能を伝統文化教育として学校教育に組み込むことに焦点を当てると、民俗芸能をはじめとする地域の伝統文化を子どもたちに伝承する学校教育の研究として、民俗学運動との関連から歴

史的に考察したもの（小国 二〇〇二）が挙げられる。

さらに、二〇〇六（平成一八）年に改正された教育基本法第二条五項に「伝統と文化を尊重し、それらをはぐくんできた我が国と郷土を愛するとともに、他国を尊重し、国際社会の平和と発展に寄与する態度を養うこと」と定められ、「日本人のアイデンティティ（伝統、文化の尊重、郷土や国を愛する心）の視点」が学習指導要領に取り込まれ、伝統文化教育を教育課程に導入する実践と研究が重ねられている。文部科学省の道徳教育資料や初等教育資料に特集や研究報告が掲載され、東京国立文化財研究所（二〇〇〇）の報告書や、近年では「我が国の伝統や文化に関する教育の充実に係る調査研究」（平成二九・三〇年度）などが行われている。とくに民俗芸能を導入する教育目的、目標、導入から実践までを具体的にまとめたものとしては、全日本郷土芸能協会（二〇〇三）の文化庁への報告書がある。

たとえばこのなかで伊野（二〇〇三）は、学校の教育課程に民俗芸能を位置づける際に学校が考慮すべき点として、①民俗芸能に目を向ける、②地域文化の根幹につながる要素を見つめる、③地域の人材とのつながりを考える、④芸能の尊重と指導者への尊敬、⑤フィードバック機能を持つ教育活動、⑥活動形態や方法の選択、⑦学習法の研究と改善、⑧文化的脈絡のなかで視野の広がりを考える、を挙げている。

一方、西郷（二〇〇六）は、「学校という場で民俗芸能を教えるためには、『伝統的』ないい意味の曖昧さをそなえた指導法だけではまかなえない部分が多い」と指摘し、保存会における教え方と学校における教え方の違いを五点挙げている。すなわち、①学習者と指導者の割合が違う。学校では指導者が圧倒的に少数である。②文化的な背景が異なる。学校では、事前にその芸能を見聞きすることが少ない。③時間の制約がある。学校では限られた時数である程度完成させなければならない。④学校では多くの指導者が、その芸能の伝承者自身ではなく学校の教師である。したがって、指導者が「こうだ」とやってみせる伝統的な稽古法をとることができず、またその意味もない。またこの論考の中で西郷は、民俗芸能が学校教育に取り入れられた経緯について、民舞教育の系譜に焦点をあてて論じている。

さらに、呉屋（二〇一七）は、「学校と地域社会の相互作用によって新たな民俗芸能が生み出されている」（二一）として、「学校芸能」という新しい用語を用いて八重山諸島の三校の高等学校における民俗芸能の継承のあり方を分析している。「学校芸能」において民俗芸能が教授される際に、三つの特徴があるとしている。すなわち、①学校と地域社会の相互作用の過程で新たに創造される、新たな文化であること。②他の地域の民俗芸能や国の文化政策などの影響を受けながらも、地域社会の文脈の中で展開していること。③地域の民俗芸能の「継承者」を生み出していること、である。この三つの特徴に照らして高等学校における学校芸能を分析しその結果をまとめている。

西郷と呉屋が示した視点を参考に、土橋小学校の実践の特徴を整理するならば、①学校と地域社会の相互作用のあり方としては、学校運営協議会制度を創立時から採り入れているコミュニティ・スクールである土橋小学校では、地域社会と連携した教育の構築はいわば建学の理念である。地域学習の一環で万作踊りを子どもたちに継承していくことは地域文化を学校を通じて継承する教育の象徴となっている。

②万作踊りの実地指導は地域社会について学ぶ総合的な学習の時間の一環として組み込まれていて、万作踊りそのものをテーマとするというより、土橋小学校区の地域社会の成り立ちや特徴、課題について考えるひとつの教材となっている。したがって、三年生の総合的な学習で、地域の伝統芸能について歴史や成り立ちを調べて造詣を深め、実際に練習をして自分たちで舞ってみるところまで授業で行っていくというような実践には年度によっては必ずしもならない。

また、万作踊りをめぐって学区以外と交流することはなく、音楽の教材などのほかに伝統芸能に触れる機会も少ない。また、教師も万作踊りに習熟しているわけではなく、子どもたちと共に学びながら、運動会へ向けての指導を行っている。

③土橋小学校では、地域社会への理解を深め関心を育成する教育の過程をとおして、万作踊り保存会の人たちから指導をうけ、ゆったりとしたテンポで古風な詞と節回しで歌い踊ることで子どもたちが身体的に万作踊りをたしなみ、身につけ、保存会の人たちと運動会で踊ることによって、地域社会に根ざした学校という物語の一端に参加することになる。また、土橋町内会が七月に実施する夏祭りのなかで、櫓で踊られる万作踊りを目にする児童も多く、学校外でのふれあいを通して、さらに万作踊りの継承者に自分もなりたいと、保存会の活動に参加する児童もでてきている。

以上、川崎市宮前区の小さな事例をもとに、民俗芸能の継承のあり方と祭りの担い手の育成について考えてきた。

民俗芸能の継承のしくみは、学校における教育課程内・外の活動としても位置づけられることが重要である。体験学習や部活動をとおして、地域の伝統文化を地域住民の指導のもとに体験する機会を多くの子どもに用意していくことが望ましい。とくに、子ども一人ひとりのペースに合わせた指導ができ、子どもの成長を待つことができる社会教育の特性が活かされることが必要であろう。

しかし　少子化により児童数が減少し、また、教員の働き方改革が教育政策の課題となる一方で、教育課程の改訂により指導内容は増加していく。その結果、学校で地域の伝統文化を継承する機会が減り、厳しい状況におかれている。

民俗芸能を学校教育に導入する意味を教師が認識し、学校の教育活動のなかに位置づけ、地域社会と協働する態勢をつくることは、個々の学校の裁量だけでなく、条件整備をするという、教育行政上の大きな課題であろう。

学校教育が地域社会と連携して、伝統文化を教育内容に取り入れる根拠は、学習指導要領に示されている。学校の道徳教育の目標（「特別の教科　道徳」）には、子どもが地域住民とさまざまな形で交流し、地域に対する誇りや愛着を育て、地域に対して主体的にかかわろうとする心や態度をはぐくむことが挙げられている。つまり、小学一年生から中学三年生までの九年間に、子どもが伝統文化を尊重し、継承しまた創造する資質や態度を身につけることが、学習指導要領に示されているのである。

このことは、学校教育が保護者や地域社会と連携・協働すること抜きには実現し得ない。そのためには、学校教育が地域社会と連携して教育活動を組織し、協働していく一方、民俗芸能の担い手である地域住民が学校の運営に参画したり、教育活動に参加したりすることが必要である。

ただし、持続可能な形で学校が地域社会と連携・協働するためには、いくつもの課題がある。それは、まず第一に、限られた学校教育の時間のなかで地域文化の体験や主体的な学習に取り組めるゆとりをもつ必要がある。

第二に、地域文化からなにを学校での教材として選ぶかは学校の裁量による。学校が限られた時間のなかで、どのようにして地域文化を教材化して子どもたちに提示していくか、教員がどのように地域文化の意味や内容を理解するか、ということが鍵を握る。

第三に、学校の部活動のあり方がどう変えられていくか、という点もかかわってくる。教師の働き方改革の動きと相まって、部活動のあり方が問われている。民俗芸能を部活動に採り入れる場合、適切な指導者を確保するためには地域住民と積極的に協力することが必要だろう。

第四に、伝承されてきた民俗芸能を次世代に継承することは意義深いことである。とともに、受け継ぐ主体として子どもたちをどう育てるか、という視点が常に必要であり、子どもたちがいまどのように文化を学んでいるのか、その経験によって子どもにどのようなことが育っているのか、ということについての理解や、教育的な形成過程に対する見方や考え方を、学校だけではなく、地域住民の側でも主体的に学ぶことが必要となる。

学校のミッションはなにか、地域と家庭の分担のしかたを明らかにしていく。子どもたちに対して、学校、地域社会、家庭において、それぞれどのような学びがあり得るのか、その分担の形を明確にし、子どもたちの「学びの地図」のようなビジョンや地域教育のカリキュラムを提供することが要請されているといえよう。

引用・参考文献

伊野義博、二〇〇三「民俗芸能からなにを学び、なにを身につけるのか」「学校の教育活動への位置づけ」文化庁『民俗芸能で広がる子どもの世界』六八-七五

――、二〇一一「なぜ日本の舞・踊りは音楽教育と結びつかないか―民俗芸能を切り口として」『音楽教育実践ジャーナル』vol.8、no.2：六-一三

小笠原恭子、一九八六「芸能伝承論」『日本民俗研究大系、第六巻　芸能伝承』三一-五三

小国喜弘、二〇〇一『民俗学運動と学校教育―民俗の発見とその国民化』東京大学出版会

小原一郎、二〇一三「コミュニティ・スクール土橋小学校の歩み」講演資料

角田益信、一九九〇「土橋の万作踊り」『川崎の古民謡』私家版：一九四-二〇八

呉屋淳子、二〇一七『「学校芸能」の民族誌―創造される八重山芸能』森話社
西郷由布子、二〇〇六「学校で教える民俗芸能」『演劇学論集』第四四巻：八七―一〇七
清水亨桐、二〇一九「川崎市宮前区土橋の万作踊り」『日本民俗学』第二九七号：九三―一〇三
住田正樹、二〇〇一『地域社会と教育―子どもの発達と地域社会』九州大学出版会
玉井康之・夏秋英房、二〇一八『地域コミュニティと教育』放送大学教育振興会
玉野和志・浅川達人編、二〇〇九『東京大都市圏の空間形成とコミュニティ』古今書院
土橋町内会、二〇〇八「土橋町内会50周年記念誌」
土橋万作踊り保存会（一九七四年発行・二〇一三年版）『川崎市民俗芸能　土橋万作踊り』私家版
東京国立文化財研究所、二〇〇〇『学校教育と民俗芸能―第二回東京国立文化財研究所民俗芸能研究協議会報告書』
東京急行電鉄、二〇〇五『東急多摩田園都市開発50年史（資料編）』
永田衡吉、一九六八『神奈川県民俗芸能誌　増補改訂版』錦正社
中村亮雄、一九七七「川崎市内の万作踊り」『川崎市文化財調査集録第一二集』四七―六〇
中森孜郎、一九九〇『日本の子どもに日本の踊りを』大修館書店
西角井正大、一九七九『民俗芸能入門』文研出版
――、一九八一「万作」『大衆芸能資料集成第八巻』三一書房：三二四―三三〇
文化庁、二〇〇三『民俗芸能で広がる子どもの世界―学校における体験活動の学習素材として取り入れるために』全日本郷土芸能協会
三隅治雄、一九九〇「万作芝居とその周辺の芸能」西角井正大編『日本音楽叢書八、民俗芸能二』音楽之友社：五六
――、二〇〇二『踊りの宇宙―日本の民族芸能』吉川弘文館

付記

本研究は、ＪＳＰＳ科研費17K01912「地域教育・保育支援プラットフォームの構築過程の研究」の研究成果の一部である。

第二部

担いのしくみのメンテナンス

第六章
大里七夕踊と青年団のかかわりの一〇〇年

俵木 悟

一、大里七夕踊における継承のしくみの変容

筆者は二〇〇八年から、鹿児島県いちき串木野市大里に伝承される七夕踊の調査を継続してきた。筆者が関わり続けたこの一二年間は、少子高齢化を背景に踊りの伝承が危機を迎えるなか、なんとかそれを乗り越えようと地域の人びとが苦闘してきたプロセスであった。そして現在、そのプロセスもいよいよ大きな正念場を迎えている。(1)

本章ではこの眼前の伝承の危機の問題を、単純な担い手の不足という問題としてではなく、踊りの継承を支えてきた社会的な「しくみ」の変容として考察することを意図している。七夕踊は、大正時代のはじめ頃から姿を現してきた青年団を担いの主体として近年まで伝えられてきており、継承のしくみは、この青年団の組織構成や、団内で七夕に関して定められた規則、活動内容などからうかがうことができる。そしてそのような担いのしくみは、ある程度の時間をかけて構築(再構築)されるという考えから、一〇〇年間という広い歴史的パースペクティブを設定し、そのなかでしくみが大きく組み変わったと考えられる三つの時期を取り上げて、それぞれの時期における担いのしくみの特徴を抽出し、比較することで、その変遷を理解しようと試みる。

二、地域と事例の概要

（1）地域の概要と社会組織

本章の事例として取り上げる大里七夕踊は、鹿児島県いちき串木野市大里で毎年八月上旬に行われる民俗芸能である。

大里地区は、現在はいちき串木野市の南部に位置しているが、二〇〇五年一〇月に串木野市と合併するまでは、川上・湊町とともに、日置郡市来町を構成していた大字の一つであった。藩政期には大里村として薩摩国日置郡市来郷に属していたが、一八八九（明治二二）年の町村制施行にあたって市来郷が東西に二分され、西市来村に湊町、湊[2]、川上、大里の四カ村が属することになった。一九三〇（昭和五）年に西市来村が町制施行し市来町となった。

地区の中心は、旧市来町域を東から北西に向けて流れる大里川の流域に広がる大里田圃といわれる田園地帯である。西部の東シナ海に面した一部は漁村であるが、主としてこの大里田圃で稲作農耕を行う農村である。また大里川の北東方面に広がる丘陵地を開墾して、昭和初期にミカン栽培が導入され、現在もミカンやポンカンが名産として知られている。現在の農家には稲作と果樹栽培を兼業するものが多い。他に近代以降の主だった産業としては、タバコ製造、瓦製造、焼酎や醤油の醸造業などがあり、昭和恐慌期には、一時的にいくつかの集落で養鶏が盛んに行われた。

この地域の生産・生業を考えるにあたっては、薩摩地域には稀な大規模な水田地帯であるとはいえ、農家一戸あたりの耕地面積は狭隘で、経営規模の小さい零細農家が大半であったことを指摘しておくべきであろう。大正時代から昭和三〇年代までの実態は『市来町産業実態調査報告書』に詳しいが、いくつか例を示せば、一九二九年時点での自作・自小作・小作の割合は、各一七%・一三%・七〇%で、農地改革前の一九四五年の段階でも各二三%・二五%・五二%である。また一戸平均の耕作面積は、一九二三(大正一二)年に六・七反で、その後漸減して一九五一年には三・八反である(服部・中野 一九五七:一六〇)。これらの数値は旧市来町全域のデータであるので、商業地区である湊町に住む不在地主の所有地が多くを占めていた大里地区では、経営規模の零細さはこの数値以上に際立つと考えられる。(3)

現在の大里も、基本的には稲作と果樹栽培を中心とした農業が基盤であるが、若い世代の多くは大里に居住する場合でも農家を継がず、役場や地元および近隣の企業に勤める者が多い。またその場合、大里のうちであっても通勤や子どもの通学に便利な駅前(JR市来駅周辺の比較的新興の住宅地集落)などに新居を構え、七夕の時などには自分の出身集落から参加するという者が少なくない。

大里地区は、二〇一九年現在の住民基本台帳では二一の公民館に分かれている。公民館とはこの地域における自治組織の単位で、行政上は自治公民館と呼ばれる。(4) 自治公民館は、戦後の部落会の解体と入れ替わるように公民会(公民互助会)運動が盛んになり、これを母体として部落公民館として成立した。「農村においては、伝統的な地縁組織であった部落会という言葉が差別用語であるということを教育委員会から指摘されて、自治公民館という《(ママ)》名称変更したところが数多くある」(神田 二〇〇一:一九)

との指摘もあるように、実質的には部落会とほぼ同一の組織であり、同時に市来町公民館（合併後は市来地域公民館）の分館に位置づけられ、行政の末端機関としての性格が強められた（市来町郷土誌編集委員会 一九八二）。住民は日常的には「公民館」と「部落」という呼称をほとんど区別せずに用いているが、公的な場面では「公民館」が使われることが多い。本章では、戦中までは部落会、戦後は公民館と呼ばれるようになったこの自治組織の単位を一貫して「集落」と呼ぶ。また、単に「公民館」という場合は自治公民館のことを指すものとする。

さらに公民館には、その上位機関として地域分館があり、大里地区にはその拠点施設として、大里川の南北で分けられた川北地区公民館、川南公民館があった。住民はこの地区公民館（地域分館）を「地域館」と呼ぶが、行政的には「地区自治公民館」と呼んで、その範囲を「地区」と位置づけてきた。そして二〇一一（平成二三）年三月に策定された市の「共生・協働のまちづくり推進計画」によって、この地区公民館に、地区内の婦人会やＰＴＡ、学校、消防団等の各種団体、ＮＰＯや企業などを含めた新たな地域自治組織として「まちづくり協議会」を設けることが推進され、二〇一三年四月から、川北に「川北まちづくり協議会」、川南に「支え合う川南みんなの会」という名称のまちづくり協議会が発足した。

（2） 大里七夕踊

大里七夕踊は、以上に述べた大里地区のうち、払山、松原、堀、平ノ木場《へのこば》、中原、島内（以上川南）、宇都、門前、木場迫《こばんさこ》、中福良《なかふくら》、寺迫、下手中《しもでなか》、陣ヶ迫、池ノ原（以上川北）の一四の集落が参加して演じられてきた。ただし本章で詳述するように、近年このうちいくつかの集落が踊りから撤退しており、執筆時点では一〇の集落が参加していた。

本章は大里七夕踊そのものを紹介することが目的ではないため、ここではその内容を理解するうえで必要な最小限の情報を提供しておく[5]。

踊りの期日は、かつては旧暦の七夕（七月七日）であったが、現在は八月五日から一一日のうちの日曜日に催される。

踊りの起源には複数の伝承があるが、豊臣秀吉の朝鮮出兵に際して武勲をあげた島津義弘公の凱旋祝賀の踊りとして始められたという説と、一六八四（天和四）年、大里田圃の開田祝賀と、この際の治水工事に尽力したとされる床次到住《とこなみとうじゅう》という伝説上の人物の霊を慰めるために始められたという説が知られている。とくに後者は、現在も踊り前一週間のナラシ（稽古）が行われ、踊り当日の最初と最後の踊り場にもなる堀ノ内庭に床次到住の墓と伝わる碑が立っていることなどから、現在の地域の人びとにもよく言及されるところである。

踊りの構成は大きく二種類で、ひとつは参加する各集落の青年団から一名ずつ（かつては二名以上のこともあった）の踊り手を出す太鼓踊りであり、もうひとつは集落ごとに分担して担う作り物・行列物である。とりわけ、シカ・トラ・ウシ・ツルの四体の動物の作り物の造形の人気が高く、メディアなどに紹介される場合もこれらが注目される。しかし地域の人びとにとってこの踊りの中心は、青年が一世一代の役として務める太鼓踊りであり、その踊りの習得を通して、人格の陶冶や成長を示すことであった(俵木 二〇一七)。

つまり大里七夕踊の本義とは、何よりも青年を一人前に育てることであり、各集落の青年団の主体的な参加によってこの踊りは受け継がれてきた。現在は大里七夕踊全体を束ねる保存会も存在しているが、これはあくまで青年団の主体的な取り組みのサポートを目的としたものとされる。ほとんどの集落で青年団が解体しつつあった近年においても、この理念が容易には変わらなかったことは、「青年が全て踊り終わったから」「青年がいないから」という理由で、いくつかの集落が踊りから撤退していったことに逆説的に表れている。ただし青年団と七夕踊の関わりは、史料のうえでは大正時代初期から確認できるが、それ以前の実態については史料が残っておらず明らかでない。

本章の主たる目的は、この大里地区における大正時代からの青年団と七夕踊の関わりを、史料と実地調査の両面から検証し、その関係性の変容を三つの時代を比較して理解することである。

三、大正~昭和戦前期の七夕踊と青年団

(1) 二才から青年団へ

近世後期の薩摩藩では、城下の士族の子弟に形成されていた若者組織である「二才《にせ》」が、外城制

度を背景として農村部にも広められ、この二才において、若者が自律的に人間形成する伝統として、「郷中《ごじゅう》教育」という特徴ある教育が行われていたとされる。本章では明治期まで存在していた二才の実態については、史料の制約もあって踏み込まないが、大里地区では大正期にこの二才が、近代的な「青年」として再編成されてくる。

七夕踊参加集落のひとつである島内の、一九三二（昭和七）年謄写とされる「大里青年会島内支部規約」には、第二条に「従来二才ト称シタルヲ大正二年七月七夕踊ヲ以テ島内青年ト名称ス」とある。また、同じく七夕踊参加集落の門前青年団が所有する文書を見ると、一九一四（大正三）年の「積立金規定・人名・集借《（ママ）》台帳」では「大里門前川向二才中」となっているものが、一九一五年の「関係書　数《（ママ）》綴」では「門前青年会」となり、そして一九二七（昭和二）年の「七夕踊諸入費覚帖」で「門前青年団」の表記になる。

このように、大里地区ではおよそ大正時代のはじめ頃に、二才が「青年」の呼称を採用し始めたことが分かる。そしてしばらくの間「青年」「青年会」「青年中」などの過渡的な名称が採用され、昭和のはじめ頃に明確に「青年団」という組織が確立したと考えられる。

合わせて、島内の青年が大里青年会の支部として規約を定めていることも注目される。なぜならそれは、この一連の青年の組織化が、国―県―郡―村という階層構造を持った、いわゆる官製青年団の成立[6]の影響下にあったことを示しているからである。

一九二三年刊の『日置郡史』には、同郡の青年団の組織について次のように記されている。

本郡ニ於ケル青年団ノ発達ハ旧藩時代二才組ナル者ニ起源シテ各部落ニ青年分団ノ発芽ヲ生シ漸次時代ノ進運ニ鑑ミ組織的ノ発達ヲ遂ケ（中略）大正十年二月郡、村青年団ノ組織ヲ系統的ニ変更シ年齢等モ十五歳乃至貳拾五歳迄トシ綱領宣言及実行問題等ヲ決議シテ専ラ青年ノ修養機関トナリ思想ノ善導体育ノ奨励等勉メツツアリ（鹿児島県日置郡役所　一九七四：二四〇‐二四一）。

大里の各集落の青年団の場合は、日置郡青年団の下に西市来村青年団があり、それがさらに川上・湊・川北・川南の四分団に分けられ、各集落の青年団がそれぞれこの分団（大里地区は川北・川南のいずれか）に所属するというかたちであった（市来町郷土誌編集委員会　一九八二）。各集落の青年団が保管する文書がどこも大正時代初期からのもので、規定等がそれから昭和初期ごろまでの間に定められているのも、これらの組織が、近世的な二才からより近代的な公の組織としての性格を与えられて、この時期に再編されたことを表していよう。

（2）七夕踊は青年の「義務」か

この大里地区の青年団にとって最も重要な活動が、旧暦七月七日に開催される七夕踊への団を挙げての参加であった(7)。前述の通り、七夕踊への参加を通して団員が団結協力し、互いに切磋琢磨しながら一人前の社会の構成員に成長していくことが、郷中教育的価値に裏づけられたこの行事の大きな意義と考えられてきた(8)。とくに太鼓踊りの踊り子を務めることが退団の条件とされることから、イニシエーションとしての機能を持ち、それゆえ七夕に積極的に参加することは青年の義務であると、ごく最近まで言われ続けてきた。

たとえば七夕踊参加集落のひとつである下手中青年団の文書「七夕祭」には、第一条に「七夕踊ハ青年團員ノ義務ニシテ團員タル者ハ總テ此ノ義務ヲ履行スルヲ要スル」と記されている。しかし実際には、このように規約などに七夕踊が青年の「義務」であると明記されている例は少ない。

七夕踊への参加が青年の義務と考えられてきた根拠として、しばしば言及されるのが、不参加の者に金銭が課されることである。戦前の青年団の文書の中にもそうした規定がみられるので、いくつか拾ってみよう。

a　踊ノ時旅行中ノ者ハ日役賃一名ニ付其ノ時ノ二日分ヲ徴収ス。（島内青年団「七夕踊ニ関スル規約」昭和七年カ）

b　七夕踊ノ前日及後日欠席ノ場合ハ其ノ年ノ農家日傭費用ノ二倍踊當日ハ三倍トス（但シ病氣事故アル場合ヲ除ク）（下手中青年団「七夕踊規約」年代不明[9]）

c　繰上ゲ踊代金ハ一金拾円出ス事（門前青年団「七月踊諸費一覧」昭和七年）

d　金ニテ上ル場合ハ籾ノ時価ニテ貳俵半ノ価格ヲ以テス（中福良青年団「決議事項（年中行事）」昭和一六年）

e　抽籤ヲ外レタ者ハ籾ノ三俵代金ニ相當スル金額ヲ二才ニ納メルモノトス（下手中青年団「七夕踊規

約」年代不明[10]）

こうして課される金銭は二種類ある。ひとつは、毎年の七夕踊に不参加の団員が取られる「日当」で、a、bの規則はそれを指している。ここでは二日分となっているが、踊りの前日・当日・翌日の三日に参加しなかったものが、参加しなかった日数に応じて日当を支払うというのが後に一般的になる。それに対して、後のc〜eは、七夕踊のうち太鼓踊りの踊り子を務めなければならないという規則である。金額としてはかなり大きく、不在日当の一五日分相当というのが一つの目安になる（以下、これを「踊り代金」という[11]）。

この二種類の金銭の徴収は近年まで行われており、こうした規則の存在が、青年の七夕踊への参加が義務と考えられる根拠となってきた。しかしこれらの規則を詳細に検討してみると、確かに七夕踊への参加を強く促す側面があるものの、参加を不可避的に要請する義務と考えるべきかどうかは疑問が残る。

前掲eの下手中青年団の「七夕踊規約」では、踊り代金を払うのは「抽籤ヲ外レタ者」となっており、他にも戦前の記録に限らなければ、踊り子を抽選で決めるという規定をもつ集落は多い。一九六〇年代頃まで、各集落の青年団は現在とは比較にならない人数の団員を抱えており、太鼓踊りの踊り子を務めるべき年齢（一般的に二三歳前後）の団員が多数いるような場合は珍しくなかった。そうした時に、一人ないし二人の踊り子が（長男であることや当人の意思が考慮されたうえで）選ばれ、外れた者は踊り代金を払うということになるのである。これを義務の不履行と考えるのは道理に合わない。

また、踊りの当日前後に参加しない団員が徴収される日当に関しては、踊りの規則の中に含まれている例もあるにせよ、七夕踊以外の青年団の活動に対しても、同様に不参加の代償として日当が取られることは珍しくない。したがって、準備や後片付けを含む七夕への青年の参加を、青年団の共同労働ととらえれば、日当はあくまでその不足を補填するものであって、必ずしも七夕踊だけに課せられたものではない。

つまり、日当にせよ踊り代金にせよ、それらは諸々の理由で参加しない（できない）青年が払う代償と考えるのが適切であって、義務の不履行に対する制裁という意味合いは持たなかったのではないかと考えられる。

そのことはまた、踊り子をさまざまな理由で回避する青年が意外に多いという、青年団の記録から読み取れる事実を説明する。たとえば七夕踊参加集落のひとつであった中原青年団の日誌の一九三四（昭和九）年七月二〇日の条には、踊り子を選ぶに際して次のように書かれている（原文中の個人名は伏せた）。

三、七夕踊子の件

いろくな案は出たが定まつたことはなかつた。踊子が三人供金で済ますといふので、峠の□□□□に問ふて見るよう協議　一人は□□□□に頼もうといふ案であつた

「踊子が三人供金で済ますといふので」という表現からは、止むを得ない事情があって引き受けられないというよりも、代金を払うことで踊り番を回避することを認める雰囲気が、当時はあったのではないかと拝察される。さらに島内青年団の「七夕踊ニ関スル規約」には、踊りが嫌なら踊らなくても良いということを示唆する次のような規則も存在する。

踊子ニシテ踊ヲ嫌ヒテ断ルモノハ金拾五円ヲ徴収シ青年ハ次ノ番ノ者ニ譲ルモノト定ム。（傍点筆者）

こうしたことを考え合わせると、青年団が組織化された大正から昭和戦前の時期において、青年団にとって七夕踊がその主体性を発揮する重要な活動であり、青年団員たる者はこれに参加すべきという規範が存在したことは認められるものの、その一方で、現実にはさまざまな理由で参加しない者やできない者が相当おり、それが規則の適用によって認められていたことが理解される。(12)

（3）「日当」「踊り代金」徴収の意味

不参加は金銭の徴収によって補われた。後述するように、戦後になってこの金銭の徴収が「罰金」とみなされるようになるのだが、この当時の事情を考えたとき、果たして「罰金」と考えることが妥当であるか疑問が残る。

前に「踊ヲ嫌ヒテ断ルモノ」の規則を引いた島内青年の七夕踊の記録には、一九二九（昭和四）年に次のような記述がある。

□□□□、□□□□□、□□□□□ノ四名ノ者踊断料トシテ金拾五円ズツ貰フ
計　六拾円也
昭和四年七夕踊リニ着物一揃九円五拾銭ジツ二人分拾九円也ヲ買求ム
同ジク踊リニ刀三本金五円七拾銭也ヲ買求ム
小計金貳拾四円七拾銭也

一人ないし二人の踊り手を選ぶのに四人が「断り料」を払って辞退しており、その代金が規則の通り一人当たり一五円（合計六〇円）である。一九二九年当時の銀行の初任給が七〇円（週刊朝日　一九八八：五二）とされていることからすると、鹿児島の農村であることを考えても相当な金額であると思われるが、注目すべきはその直後に、踊りに必要な衣装や道具をさっそく購入した

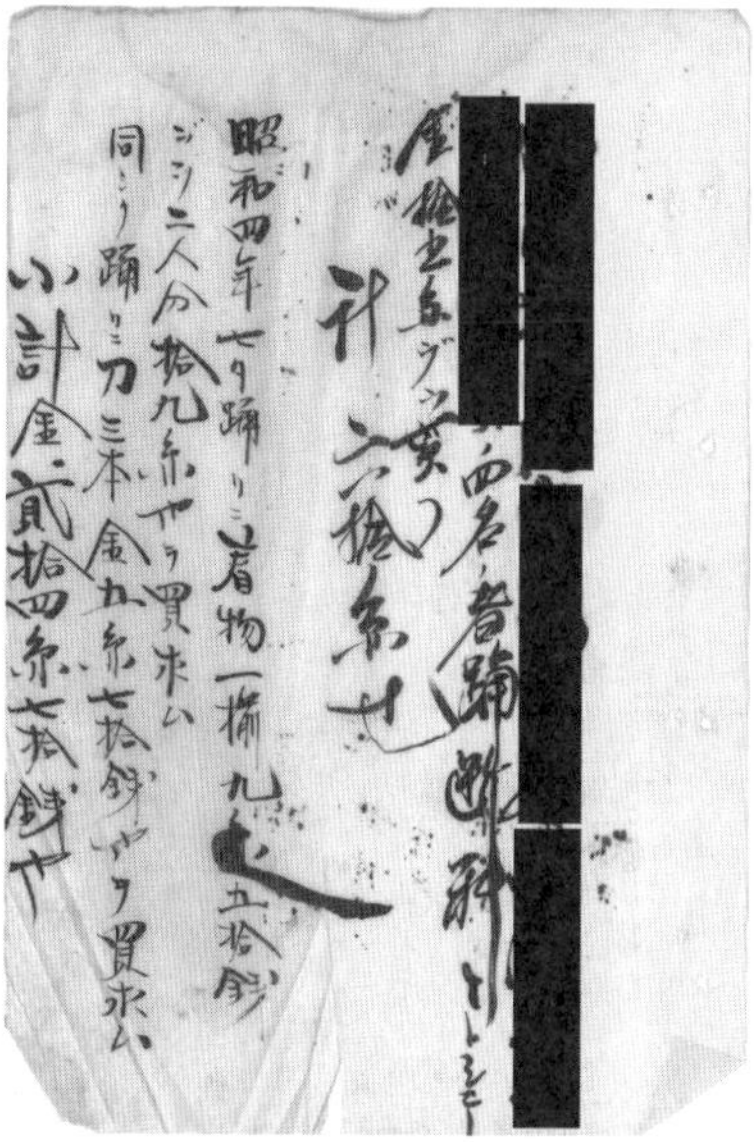
[redacted] 四名者踊断料トシテ
[redacted] 金拾五ズツ貰フ
計　六拾円也
昭和四年七夕踊リニ着物一揃九円五拾銭
ジツ二人分拾九円也ヲ買求ム
同ジク踊リニ刀三本金五円七拾銭也ヲ買求ム
小計金貳拾四円七拾銭也

写真 6-1　島内青年団の七夕踊記録（抜粋）

ことが記されている点である。

参考までに、この年の島内青年の踊りにかかる入費の収支は次のように記録されている。

広皮紙	三十枚	金	三十銭
色紙		金	十銭
紅柄	一箱	金	七十五銭
畳糸		金	十二銭
麻糸	一カナ	金	十銭
銀白紙	三枚	金	六銭
麻	百七十五匁	金	八十八銭
ス煙	一袋	金	二十銭
針	五本	金	十銭
乾麻	八手	金	五十六銭
棕梠皮	二十枚	金	三十銭
ローソク	半斤	金	三十銭
焼酎	二升	金	五円四十銭
小計		金	六円十七銭

借物之部

カツボシ(13)	三ツ	金　十五銭
小計		金　十五銭

庭上之部(14)

素麺	二百把(カ?)	金　三円十銭
更目砂糖	三斤	金　六十九銭
酢	五合	金　二十銭
醤油	二升	金　八十銭
薪代		金　三十銭
鰹節	三個	金　三十銭
小計		金　五円三十九銭

不在者　十名(一人ニ付キ二円ヅッ

計　二十円也

最後に記されている通り、この年の不在者の日当が一〇名分で二〇円であるのに対し、支出の総額は一一円七一銭である。この頃の島内の不在者は例年一〇名から一五名程度なので、経常的な踊りの費用は、おおよそ不在者の日当で賄われ、毎年多少の余剰金が出るという感じである。それに対して踊り代金は、計上されていない年もあれば（断った者がいなかったと考えられる）されている年もあり、昭和四年の四名分はこの頃でも突出して多い。すると、踊り代金は青年団にとっては臨時収入であり、こうしてまとまった収入が得られた際に、衣装や道具の修理や新調が行われていたのではないかと思われる。

ところでこの収支を見ると、踊りにかかる収入は、不在者の日当と踊り代金の他には全く無いということに気がつく。当然のことながら、踊りをするには人手も必要であるが金も必要である。ということは、もし仮に青年団員の全てが踊りに参加したとすると、果たしてこの踊りは実施できるだろうか。むしろ、七夕に参加せず、日当や踊り代金を納める者が一定の割合いることで、はじめてこの踊りの継承のしくみは成立していたと考えるのが妥当ではないか。

こう考えてみると、一見すると「青年たるものは踊るべき」という規範とは矛盾するような、踊りを回避するための規則や、不参加に対する青年内の寛容にも思われる態度などにも納得がいく。それどころか、客観的に見れば、参加しない者も金銭を納めるというかたちで踊りの実施や維持に貢献していたとさえ言えるのではないか。

地域の青年の中には、当然のこととして、踊りが好きな者もいればそうでない者もいたはずであるし、さまざまな個人的事情によって、積極的に参加できる者もいればそうでない者もいただろう。各集落の青年団という組織を参加主体とすることは、そうした踊らない／踊りたくない青年を含めた個別の事情をその内部で緩衝する役割を果たし、結果として個々の青年の踊りとの関わり方にいくつかの選択肢を与えつつ、全体としての七夕踊の実施と継承を持続的かつ円滑にする機能を果たしていたのだと理解できる。

もちろんその機能が十分に発揮されるには一定の条件がある。多少の不参加が生じても踊りの実演に支障をきたさない程度の人員的な規模が必要であることは疑いなく、また青年団の活動が七夕踊のみではなく、多様な活動が存在していたことで、七夕への不参加の埋め合わせの機会が多くあったこと[15]も、こうした機能が効果的に果たされる条件となっていただろう。

四、昭和三〇~四〇年代の七夕踊と青年団

(1) 戦後の大里地区の青年団の変遷

七夕踊参加集落の青年団は、戦後の復興を青年が中心となって進めていこうという意気に燃えていた。寺迫青年団は一九四六年にさっそく規約を改定し、一九四七年には新しい青年舎を建てた。同年には、下手中青年団も青年舎を新築した。その下手中青年団が終戦後にまとめたと思われる「下手中組青年団規約綴」の冒頭には「下手中組青年団(二才)精神」と題する檄文が綴られている。以下はその一部である。

徹底的ノ自由民主ノ思想滔々トシテ動モスレバ日本古来ノ伝統ト美風トヲ失セントス人心亦之ニ伴ヒ軽佻浮薄ノ思想モ蔓延セントスルニ至レリ然レドモ茲ニ我等ガ「二才」のハ之等俗悪ノ世相ノ中ニ厳タル日本精神ヲ益々鞏固タラシメントシテ毅然タル態度ヲ確保セントス

かように終戦直後の集落の青年団には、戦前の青年団の美風や精神を継承しようという意識が存在していた。しかし一方で、一九四六年に市来校区青年団（大里を含む市来小学校区の部落青年団の連合組織）が再建され、翌一九四七年には市来町連合青年団（旧市来町の川上青年団と市来校区青年団の連合組織）が設立された。これらはやがて一九五一年五月発足の日本青年団協議会の傘下に連なる官製青年団組織であり、戦後の青年団の自主化・民主化を進めていった（市来町郷土誌編集委員会 一九八二）[16]。両者は、戦後の荒廃から青年の力で復興を目指すという意味では、同じ目標を掲げていたと言えるだろうが、その依って立つ考え方にはズレも生じていた。そして新しい時代の青年団のあり方を模索した官製青年団組織は、皮肉にも、青年団という組織そのものの存在意義に疑問を持つようになり、この後急速に力を失っていった。

旧市来町では、終戦直後に復員軍人や引揚者によって一時的に人口の大幅な増加を見た。これによって青年団員の数も増加し、一九四九・五〇年頃までの青年団活動は盛んであったという（市来町郷土誌編集委員会 一九八二：五一〇）。七夕踊についても、こうした青年団の盛況を受けて一時的に活性化したものと思われる。大里の七夕踊は、戦後は一九四五年の敗戦の年を休止したのみで、翌年にはさっそく復活を果たした。

　島内青年団の七夕記録によると、一九四六年には不在者二名、一九四八年は不在者七名、一九四九年も不在者七名（一九四七年は不明）と、戦前と比較すると不在者の数が減っている。その結果、物価の上昇も相まって、七夕踊および庭上がりにかかった費用を不在者の日当を主とした収入では賄えず、一九四六年と四七年には、毎月徴収する青年団費より補填している（四八年と四九年も支出が収入を上回っているが補填の記載はない）。

　このような状況が変化を迎えるのは、一九五〇年代になってである。戦中の八千人台から、復員・引揚者を迎えて一九四六年には一気に一万一千人台となった旧市来町の人口は、一九五五年に一万人を割ると、その後は急速に下降していった（市来町郷土誌編集委員会　一九八二）。

　とくに大きな問題は、出稼ぎ先への定着が一般化したことである。大里では戦前から、狭隘な耕地しか持たなかったことから農家の出稼ぎは珍しくなかった。しかし明治末から大正期にかけての出稼ぎは、仕明人夫や樟脳たき、製塩などといった季節労働であり、昭和恐慌期ごろに徐々に工業（とくに関西方面の造船業）や土木業などにシフトし、出稼ぎ先への定着が増えていった。ただしこの昭和初期の出稼ぎ者は、第二次世界大戦中に多くが従軍し、終戦後には帰村したとされる（服部・中野一九五七）。そして戦後の混乱が一段落すると、再び遠方に職を求める者が増え、それが高度経済成長の機運に乗って、結果的にそのまま帰村しない出郷者となっていった。

　この状況は、青年を焦点として考えた場合、単純な人口流出や過疎とは異なる複雑な問題となる。

というのも、青年団への入団年齢（一般的に一五歳）の時点では、彼らは村内の在住者として各集落の青年団に入団しており、団員としてのメンバーシップは退団するまで消えることがない。出稼ぎ者の多くは、団員として籍を残したまま、学校教育を終了する二〇歳前後で他所へ転出する。そしてその後に帰郷するか否かは、出先で所帯を持つとか、終生の職を見つけるなどの理由で、青年団を退団する前後の二〇歳代後半から三〇歳代になって、結果としてしか判明しないからである。青年団員である期間は、その狭間にあって、集落の構成員であるか否かが曖昧な状態の「不在者」となる。かように集落の青年団員でありながら、ほとんど青年団の活動に参加しない（できない）不在青年の割合が多数を占めるような状況が、いわゆる団塊の世代が青年期を終える昭和五〇年代初頭まで続く

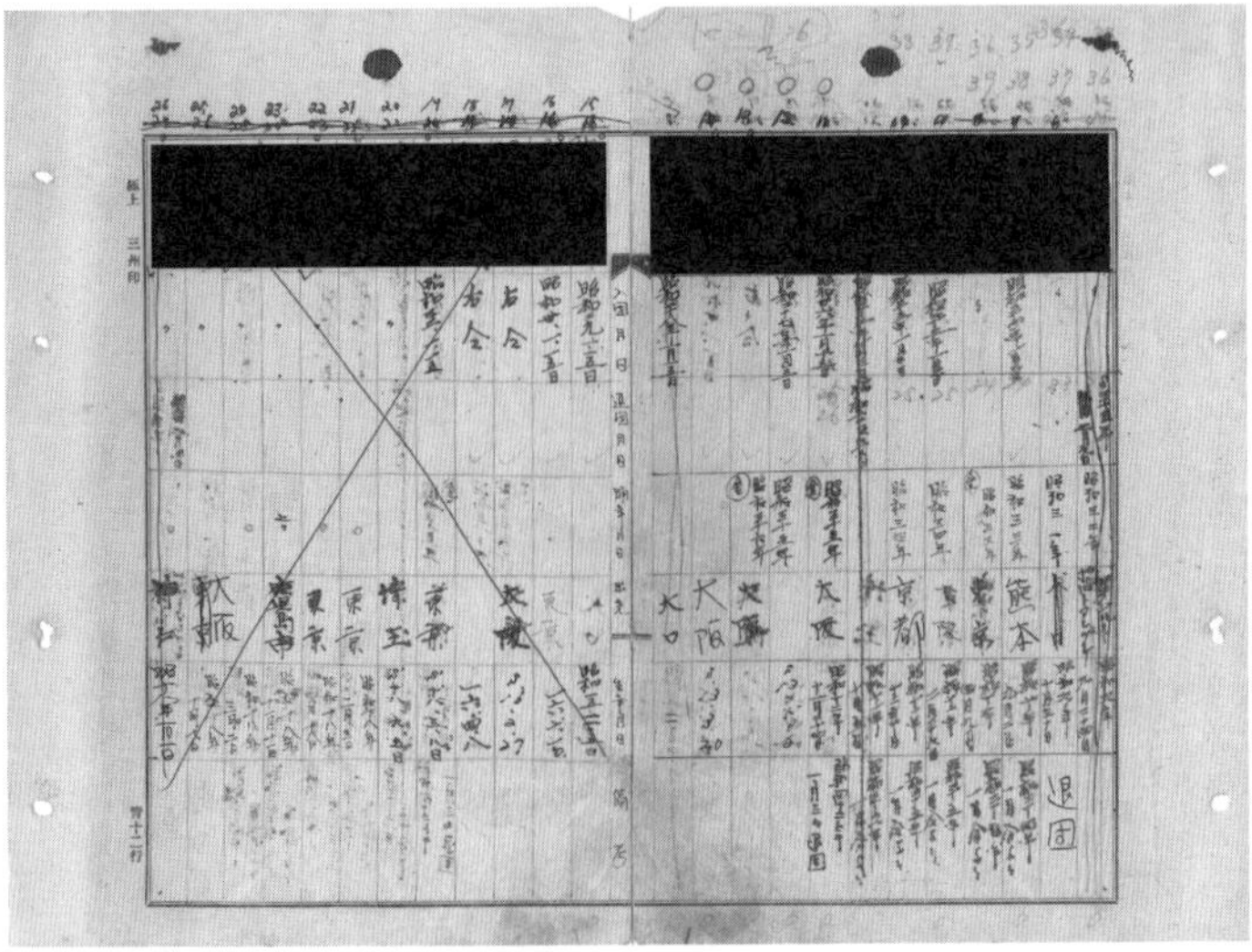

写真 6-2　中福良青年団の団員名簿（抜粋）

のである。この昭和三〇～四〇年代を、七夕踊と青年団の関係を考える第二の時期として検討したい。

中福良青年団では、一九二八（昭和三）年入団者以降の青年団員名簿を保管している。名簿には「氏名」「入団年齢」「退団年齢」「踊年」が記録されている。この名簿は、一九四七年入団者でいったん途切れ、同年から新しい書式の新名簿（最年長は一九三四年入団者）に移行したが、この新名簿から記載項目に「出先」という欄が設けられている。戦中の一九四五年までの入団者（三五人）には、出先欄に記載がある者はそれほど多くなく、「軍人」一人、朝鮮一人、大連一人、大阪一人、東京三人の計七人である。ところが戦後に入団した団員では、出先欄の記載が急激に多くなる。名簿に記載されている一九四六年以降に入団した三四人の団員のうち、二二人が出先欄に何らかの記載があり、ブラジル・ポルトアレグレーと記された一人を筆頭に、東京、大阪、神戸、京都、埼玉、熊本、鹿児島市、大口（現鹿児島県伊佐市、筆者注）など、出先は全国各地に広がっている。青年団への入団が一五歳であり、出稼ぎに出るのが二〇歳前後だと仮定すると、やはり一九五〇年代以降に出稼ぎ者が急増したことが分かる。

また、筆者自身がかつて紹介したデータだが、七夕踊参加集落のひとつである寺迫青年団が所有する「七夕踊日記帳」の、一九四七年以降の記録から作成した青年団員の七夕への参加割合を見ると、昭和三〇年代から四〇年代では、おおよそ五〇～六〇％の参加率で推移しており、実際に五〇％を下回っている年もある（俵木 二〇一〇：八一）。当然、この不参加率の高さは出稼ぎ者の多さと無関係であるはずがなく、例年三五～四〇人ほどもいる団員の半数近くが、七夕に参加できないという状況が常態化していたことが読み取れる。(17)

（2）踊りの最盛期であり、動揺期

この昭和三〇年代から四〇年代は、現在話を聞くことのできる地区の年配の男性の多くが青年期を過ごした年代である。彼らから当時の七夕の思い出を聞くと、「楽しかった」「凄かった」といった肯定的な評価を聞くことが多く、中には「七夕の最盛期」であったと言う者すらいる。もちろんその評価には、自らの青年時代が美化されて想起されたところがあるだろうし、後に見る現在の七夕踊りの苦境との対比からの印象でもあるだろう。それでも、青年の半数もが参加していなかった七夕が「良き時代」として語られることの要因は、一考の余地がある。

そのような肯定的な評価の一要因として、かつての郡青年団・町青年団にあたる上位機関が弱体化し、一九六〇年代頃には実質的に崩壊していたことが考えられる。『市来町郷土誌』によると、一九五二・五三年ごろから青年団の活動に懐疑的な議論が団員の中からも出始め、一九六二・六三年ごろには町内の過疎化につれて団員数が減少し、さらに団員も戦後教育を受けたものに入れ替わって活動は低調になった。そして一九六〇年代後半には、市来町青年団は存在していたものの、それにつながる地域または部落の青年団は無くなったとされる（市来町郷土誌編集委員会 一九八二：五一〇）。ただし大里地区の場合は、七夕踊の参加主体としての各集落の青年団はこの後も存続していた。この記述からは、この時代に町青年団の下にあった支部がなくなり、大里の各集落の青年団は、町青年団などの官製青年団組織とは完全に切り離された存在になっていたことが読み取れる。

これによって、青年団の活動に対する上意下達的な指導がなくなり、かつて青年団の中心的イデオロギーだった修養の精神の支配力は弱まった。講習会や夜学、奉仕活動などは行われなくなり、結果的に青年団は親睦団体化し、その活動はほとんど七夕踊に特化されていった。

さらに、出稼ぎなどで七夕に参加しない不在青年が多いということは、それだけ踊り代金や日当などが集まることになる。地元に残って七夕に参加する団員にとっては、それが自分たちの思う通りの七夕を実現するために使える資金になったのではないか。

これに関して、筆者が堀集落のある男性に聞いたライフストーリーは興味深いものだった。一九四六年生まれのその人は、高校を卒業して一九六五年に大阪の会社に就職した。しかし最初の赴任先であった長野県の岡谷の寒さに嫌気がさし、翌年の七夕に帰郷するのを機に会社を辞めた。戻ってみたら自分より上の団員は全員他所に働きに出ており、結果的に彼はその後の九年間、ずっと青年団長を務めていた。彼が団長として行った最大の功績は、七夕のアガリに、それまでソーメンしか出さなかったのを、焼肉かすき焼きにしたことだという。不在者が多く、日当の収入が潤沢にあったからできたことだった。当時まだ焼肉は滅多に食べられなかったので、他の集落にもこれを真似たところが多くあったという。こうしたことも、七夕が楽しみの機会として想起される一因であろう。

また、神戸女子大学古典芸能研究センターの喜多文庫民俗芸能資料データベース[18]には、一九六八(昭和四三)年に七夕踊を現地調査した民俗芸能研究者、喜多慶治が撮影した写真が多数収められており、昭和四〇年代の七夕踊がどのような雰囲気だったかを伝えてくれる。

いくつか例を挙げると、現在は見ることのできない作り物の姿を捕らえた写真がある。そのうちひとつは、大きな籠状の笠に色紙の房を取り付けた、兜（カットガサ）と呼ばれるシンプルな作り物である。これは現在も多くの年配者が覚えており、四体の動物などのメインの作り物にあぶれた団員の役だという。出稼ぎなどに出ていて本番直前に帰ってきたような団員でも、練習もそこそこに演じることができる簡易な出し物であった。ところがさらに興味深いのが、その兜に混じって、奇妙な生物の姿をした作り物が写っている。これは特撮ドラマ「ウルトラQ」に出てくる怪獣カネゴンで、おそらくこの年に一度だけある集落の青年たちが作ったものだという。カネゴンであることに特段の意味はなく、たんに「流行っていて、面白そうだから」作ったのだという[19]。ある意味で風流の精神がよく発揮されており、七夕がそうした青年の遊び心を受け入れる場であったことを表していると言えよう。

写真 6-3　カネゴンの作り物
出典：神戸女子大学古典芸能研究センター所蔵

もうひとつ注目したのは、作り物や行列物に参加している青年の多数がサングラスをかけていることである。現在の七夕踊りでは、真夏の日中の踊りとはいえ、サングラスをかける青年など全くおらず、仮にかけて出ようとしたなら叱責されるだろう。だが当時はそういった規範意識は無かったようである。祭りの青年には華飾がつきものではあるが、七夕踊もそうした洒落っ気が表出される場であっ

写真 6-4　サングラスをかけて踊りに参加する青年
出典：神戸女子大学古典芸能研究センター所蔵

たことがうかがえる。

つまり、これらの資料から読み取ることができるのは、当時の青年にとって七夕踊が、堅苦しさの少ない、享楽的なハレの機会だったということである。こうした七夕の記憶が「楽しい思い出」として語られるのは不思議ではない。

ただしそれは、この時代に実際に七夕に参加していた人びとの姿や記憶から得られる印象である。一方でこの時代は、青年団単位で七夕への参加の是非が問われるような動揺の時期でもあった。

寺迫青年団の「七夕踊日記帳」には、一九五九（昭和三四）年と六〇年に「七夕踊に参加せず」とだけ書かれている。また一九六七年には島内青年団が参加しなかった顛末を、『南日本新聞』の記事が伝えている（一九七九年九月一二日版「かごしま探検」）。どちらもその原因は、当時の青年団の中に七夕への参加に懐疑的な団員がいたことが挙げられるが、とくにその年の青年団長の判断が参加／不参加を左右した。前述した官製青年団組織の弱体化や、七夕踊りそのものの享楽化とも相まって、青年団単位で七夕に参加することに意義が見出せないと考える者が、この時代に増えつつあったことも見逃してはならないだろう。

(3) 在郷青年と不在青年の利害の二分化

この時代に七夕に積極的には関わらなかった代表的な存在は、言うまでもなく、就学や就職で地元を離れた不在青年たちである。前述の通り、この時代にはそうした青年が団員総数の半数近くをも占めていた。当然その中には、七夕踊が好きな者もいれば嫌いな者もいただろう。しかしそうした個人的な嗜好や事情を超えたところで、在郷青年と不在青年の間に、七夕にかかわる利害の格差があったことを考慮する必要がある。

一般的に青年団が不在日当を課すのは踊りの当日とその前後の三日間である。現在こそ踊りの開催当日は日曜日とされているが、一九七二(昭和四七)年までは新暦八月七日[20]、さらに一九六七年までは旧暦七月七日が固定の開催日であった。つまり昭和四〇年代までは、この三日間が全て平日にあたることも珍しくなかったのである。盆の休暇の前にさらにまとまった休暇を取ること、しかも当地の慣習を知る由もない会社に、伝統行事への参加を理由に休暇を申請することが、遠方に働きに出た青年にとってどれだけ困難だったかは容易に想像できよう。仮に休暇が取れたとしても、東京や大阪をはじめ全国各地に出ていった青年たちにとって、八月に鹿児島に帰郷する旅費はどう考えても安くはない。遠方で働く青年には、たとえ七夕に参加の意思があったとしても、帰郷する旅費を工面するくらいなら、不在日当を払う方が安上がりだと判断されたとしても仕方のないことだろう。

さらに太鼓踊りの踊り番を務めるとなると、本番前の一週間のナラシに毎晩参加することが条件となる。地元の者であれば、夜の八時頃から行われるナラシには、終業後にでも間に合うであろうが、地元を離れた不在者であれば、一〇日間ほどの連続した休暇を取らなければ、現実的に務められないということになる。

このように、同じ「踊りに参加する」という務めを果たすために課される条件が、在郷青年と不在青年では大きく異なるのである。参加しない／できないことを日当や踊り代金を納めることで埋め合わせるのは戦前と同じであっても、それが本人の意思とは無関係の条件に左右されるところから、不在青年にとってはこの金銭の徴収が「理不尽な負担」と感じられ、ひいては踊りに参加しない制裁としての「罰金」と受け取られるようになったのではないか。[21] ましてその金が、地元に残った青年の楽しみのために使われているとなれば、その不公平感はますます強く感じられることになろう。

一九七一年の七夕踊りを調査した真鍋隆彦は、「負担金[22]の徴収は止むを得ないとしてはいるものの、これに対する不満が潜在しているとみられる」（真鍋 一九七二：二五八）と述べ、「負担金がなければよい」「太鼓踊りさえなければよい」といった青年の声を拾っている（真鍋 一九七二：二六二）。このような「負担」が七夕の妨げになっているという理解から、島内集落では、前に紹介した一九六七年の不参加の後、七夕への参加主体を青年団から「七夕会」に移行し、踊り代金を徴収することをやめたという。[23]

このような不在青年の中には、後に帰郷して現在も大里の住人となっている者がそれなりにいることも忘れてはならない。彼らはこの頃の印象から、七夕踊そのものに対して好意を持つことは難しいであろう。そして彼ら帰郷者の子孫世代も、同様の価値観を受け継ぐ可能性が高いのは否めない。

（4）「青年の修養」に代わる価値としての「伝統文化」

この時代にもうひとつ指摘しておくべきことは、ここまで述べてきたような経緯で「青年の修養」のための踊りという価値が揺らぐのと入れ替わるように、新たな七夕踊の伝承を支える価値が浮上したことである。

一九六一（昭和三六）年に、七夕踊りは鹿児島県の無形文化財の指定を受けた。これによって、町からは補助金が支出されることになった。筆者の管見の限りでは、一九六三年の下手中青年団の会計簿の収入に「七夕踊助成金」として六六〇円が計上されているのが最初である。[24] ただし翌年の決算書を見ると、七夕に関する収入は、日当が一万四千五〇〇円、七夕踊依頼金（踊り代金）が四千円なので、この時点での助成金が各集落青年団の七夕の運営に寄与するところはほとんどなかったであろう。

しかしこの後、七夕踊は一九七〇年の大阪万博への出演、同年に国の記録作成等の措置を講ずべき無形文化財への選択、一九七九年に鹿児島県の無形民俗文化財指定、そして一九八一年に国の重要無形民俗文化財指定と、地域の伝統文化としての価値を大いに認められていく。これに伴い、市来町およびいちき串木野市からの補助金は徐々に増額されていき、現在はこの補助金が踊りの運営の大きな財源となっている。こうして踊りの実施に必要な人と金のうち、後者が行政的な補助金に支えられていくことで、課題は人（の不足）の問題に焦点化されていくことになる。そして仮にそれが青年の手を離れたとしても、地域の伝統文化として残していこうという考え方の下地を形成することになる。

五、平成二〇年以降の七夕踊と青年団（からの離脱）

（1）青年団主体での踊りへの参加の限界

第三の時期として検討したいのは、二〇〇八（平成二〇）年から現在までの期間である。この期間は、筆者自身が継続して実地調査を行っている期間であり、それと同時に、いよいよ青年団を主体とする七夕への参加が限界を迎えた期間でもある。二〇〇八年から二〇一五年の大里七夕踊の存続へ向けた取り組みについては、すでにかなり詳細に論じたことがあるので（俵木 二〇一六）、ここではそれに直近の二〇一八年までの経緯を加えて、要点をまとめて述べる。

二〇〇八年に、参加集落のひとつである中原が太鼓踊りの踊り子を出すことができなかった。一四集落での踊りが定着して以来、踊り子を出す意志がありながら出せない事態が生じたのはこの時が初めてだったという。中原集落は、一四集落の中で人口規模は中程度であるが、筆者の手元にある一九五六年からこの事態が生じた二〇〇八年までのデータでは、人口および世帯数の減少が最も著しい集落であった(25)。

実は中原集落では、すでに二〇〇三年の公民館臨時総会において「部落踊り」への移行を検討していた。「部落踊り」とは、青年団という組織や、青年という年齢・資格にとらわれず、集落の有志が結束して踊りに参加するという意味で、この頃から使われ始めた言葉である。この時それは実現しなかったものの、同年の七夕に際して中原の青年団代表は、集落住民に対して協力を要請する文書を回覧した。この事態を受けて、近い将来に青年団主体での七夕踊りが実行できなくなるとの懸念から、各集落青年団をサポートする目的でその二年後に発足したのが大里七夕踊保存会であった。

翌二〇〇九年は、中原集落は踊り子を出したものの、今度は払山と松原が、両集落合同で一人の踊り子しか出せなかった。こうして一四集落から各一人の踊り子によって構成されるのが原則であった太鼓踊りは、欠員が常態化していった。

二〇一〇年は、宮崎県の農場で発生した口蹄疫の被害が、ウシ、ブタなどの生産が盛んな鹿児島県にも大きな影響を及ぼしており、数は少ないながら畜産農家が存在する大里でも、七夕踊の実施の是非が問われた。七月に入っても事態が沈静化しなかったことから、保存会は七月一一日に開催した臨時総会でこの年の七夕踊の中止を決定した。戦後、七夕踊が中止された年はこれが初めてだった。

二〇一一年は東日本大震災の影響で、各地の夏祭りに自粛ムードが漂っていたなか、前年中止していた七夕踊は予定通り開催された。前年の中止は口蹄疫の影響が直接の原因ではあるが、その背景には、露わになりつつあった慢性的な疲弊状況があったと考えられる。しかし一度中止を経験したことが、今後の継承に向けて何をすべきかを考えるきっかけとなった。この年、青年の不足に悩んでいた中福良集落が、青年団に代わって集落全体で保存会を組織し、踊りを継承していくことを決めた。この集落保存会方式は、「部落踊り」を実現する方法のひな形となり、後にいくつかの集落がこれを踏襲することになる、新たな参加主体の実現だった。

またこの年から、大里七夕踊保存会では、踊りの指導者として伝統的に各集落から選ばれていた庭《にわ》割《わり》に加えて、参加集落から一人ずつ「連絡員」を選出することにした。それまで庭割がほぼそのまま大里七夕踊保存会の役員として、七夕踊の実施にかかわる後方支援を一手に担っていたのに対して、その負担を軽減するとともに、各集落との連携を密にし、集落ごとの動静をより詳細に保存会でも察知する必要があったからである。この連絡員の中から、後述する改革において中心的な役割を担う者が出ており、その効果は大きかった。しかしこうした努力にもかかわらず、翌二〇一二年には陳ヶ迫集落が踊りから撤退した。

この年は新しい試みもあった。長らく青年団という男性の年齢集団と強く結びついていた七夕で、初めて女性の太鼓踊りが登場したのである。平ノ木場集落の庭割の娘だったその女性は、関係の深い堀集落の踊り子として参加した。さらに翌二〇一三年には、中福良集落の踊り子として、地区外から訪れていたダンサーの女性が参加した。わずか数年前には考えることもできなかった、女性の踊り子や部外者の踊り子が、青年の不足を補う救世主となるかと期待されたが、しかしこの二年の後、女性が続くことはなかった。

この二〇一三年には、池ノ原集落も太鼓踊りのみの参加で、行列物の薙刀踊りを出すことができなかった。もはや各集落が個別に人手不足に対処していては、脱落する集落が増えるだけなのは目に見えていた。

(2) 内発的な改革

二〇一二年の七夕の後、ある庭割が「七夕踊りの伝承・発展に向けて」と題した文書を作成した。そこには、保存会とは独立して七夕にかかわるさまざまな立場の者を集めた「検討会」を作り、保存会に七夕踊り継承のための提言を行う案が示されていた。さっそくこれが実行に移され、庭割・青年団代表・連絡員からそれぞれ四人のメンバーを選んで、同年九月三〇日に第一回「七夕踊り継承のための検討委員会」が開催された。以後、二〇一三年三月三一日までに六回の検討会を開催した。その後、検討会は保存会内に「七夕踊り小委員会」と位置づけられ、二〇一三年四月の保存会総会に具体案の提案を行い、その実現に取り組み始めた。

小委員会の提案に基づき、二〇一三年には多くの新しい取り組みが行われた。具体的には、①それまで踊り当日の二週間前に開催していた踊り相談[26]を二カ月前に実施した、②宣伝用ポスターを作成した、③写真コンテストを開催した、④地元の小・中・高等学校に協力を依頼した結果、市来農芸高校のサッカー部員一七人が当日の行列物の踊り手として参加した、などである。なお、ポスター作成と写真コンテストの実施には、地区内で『七夕』ブランドの焼酎を製造販売している田崎酒造がスポンサーとなった。七夕踊が公的に企業の協賛を得たのはこれが最初だった。

この新たな取り組みは一定の成果を上げ、当面の窮状を打破する改革につながると考えられた。七夕踊り小委員会は、二〇一四年四月に保存会に対して「七夕踊り実行委員会の設立についての答申」を示し、この取り組みを持続的に推進していくために、保存会内に「寄付金部」「対外協力要請部」「広報・宣伝部」の各実行委員会を設けるという組織改革を提案し、保存会もそれに従った。小委員会が出した答申には、「今、踊りを青年団だけでは奉納出来ません。七夕踊りを奉納する集落の住民はもちろん、これまで七夕踊りに縁もゆかりも無い方々への協力を求める必要があります」との文言があった。寄付金は経済的支援、協力要請は演者の確保、広報宣伝は観客の誘致と、外部との連携・協力によって踊りを継承していくことが目指された。

とくに集落ごとの人員の不足に対しては、対外協力要請は目覚しい成果を上げた。二〇一四年には市来農芸高校（以下、農高）の三〇人を中心に総勢三八人、二〇一五年には四五人（うち農高二五人）、二〇一六年には二七人（うち農高二四人）、二〇一七年には四九人（うち農高二二人）の外部協力者が踊りに参加した。踊り手の総数の五分の一ほどが外部協力者にまでなり、実質的に彼らがいなければ七夕踊は成り立たないといっても過言ではない状態になった。作り物や行列物はこれらの外部協力者の助けを借りて、また太鼓踊りは部落踊りとして、青年にこだわらず集落内で可能な者が担当するというかたちで参加することが一般的になりつつあった。

（3）外部協力者というジレンマ

ところが協力者が最大に増えた二〇一七年の七夕は、この状況の危うさを感じさせることにもなった。この年の七夕踊は八月六日（日）に開催の予定だったが、長期間太平洋上をさまよっていた台風5号が、前日の五日（土）になって九州南部に接近、翌日には上陸の予報が出ていた。金曜日のナラシの時点で、保存会は中止を含めた対策を検討していた。

このプロセスで大きな問題となったのは、外部協力者への対応だった。遠方から参加する協力者も少なくなく[27]、台風が迫り交通機関も乱れるなか、無理をして来てもらい、作業をしてもらって怪我でもあったら申し訳ない。結局保存会では、当日の開催可否が未定のまま、土曜日の段階で外部協力者の全てに参加を取りやめてもらうと決めた。そうなると今度は、確実に協力者の全員にそれを連絡する必要があり、彼らのために用意した弁当や送迎の手配などをキャンセルする必要もある。さらに、もし当日晴れて踊りを開催することになった場合、外部協力者抜きでどのように実施できるかも考えなければならない。ただでさえ混乱したなかで、短い期間に応急の対応に追われて保存会役員らは奔走した。

結局、踊り当日の朝五時半に役員が集合し、この年の踊りは、屋根のある施設の中で太鼓踊りだけを奉納するという略式で実施することを決定した。翌日の庭上がりで、保存会長は「皆よく収めてくれた」と涙を浮かべて頭を下げていた。

外部協力者が増えるということは、それに応じる負担が地元の担い手にかかってくることにもなる。それはこの時のような非常事態時だけではない。踊りの指導をし、衣装の着付けをし、飲食を提供し、怪我や熱中症の対策に気を配るなど、通常の踊りの実施においても同様である。そもそも外部の協力者は、自然と向こうからやってくるわけではない。保存会役員は春から彼方此方に頭を下げて回り、その段取りをつけているのである。人手が足りずに外部から協力を得ることで、もともとの担い手たちの負担がさらに増し、しかもその負担は、なんとか踊りを継承しようと奮闘する一部の人たちに、とりわけ大きくのしかかってきたのである。

この翌年の二〇一八年は、拡大する一方だった外部協力者が、総勢で一九人(うち農高一四人)と、それまでの半分程度に落ち着いた。農高の入学者の不振などもあり、意図して抑えられたわけではないだろうが、外部協力者に大きく頼るあり方にも検討の余地が出てきた雰囲気があった。

この年、メンバーがわずか三人になりながらも青年団での参加を続けていた下手中集落が、七夕に参加しなかった。その年の団長は、筆者の数年来の地元の若い友人だった。電話で不参加の理由について話をするなかで、彼は「周りの人たちに負担をかけてばかりで続けるのは納得がいかない」ということを語っていた。それは、本当に踊りが「自分たちのもの」だと感じている者からしか出てこない意見だろう。

六、まとめ──責任の分掌のしくみと、その均衡の喪失

最後に、これまで述べてきた七夕踊の伝承と、その主体である青年団という組織の機能について、三つの時期におけるそれぞれのあり方の特徴を抽出し、比較することを試みたい。

大正時代から昭和戦前期までの七夕踊の参加主体としての青年団は、その内部に参加への態度に差

のある個々の青年を含みつつ、ひとつの主体として七夕踊に参加する団体だった。不参加に対する「日当」や「踊り代金」などの徴収は、むしろこの個別的事情を緩衝しつつ、参加の主体としての団体を形成するしくみであった。というのも（当人たちにそのような意識があったか否かはともかく）、不在者の払う金銭がなければ、青年団として踊りに参加することは経済的に適わないからである。理由がどうあれ、金銭を払って参加しない青年は、見方を変えれば、「金を払う」という別のかたちで七夕踊りを成立させる彼らの責任を果たしていたのである。そして集落の青年団は、踊りに参加する／しない個別の青年という存在の複多性を否定せずに、複数の集落が参加して成立する七夕踊という全体を成立させるひとつの中間的な組織として機能していたと考えることができよう。(28)

しかし昭和三〇年代になって、青年の多くが遠方に就学・就職するようになると、参加する／しないは個別の事情ではなく、在郷／不在という二つの立場に起因する度合いが高くなった。踊りに参加するための条件において、両者の格差が甚だしかったからである。さらに不在青年にとって、不参加に対する金銭の徴収は理不尽な負担であり、制裁的意味合いをもつ「罰金」と受け取られるようになった。こうして青年の七夕踊との関わりは二つの立場に格差をもって集約されるようになった。そして、とくに参加が意のままにならない青年たちに、受動的な義務感や負担感を募らせ、地元に残って踊りを楽しむ在郷青年との間の対立を感じさせたであろう。言い方を変えれば、踊りの継承にかかる責任が、彼らには不本意なかたちで負わされるようになったのである。

平成二〇年頃から、ついに青年団単位での踊りへの参加が現実的に困難になってきた。直接的な原因は青年の絶対数の低下だが、単なる人数の不足というだけでなく、少ない人数だからこそ、いかなる条件にあっても参加が強く求められる（不参加が許されない）重圧として残された青年たちにかかってきたところに、問題の切実さがある。

こうした状況に対し、担い手の内部から改革が実行されていったことは最大限に評価されるべきだろう。改革の方向性には大きく二つが考えられた。ひとつは現状の人・モノ・金などのリソースで実現可能なかたちに七夕踊を作り変えていくことであり、もうひとつは、踊りの様式は大きく変えず、それを維持するのに必要なリソースを新たに獲得して再編成することである。両者は二者択一ではなく、部分的に組み合わせて実行することも可能だが、本事例においては、どちらかといえば後者の方法がとられる場面が多かった。その最たるものが、外部協力者の存在であり、最近では外部協力者なしで七夕は実施できないほどに重要な存在になっていた。しかし一方で、外部協力者が多くなると、それだけ彼らに応じるための負担が担い手の一部に大きくかかってくる。人手の不足を埋めるために、それまでになかった責任が、すでに責任を負っている一部の者に重畳して負荷されるのである。

このように踊りを伝える責任という観点(29)から考えると、この変遷は、かつて団員の間で少しずつ違ったかたちで分掌されていた踊りを成立させる責任が、やがて少数の立場の間で偏って負わされると認識されるようになり、ついにはごく一部の者の肩に、それ以外の者との負担の格差が極度に拡大した過剰な重荷となって覆いかぶさることになったという、バランスの喪失の過程と理解することができる。それは、以前は責任分掌の調整機能を果たしていた中間組織としての青年団が、修養という理念の希薄化や、帰属の曖昧な不在青年の増加、活動の七夕踊りへの特化などによって、その機能を十分に果たせなくなってきたということでもある。

この困難を克服するためには、七夕踊の実施にかかる責任を、均衡を保って分掌する仕組みを再び構築することが求められるのだろう。外部協力者に頼りつつそれを実現するのも、筆者は決して無理だとは思わない[(30)]。しかしこのしくみは、かなりの時間をかけて構築されるものである。伝統は初めから伝統として構築されるのではなく、長い間に積み重ねてきたものが、一定の構造を持つものと認められるようになって初めて「伝統になる」のである。それまで現状の負荷の不均衡な状態で続けていくことが可能かは、全く予断を許さない。

注

(1) 二〇一九年四月から五月にかけて行われた三度の臨時会合での議論の結果、大里七夕踊保存会は、二〇二〇年の開催をもって現在のやり方での七夕踊りを休止するという判断を下した。この決断とそれに至る合意形成の過程を考察することは重大な課題であるが、実際に休止に至った場合にあらためて別稿にまとめたいと考え、本章では進行形のプロセスとしてこの問題を考察する。

(2) 一九一一(明治四四)年に湊は湊町に編入され、西市来村の大字湊町となった。

(3) 真鍋隆彦は昭和四〇年代の大里について、総世帯の約七五%が農家であるものの、経営耕地規模は小さく、兼業に頼らざるを得ない状態であるとまとめている(真鍋 一九七二)。

（4）大里における自治組織としての公民館の成り立ちについては真鍋の先行研究（真鍋 一九七二）が参考になるほか、筆者自身も若干の考察を行ったことがある（俵木 二〇一〇、二〇一六）。また、鹿児島県における自治公民館の成立と展開については、神田嘉延による一連の研究が参考になる（神田 一九九三、二〇〇一）。

（5）この踊りの概略については、小野重朗（一九九三）、木崎三平・木崎正森（二〇〇五）、下野敏見（一九八〇）などを参照のこと。

（6）官製青年団の成立と展開に関しては、熊谷辰治郎（一九八九）や平山和彦（一九九八）の著作を参照のこと。

（7）島内青年が七夕踊りを機に名称変更しているように、この踊りが青年団成立以前から青年（二才）にとって最重要の活動であったことは疑う余地はない。他にも、青年団が所有する戦前からの文書の大半が七夕踊に関連すること（役割分担や入費の記録）であり、たとえ七夕に直接関わらないことであっても、それらの文書の多くが七月七日日付をもって作成されていることは、七夕こそが全ての青年が会する最大の機会であって、団長の交代や規則の制定・改廃なども、この機会をもってなされることが多かったことを示している。

（8）この郷中教育の精神が強調されるようになったのは、むしろ官製青年団の成立過程において、「青年団のあるべき姿」として理想化されたからではないかと筆者は考えている（俵木 二〇一七）。

（9）この文書は作成された年が記されていないが、右下に「陸軍」と印刷された原稿用紙を用いていることから、昭和一〇年代に書かれたものと推察される。

（10）下手中青年団の決算書類に次の記載がある。

一金　参拾五円也

右ハ団員トシテ青年ニ踊ヲ依頼スル金額ヲ定ム

昭和拾七年度七夕

但昭和拾八年度ヨリ実施ス

（11）木場迫集落では戦前は日当を徴収しておらず、竹・縄・ソーメンなどの払い下げと、団員全員からの集金で費用を賄っている。また踊り代金は「寄付（寄与）」という名目で納められている。たとえば一九三七（昭和一二）年の「七夕踊記」の収入の部には「一、金参円也　□□□□氏青年上リニ当リ七夕踊不参加ニツキ□□□□氏ヨリ寄與サル」とある。

(12) ただし集落によって踊りを断ることを厳格に禁じている例もある。筆者の管見のうちでは門前集落がやや特殊で、一九一四年の「積立金規定・人名・集借台帳」には、「本二才中ニ於テ希望ニ依リ七月七日七夕踊ヲ左記ノ年割ニテ現金ヲ以テ終了ヲ行フコト」とあり、年ごと（断ってから退団までの年数か？）に金額が規定されている。しかしこれには大きく「訂正」と×印が上書きされ、一九三二年の「七月踊諸費一覧」に協議決定として、「本人以外ノ代理ハ親兄弟トシテモ絶対出来ヌ事」と記されている。このような改定の行われた理由は不明である。

(13) 他の年では「梶帽子」と書かれている。島内が出す作り物のトラを狩るトラ獲り役の者がかぶる帽子のことではないかという。

(14) 一般的に踊りの翌日に行われる慰労会のことを「庭上がり」、または略して「アガリ」という。

(15) 一九二七年から三八年の中原青年団の日誌や、各集落青年団の規約や帳簿などからは、夜学（補習学校）や講話・講習会などの教育・学習活動、分団ごとに設けられた角力部・剣道部・競技部・弁論部などの競技活動、縄練会や電灯料の徴収などの経済活動、夜警、道路の補修、公共施設の掃除、墓掘りなどの奉仕活動などが青年団の活動として行われていたことが分かる。

(16) 真鍋はこの時代の町青年団の展開を、『町誌』とは大きく異なって記している。それによると、一九四八年に部落青年団を主体として「青年団連絡協議会」が結成されたが、一九五三年に「連合青年団」と改称され、この時から男女を含む勤労青年の団体として、部落青年団とは切り離された組織になったという（真鍋　一九七二：二四七）。

(17) 真鍋の一九七一年の調査によると、当時七夕踊に参加していた一四集落の青年団の総団員数が四八三人に対し、不在者が二二五人、在郷青年の割合は五三・六％となっており、これを裏付ける（真鍋　一九七二：二四九）。

(18) http://www.suma.kobe-wu.ac.jp/kita/（二〇一九年八月三一日最終閲覧）

(19)「ウルトラQ」のテレビ放送は一九六六(昭和四一)年。

(20)一九七一年は例外的に八月八日に開催したが、これは開催を日曜日に合わせた最初の例であった。伝統を破るという批判もあったが、翌年から八月第一日曜に行うことに決定したという(真鍋 一九七二:二六三)。

(21)実際に、当時この不在日当を「罰金」と呼んでいたという話を複数の話者から聞いている。一九七一年に調査をした真鍋も、「負担金(いわば罰金)」と記している(真鍋 一九七二:二五〇)。

(22)真鍋は、負担金は二種類に区別されると述べ、本章で言う日当と踊り代金をともにこの言葉で指しているが、そもそも地元でこれらを「負担金」とは呼ばないことは、真鍋が各集落における個別の呼称を紹介していることからも明らかである。この呼び方に、真鍋が調査の中で感じ取った青年たちの「負担」という意識が反映されていると読むこともできる。

(23)真鍋は、島内では日当も徴収していないとしているが(真鍋 一九七二:二四九)、島内七夕会の「七夕祭記録」という一九七四年以降の収支簿や、一九八五年制定の「島内七夕会規約」によれば、七夕当日と前日の二日分の日当はその後も徴収している。ただし会計簿にはその収入は「寄付」という名目で計上されている。寄付とすることで、日当の制裁的意味合いを弱めたと考えられる。

(24)真鍋は指定のあった一九六一年から毎年二万円の補助金が出たと記している(真鍋 一九七二:二六一)。

(25)住民基本台帳データに基づく中原集落の人口・世帯数の推移は以下の通り。人口:三二〇人(一九五六年)→一一三人(二〇〇八年、増加率△六四・七%)、世帯数:六三世帯(一九五六年)→五三世帯(二〇〇八年、増加率△一五・九%)。参考までに一四集落の総計では、人口:三五四〇人(一九五六年)→一八四二人(二〇〇八年、増加率△四八・〇%)、世帯数:七〇〇世帯(一九五六年)→七三九世帯(二〇〇八年、増加率五・六%)。

(26)青年団長らが集合し、各集落のその年の踊り子が報告され、太鼓踊りの一番ドン・二番ドンが相談によって決められる。この日をもって当年の七夕踊りが具体的に動き出す日である。

(27)市来農芸高校は地元の高校ではあるが、一年間の研修入寮を義務とする寮制の農業高校で、学生は離島を含めた鹿児島全域から集まる。七夕の開催時期は夏休みであり、帰郷している生徒も多い。

(28)この見方は、林研三による、村と家の中間的な存在である家連合が、村の構成における単一性と複多性のバランスを取っているという議論(林 二〇一六)から着想した。また林の議論自体が、中田薫による「村の人格」(村民の人格は村という単一体の中に存在するものでありながら、それに融化されきらずに依然として自己の存在を保持している)の複多的全体性という議論(中田 一九七〇)に依拠している。

(29)「踊りを伝える責任」という観点は、アメリカの民俗学者ドロシー・ノイズによる、「伝統とは、責任を伝え継ぐこと」だとする見解から着想した。ノイズは当事者にとって、「根本的には、伝統とは、誇りの象徴でもなければ、人に見せるための遺産でもなく、やらなければいけない仕事である」と述べている(Noyes 2009: 248)。

(30)たとえば市来農芸高校のサッカー部や野球部は、すでに部員が代替わりするなかでも毎年参加しており、地元の担い手にも、彼らはある程度「当てにできる」という雰囲気がある。筆者は一度、参加できなくなった集落の出し物を今後継続的に彼らに引き継いでもらえば、と保存会に提案したことがある。しかし部の顧問が代わったり、校長の方針や、学校自体の入学者の増減に左右されたりする不確実さをもっと慎重に検討しなければという返答だった。

引用・参考文献

市来町教育会編、一九四一『市来町郷土史』市来町教育会
市来町郷土誌編集委員会編、一九八二『市来町郷土誌』市来町役場
小野重朗、一九九三「七夕踊り」『小野重朗著作集 南日本の民俗文化Ⅳ 祭りと芸能』第一書房
鹿児島県日置郡役所編、一九七四(一九二三)『日置郡誌』復刻版、名著出版
神田嘉延、一九九三「鹿児島県における村落構造と自治公民館」『鹿児島大学教育学部研究紀要、教育科学編』四五

――――、二〇〇一『村づくりと公民館』高文堂出版社
木崎三平・木崎正森、二〇〇五『ふるさとの伝承―鹿児島県市来町』（私家版）
熊谷辰治郎、一九八九（一九四二）『復刻版　大日本青年団史』日本青年館
下野敏見、一九八〇『南九州の民俗芸能』未来社
週刊朝日編、一九八八『値段史年表―明治・大正・昭和』朝日新聞社
中田薫、一九七〇（一九二〇）「徳川時代に於ける村の人格」『法制史論集』第二巻、岩波書店
服部満江・中野哲二、一九五七『市来町産業実態調査報告書』鹿児島県日置郡市来町
林研三、二〇一六「下北村落における家の共同性―オヤグマキとユブシオヤ・ムスコを中心として」加藤彰彦・戸石七生・林研三編『家と共同性』日本経済評論社
俵木悟、二〇一〇「大里七夕踊にみる民俗芸能の伝承組織の動態」『無形文化遺産研究報告』四
――――、二〇一六「大里七夕踊の改革を通して考えるコミュニティの再編」岩田一正・阿部勘一編『グローカル時代に見られる地域社会、文化創造の様相』成城大学グローカル研究センター
――――、二〇一七「民俗資料としての『審美の基準』へのアプローチ―鹿児島県いちき串木野市、大里七夕踊りの事例から」『国立歴史民俗博物館研究報告』二〇五
平山和彦、一九九八（一九七八）『青年集団史研究序説　下巻』新泉社
真鍋隆彦、一九七二「地域社会における民俗芸能の伝承組織（二）―市来町大里七夕踊りの事例」『鹿児島大学経済学論集』八
Noyes, Drothy. 2009. Tradition: Three Traditions. in *Journal of Folklore Research*, 46(3): 233–268.

付記

本章の内容には、以下の研究費の助成による調査の成果を含んでいる。二〇一三～一五年度科学研究費補助金・基盤研究（B）「現代市民社会における『公共民俗学』の応用に関する研究─『新しい野の学問』の構築」（研究代表者：菅豊）、二〇一六～一八年度科学研究費補助金・基盤研究（C）「民俗芸能における共同的創造のプロセスに関する実証的研究」（研究代表者：俵木悟）、成城大学グローカル研究センター私立大学ブランディング研究事業（二〇一六年度～）「持続可能な相互包摂型社会の実現に向けた世界的グローカル研究拠点の確立と推進（生活資源チーム）」。

第七章

「担い」のしくみを変容させることで継承する集落芸能

――長野県南佐久郡小海町親沢集落・人形三番叟――

牧野 修也

写真 7-1　三番叟出役者

出典：筆者撮影（2016.4）

写真 7-2　三番叟本番

出典：筆者撮影（2019.4）

一、問題の所在

本章においては、高齢化と人口減少が続き、若い年齢層の居住者が減少していく山村集落において、祭礼において、伝統的に行われてきた芸能の継承を、いかにして行ってきたのか、また、行おうとしてきたのかを描くものである。人口減少および若い年齢層の減少は言うまでもなく、祭礼の担い手を見つけることの困難さを生み出す。そして、この困難さを克服するために、これまでとは異なるやり方を導入していくことが求められていく局面もある。しかし、それは、無制限に、これまでのやり方を変えていくことを意味しているわけではない。「変えられるところ」と「変えられないところ」がある。

だが、「変えられない」とされるところであっても、「変えてはいけない」とされる部分に対する理由も変わらないのであろうか。そこで、本章において、焦点を当てるのは、「変えられないところ」とされることは、なにゆえに、「変えられない」ものとされているのかという点である。つまり、「変えないこと」は同じであっても、変えない理由も同じであるかどうかという点に着目して考えていきたい。

二、本章の対象地の歴史と現況

本章の対象地である長野県南佐久郡小海町は、一般に東信地方と呼ばれる長野県東部に位置する。小海町は千曲川上流部に位置し、西に八ヶ岳連峰・東に秩父山塊に挟まれており、千曲川を挟んで、八ヶ岳連峰の裾野に広がる左岸（川西）と秩父山塊に連続する右岸（川東）に分かれている。親沢集落は川東の山間部に位置している。

図 7-1　小海町の位置
出典：小海町ホームページより

歴史的には、川西地区が、藩政期においては、稲子村・稲子新田村・本間川村・本間村・宮下村・五ヶ村新田村・馬越村・松原村・八那池村・鎰掛村・馬流村に分かれ、その後、稲子村と稲子新田村が稲子村、本間川村・本間村・宮下村・五ヶ村新田村・馬越村が千代里村、松原村・八那池村・鎰掛村・馬流村が豊里村となった後に、一八八九（明治二二）年の市町村制施行に伴って、稲子村と千代里村と豊里村が合併して、北牧村となったのに対して、親沢集落が含まれる川東地区は小海村として、藩政期以来、継続してきた。北牧村と小海村が合併して、小海町が成立したのは一九五六（昭和三一）年である。もちろん、小海村の内部においてひとつの集落であったわけではなく、本村・中村・土村・宿渡からなる小海組と市ノ沢・笠原・川平・親沢からなる親沢組の二つに分かれていた。二つの組は同じ村であっても、山や川や谷などの地理的条件によって隔絶されている部分も多かったらしく、小海町町誌川東編（一九六七）によると、本村集落から出された新田開発の是非について、幕府の代官所から親沢組に対して行われた問いについて、地理的に隔絶しているために、田圃も秣《まぐさ》場も重ならないので構わないと返答した記録が残っている。つまり、同じ村であっても、生活圏域は重なるところが少なかったということができるだろう。

そこで、本章の対象である親沢集落の成立時期であるが、起源は定かではない。小海町志川東編によると、町内に残された文書[1]には、一〇五一（永承六）年、藤原守長が「平忠常の乱」による勅勘を被ったことによる連座で、その長子である少将藤原太郎守圀が、信濃国貫井（現在の親沢の里宮付近）に配流されたという記録がもっとも古い記録であるという。この地は、現在の親沢用水の水源地であるという。この記述に基づくと、現在の親沢集落の位置よりも高い場所に居住地があったと言える。そして、文献的な裏付けはないが、新津によると、親沢の里宮から現在の親沢と川平に移ったのが慶長年代である伝承があるとしている[2]。

このような伝承があるとはいえ、親沢集落が、確実に記録に現れるのは江戸時代に入ってからである。新津によると、一八〇五（文化二）年に、代官所へ提出した親沢用水修繕のための費用負担の願いに関する書面を見ると、次のような記載がなされている。

親沢組の儀は本郷小海村と一郷一体に御座候山奥へ一里半より二里引込み高山中腹の場所に御座候往古は少々の畑作に御座候処正徳年中用水路の御普請仰付られ田方開発仕り候ところ小海村より出作にて差跨り猪・鹿に荒らされ候に付き追々に引移りその節より親沢組と唱え来り候由申し伝えに御座候（新津 一九六七：一〇四）。

この書面からみると、用水路が引かれたのが正徳（一七一一—一七一六）年間ということになるので、慶長年間に、親沢の里宮の地から現在地に移ってきたとするならば、約百年間は少々の畑作を中心に生活をしてきたということになる。ここまで見てきたように、居住地としての親沢集落は江戸期に成立してきたと見ることができるのではないだろうか。しかし、水田としては非常に条件が悪かったようで、一六三〇（寛永六）年の検地では、親沢組は下々田一畝一八歩、稗田一〇畝三歩であり、一六三六（寛永一三）年の検地で、親沢・川平分で下々畑五反七畝一五歩、下畑四反一畝二六歩が付け加えられたとしている（新津 一九六七：一二五）。これらの数字は、先に見た用水が引かれる前のことであり、親沢組であって、親沢集落単独ではないが、稲作としては厳しい状況にあったと見ることができる。一七七九（安永八）年においても、親沢組は全体で下々田四畝二一歩、見付田二反九畝一八歩、見付畑三反二畝六歩、林畑四町六反八畝一五歩となっているが、条件が良くない農地が依然として多かったことが分かる。しかし、その一方で、屋敷数は増え、一六二九（寛永六）年に、屋敷数が親沢組全体で一二軒であったが、一六七六（延宝四）年には、親沢組全体で本屋敷二〇戸、新屋敷五一戸に増えている。新津は、新屋敷とは分家のことであろうとしている。しかし、正徳年間に至るまで水利の便が悪かったという文献の記述を踏まえると、この点についてはより慎重な検討が必要であると考えられる。いずれにしても、江戸期においても、親沢集落が成立したことは分かるが、集落の内実については不明なところが多いということができるだろう。

明治以降になると、親沢集落は林業主体となっていく。小海町教育委員会（一九九七）には、共有地設定時の状況については文献資料が不明としながらも、次のように記述されている。

当時小海村戸長役場用掛かりの職にあった井出利左衛門は、地租改正に伴ない入山が将来むずかしくなる事を察知し、区民に縄受けを説得したが受け入れられなかった。しかしこの山村ではどうしても共有地を確保しておく必要があると信じ、自ら代表人となって縄受けをして一〇数年間、資材をもって納税し明治十九年頃、区民がその必要性を感じた時に、快く無償で区に寄付をしたものと推測される（小海町教育委員会編 一九九七：九二）。

文中に出てくる井出利左衛門は、親沢在住の人であり、現在、親沢にある三つの井出マケの本家の当主であった人物である。(4)

この共有地は、一九二六（大正一五）年に維持規定を制定し、その後、林野保護組合を結成し、共有林の保護管理を行い、一九五三（昭和二八）年に水源涵養林の指定を受け、一九五九（昭和三四）年までに実測一四五町歩、四五万五、〇〇〇本のカラマツの人工造林を形成した（小海町教育委員会編一九九七：九一）。この共有林は、親沢集落にも経済的に大きな影響をもたらした。この点についても、小海町教育委員会編では、この共有林の役割を次のように記述している。

共有地設定以来人工造林育成に至るまでは、薪炭林として、年次計画に基づいて区民に競売され、冬期間就労の場として、区民の貴重な現金収入となり、競売収入金は区および共有林の運営費に当てられ、その残金は各戸に配当金として分与された。その育成美林は今日に至るまで親沢川平両区の区有林としての重要な役割を果たしている（小海町教育委員会編　一九九七：九二）。

この文章からも分かるように、親沢集落においては、井出利左衛門の見通しをきっかけとした共有林を存続させることができたために、区の運営のためだけでなく、各戸に配当金が配られるといった点から、各戸の経済状況には大きな影響を与えていく。それに加えて、一九一〇（明治四三）年、国有林から県有林に移管された森林を、小海村を通じて嘱託を受け、親沢区区民一一六名で保護受託書を提出し、親沢区が管理することになった。

森林資源の管理を行うことによって、親沢区の家計経済には大きな貢献を果たしたことは確実であり、一九五〇年代ぐらいまでの高度経済成長期前頃までは「親沢は豊かだった」という認識[5]もあったという。小海町志近現代編（一九九七）には、〝昭和一〇–二〇年代には木材景気によって潤い、親沢区

表 7-1　小海町と親沢集落の人口の推移

小海町

年	1950	1965	1975	1985	1995	2005	2010
人口（人）	9,605	8,489	7,279	6,831	6,434	5,663	5,180
世帯数（世帯）	1,847	1,921	1,868	1,848	1,885	1,921	1,843
1 世帯あたり人員（人）	5.2	4.4	3.9	3.7	3.4	2.9	2.8
年少人口率	−	30.1	23.8	19.5	16.6	12.8	10.7
生産年齢人口率	−	60.4	62.5	61.9	57.6	54	53.9
老年人口率	−	9.5	13.7	18.6	25.7	33.2	35.8

親　沢

年	1993	1998	2003	2008	2014
年少人口（人）	90	70	45	29	22　(8.9%)
生産年齢人口（人）	238	211	208	151	134　(54.5%)
老年人口（人）	78	94	108	111	90　(36.6%)
総　計（人）	406	375	361	291	246　(100%)

出典：小海町資料より

も多大な恩恵を受けたことが区民の記憶に残っている（小海町教育委員会編　一九九七：一一一）〟とある。

しかし、親沢の森林はカラマツが主であったため、カラマツの需要が減じていくことと伴って、林業を主体とする生業構造も変化を余儀なくされていく。そのことは、農林業以外の産業に収入源を求めることとなっていくことになり、それは雇用労働者となっていくこととなる。親沢の場合、それは、役場や農協に勤めることになっていくが、その後、建設業等に就職することになる。また、成人子が親と同居することを前提としないという意味での核家族化も進行し、親沢の人口も減少していく。そして、その結果、年少人口率も低下していくこととなる(6)。そして、このことは、後述するように、三番叟の継承システムにも大きく影響していく。

三、親沢人形三番叟の歴史としくみ

（1）親沢人形三番叟の歴史

親沢人形三番叟の歴史は、親沢集落に残る資料によると、天明年間（一七八一―一七八九年）に遡ることができる。元禄年間に始まりを求める伝承もあるが、永田衡吉（一九六七：一八三）は、元禄年間（一六八八―一七〇四年）を証明する資料は見つからないとしている。永田は指摘の根拠として、安永から天明期頃は人形式三番の盛行期であるとする。その時期に、式三番人形と尉面は、十八世紀の淡路人形の運載者が祈祷舞踊とともに伝授したとする。授与された人形類は神聖視され、他の人形類とは別に、神社または人形頭屋の聖所に保管される慣習であったとした。永田（一九六九：六八九―六九一）は、親沢三番叟についても言及している。

永田は、人形三番叟の来歴を、三番叟とともに親沢諏方神社に奉納される川平集落の鹿舞が、秩父から群馬県上野村を経て伝流されたこと[7]を傍証として、木材や木炭の生産と古道を使っての流通を通じて、群馬県西部からやってきたものであると指摘している。そして、親沢や川平が上毛文化圏の外縁部にあるとしている。

親沢の人形三番叟は、隣の川平集落の鹿舞とともに、五穀豊穣を願って、親沢諏方神社に奉納される。奉納の当日は、親沢の人形三番叟の前に、川平集落の鹿舞が西舞台で奉納され、その後に、親沢集落

写真 7-3　三番叟御手本

出典：筆者撮影

の三番叟が東舞台で奉納される。鹿舞と三番叟は二つで一つともいうことができ、どちらか一方だけを行うということはない。したがって、親沢集落と川平集落は、別の集落ではあるが、この祭だけは、二つの集落が一緒に行っている。

開催日は明治初年までは、旧三月三日に決まっていたが、その後は四月三日に固定されいた（新津　一九六七：三八一）。その後、一九七〇年には、川平集落の鹿舞とともに、小海町無形文化財指定を受ける。一九八五年には親沢集落の人形三番叟のみ長野県無形民俗文化財の指定を受ける。そして、二〇一五年には、文化庁「記録作成等の措置を講ずべき無形の民俗文化財」の指定を受けている。

開催日については、先にも触れたことでもあるが、農林業以外に就労先を求めるようになってくることで、四月三日に日程を固定することは、勤務先との関係もあり、厳しくなってくる側面も大きくなってきた。そこで、二〇〇三年からは四月三日に日程を固定するのではなく、四月第一日曜日に行うように変更が為された。しかし、この日程も、後述することになるが、四月第一日曜日に行うことに不都合が多くなり、四月第二日曜日に行うことが、再度変更された。

（2）三番叟のしくみ

a　三番叟の出役者

三番叟のしくみは、これまで変わって来ることはなかったと語られることが多いが、まったく変わっていないわけではない。永田は、三番叟の出役者について、次のように記述している。

親方（統率者）一人。デコつかい四人（翁一人・丈二人・チヨ一人）。囃方九人（おおどう一人・小鼓四人・笛三人・口足師一人）。謡い手四人。面箱持一人。後見二人（若者頭）其他、神官氏子総代、祭典係として一戸一人は必ず出役する。ただし他村からの移住者は参加しない。なお〝口足師〟とはツケ打ちのこと。服装は随意。昔は狩衣カミシモをつけたという。これらの役々は所定の家統があって代々、長男が世襲する。二十五～四十歳位まで。(8) しかし出役の家に出産・葬式のある場合は親方が代演する（永田 一九六九：六九二）。

永田の記述が、いつの時点の親沢人形三番叟の役割を記述しているのかは不明であるが、現在（二〇二二年時点）において、出役者とされているのは、人形四人（翁一人、丈二人、千代一人）。囃方八人（おおどう一人、小鼓四人、笛三人）である。もちろん、本番の舞台には、当代の担い手である「弟子」と呼ばれる人びとと一代前の「弟子」である「親方」と呼ばれる人が上がっているので、合計で二四人が舞台上にいることになる。口足師は、丈の足の「親方」が担っている。また、祭典係は各戸一人ではなく、集落をいくつかのグループに分けて、一年交替で行っている。祭典係の責任者（祭典係の親方）は役者としては認識されていない。[9] また、謡いについては、小鼓が担っている。面箱持についても、人形の「親方」が運んでいる。後見（若者頭）の役割が定かではないが、役者たちの世話役であるとするならば、そうした役割は、祭典係の人たちに担われているので、舞台で演じる人たち以外の役割分担については統合されているのかもしれない。また、服装についても、羽織と言われる衣装を着て行うことになっている。[10] ここまで見てきたように、人形の操者と囃方は、基本的に変更がないとも言える。

b　三番叟の一年間の流れ

親沢人形三番叟は、先述のように四月に行われるが、年間を通して、練習が行われるわけではない。四月の本番に向けて、三月下旬から練習を始め、四月の本番が終わると、翌年まで練習は行われない。つまり、三番叟の人形を使うのは、年間のうち、約半月である。永田は、親沢の三番叟の流れを次のように記述している。

一月二二日に引きつぎ。三月二三日に舞台開き（神酒を頂く）。二三日から三一日まで稽古。毎夜二回づ、親方の指導により稽古する。座敷に注連を張り、女人禁制。「親方様よろしく頼みます」と挨拶をする。四月二日、ぶつそろい。精進潔斎して人形の装束改め、楽器を調整する。祭当日、井出家で勢揃いして、神社へ行く。川平部落の獅子舞[11]が社前の石段を登ってから上がる。本殿で神酒を頂き、川平の獅子舞連に若者頭が「さアおはじめなすって」と口上を述べる。その獅子舞を見物、終了すると、川平の若者頭が「さアおはじめなすって」と挨拶にくる。互いに神酒を汲み合う。やがて舞台に塩をまいて式三番が始まる（永田 一九六九：六九一）。

先にも述べたように、川平の鹿舞と親沢の三番叟が演じられる日が変更になっている。だが、それ以外にも、変わっている点がある。永田の記述にある〝引きつぎ〟は、三番叟の役者の交代時に行われる「親子杯」のことであると思われるが、現在では、役者が「弟子」として出役する最後の年の本番が終わった後に行われることが通例となっている。[12]また、ぶつそろえの前に、「検閲」と呼ばれる行為が記述されていない。「検閲」というのは、後述のように、親沢の三番叟特有の役者の継承システムに由来するものであるが、実際に演じる「弟子」と呼ばれる人に対して、先代の「弟子」である「親方」がきちんと教えているかを、「親方」の親方である「おじっさ」と呼ばれる人が確認をするものである。このことを通じて、代々、同じ動きが継承されていることが確認され、三番叟の動きは、昔から変わっていないという語りが為されていく。[13]

また、現在は、三番叟の道具一式は、井出家の蔵に保管されているが、舞台開きの日に、親沢の公民館に移動し、そこで組み立てられ、練習の場も公民館となっている。ぶっそろえの日に、神社の舞台で練習を一回し、二回目をぶっそろえとする。(14)ぶっそろえが終わった後に、公民館に戻る。本番の日は、公民館に集合し、神社へ行く。本番の御神酒をもらってから、役者は神となるとされている。(15)神となった「弟子」の役者に対しては、「親方」が「弟子」に指示を与えることもできなくなる。本番の後は、「親子杯」が行われる年以外は、井出家に道具を戻す。演じるのは、この時だけであるが、八月第一土曜日に、「弟子」のみが井出家に集まり、道具を蔵から出し、衣装の陰干しと道具確認を行う。これを「虫干し」という。これが親沢の三番叟の一年の流れとなっている。

写真 7-4　三番叟本番の日（2019.4）

写真 7-5　虫干し 1：道具を収める蔵（2019.8）

写真 7-6　虫干し 2：道具の確認（2019.8）
出典：すべて筆者撮影

c　三番叟出役者の継承のメカニズム

親沢集落における人形三番叟の特色として語られるのは、三番叟の出役者の継承システムである。三番叟の出役者については、先述のように、役者と認識されている範囲については若干の変容があるが、人形の操者と囃方の役者については変わっていない。

役者は「弟子―親方―おじっさ」を各七年合計二一年勤めることが、継承システムの特徴として挙げられる。親沢の人形三番叟の肝としての特徴は、七年ごとの「弟子―親方―おじっさ」という独特のシステムにあると、親沢の人びとからは理解されている。三番叟について語られるとき、「三番叟そのものはどこにでもあるわけで、この継承システムが面白いから取材にも来てもらえる」という発言はしばしば聞かれる。実際、そのことがマス・メディアに取材されることも少なくない[16]。

先にも述べたように、本来、三番叟の役者は、跡取りである長男によって行われ、人形の家・笛の家・鼓の家・謡の家が、家筋（本家―分家）に基づく世襲で定められていたという。そこでは、新来の家は三番叟への出役が認められなかったという。そして、それぞれの役が「弟子―親方―おじっさ」と三段階を踏むことになっている。そして、この三段階は、段階ごとの名称からも分かるように、擬制的親子関係を結び、それぞれの役ごとに役についての所作・技術や道具の管理の仕方などを伝えている。この三段階の役は、それぞれ七年ずつ行っていくことになっており、三番叟の役者は、計二一年間かかわることになる。また、三番叟の役者として出役する年に、身内に出産や葬儀があった場合、その年は出役を慎むことになっている。この場合、出役者と同じマケ（同族）も同様に出役を慎むことになる。

そのため、「弟子」ができない場合は「親方」、「親方」ができない場合は「おじっさ」、「おじっさ」ができない場合は「おじっさの親方」[17]がやるという習わしとなっている。したがって、少なくとも三代の間では異なるマケ同士で擬制的親子関係を結ぶことになる。これらが、親沢の三番叟の伝統として存在している。その為、江戸期以来、戦争中も絶えることなく奉納されてきたと伝えられてきている[18]。

竹内利美(一九七二)は、村落内部の集団間の協力関係を、本家分家関係といった同族団・村内親族関係、近隣関係、性と年齢で区別した年序集団の三つに分けられるとしている。そして、それらの組み合わせやあり方は、それぞれの集落の地理的・歴史的要因によって変わるとしている。竹内の指摘を踏まえて、三番叟の特徴を、改めて確認していくと、三番叟は、長男という性別と出生順位という属性的要因によって参加資格が生得的に定められ、同じ役であっても「弟子―親方―おじっさ」という擬制的親子関係という形での年齢階梯的秩序、また、役者としては「同世代」であってもそれぞれの「家」の家格によって役柄が定められているなど、集落におけるさまざまな秩序[19]が、三番叟の中に象徴的に示されていると見ることができる。つまり、家の跡継ぎである長男という性別と出生順位によって厳密に区別された成員が、参加資格がある者として規定される。そして、異なるマケ同士の者が、三番叟の同じ役を担うことを通じて、擬制的な親子関係を構築することで年序秩序に組み込まれていく。繰り返しとなるが、三番叟の役も、マケ内部の家格によって世襲的に受け継がれていくことになっている。そして、そのことは、異なるマケに所属していても、家格的には同じくらいの家が結びついていくことを意味することになる。この関係は、三番叟の厳しさとして「三番叟の稽古の前には、親方の家に必ず迎えに行かなくてはならない。弟子と親方の関係は絶対服従的な関係である」としばしば語られるエピソードに示されるように、弟子と親方というタテの関係は非常に厳格な関係として認識され、出役経験者に記憶されていく。三番叟の出役経験者は、その厳しさを「親にもしたことがないことを、三番叟の親方にはするし、三番叟の辛さに比べれば、他のことは楽なものだ」と語る。[20]

こうした一面はあるものの三番叟の出役資格が限定されていたことの意味は小さくはない。三番叟は、跡継ぎの長男のみが出役の資格を持つ。このことそのものが、三番叟が親沢集落の家の存続・継承に大きな役割を持っていたということができる。改めて述べるまでのことではないが、かつての農村社会にとって、社会の基礎単位は「家」であった。家が基礎単位となって、生産が成立し、生産を基軸に、村落生活の場である「ムラ」が成り立っているという理解をされてきた。もちろん、「家」と「ムラ」との間には、「同族（マケ）」や「近隣組織としての組」はあるが、「家」の存在は不可欠である。そして、「家」と「ムラ」との関係を考えるならば、世代を超えての関係となる。このような超世代的な存在である「家」の存続可能性の根拠を、土地の所有と家の後継者が在村していることであると考えるならば、「家」の後継者の確保と「家」の後継者がムラに居住することは、ムラ人であり続けることを示すための最低条件のひとつとなる。また、「家」の後継者を長男であるとするならば、長男をムラに居住させ続けるために、三番叟の役者を長男に限定することの意味が見えてくる。三番叟に役者として出役すると、二一年間は、三番叟に携わる必要が出てくる。もちろん、二一年が経過する前に、三番叟から離脱することも可能ではあるが、自分が離脱することで、自分の「親方」や「おじっさ」

にも迷惑を掛ける可能性が高くなる。それゆえに、一度、出役すると二一年は関わらざるを得ないことになる。「おじっさ」までが終わった後に、外に出るということは年齢的に難しい状況になるであろう。このように考えると、五穀豊穣の祈願という民俗的慣習の他に、「家」の後継者としての長男をムラに住み続けさせる機能も、意図せずして有していたと言えるであろう。つまり、親沢にとっての三番叟は、単なる民俗行事ではなかったとも言える[21]。

しかし、親沢の三番叟が「意図せず有していた機能」は、土地と家業が一体となった「家」の継承のためであったが、親沢の主たる生業であった林業を中心とした生業構造に変化が生じると、「家」の後継者たちの人生の歩み方も、先述のように、「農外就労」へと変化せざるを得なくなる。そうした状況になると、かつてのように、役ごとにある家筋の系統については、絶対的な意味は弱くなってきた。そして、このような状況は、けっして最近のことではなく、一九六七年に出役した人が、「自分たちの時から、そんなことを言っていたら、三番叟ができなくなるので、そういうものが崩れてきた」と語った[22]ことからも分かるように、既に、約半世紀前から生じていたことなのである。

しかし、役ごとにある家筋の系統に基づく役の決め方が、かつてと比較して緩くなったといっても、それらが、三番叟を担っている人びとから考慮されるものではなくなったということを意味するものではない。三番叟を行う人たちが集まった時に、何気ない会話の中で、「うちは○○の系統である」とか「あそこの家は、本来は、○○の家なのだ」という形で、それらの話題が出てくることもある。そして、それは、世間話的な形ではなく、具体的な形で示されることもある。先の語りを語った出役者よりも、ずっと後年に出役した、ある出役者は、「本来、やるはずではない役が回ってきた時には、家族の中でも不満があった。しかし、それでは三番叟ができないからということで引き受けて、出役した」と語る。この語りからも分かるように、家筋に基づく役の系統は、依然として、明確に意識されている。それゆえに、「本来の役」が配されないことに対する不満は生じてくる。だが、不満があったとしても、三番叟への出役を断ることは、三番叟を継承することに大きな妨げになるので、役に対する不満から出役しないという形は取られない[23]。そこには、三番叟を継承していかなくてはならないという意識がある。だが、こうした状況が生じると、なんらかの調整が図られることはあるようで、次に、その家から出役者が出る場合、「本来の役」よりも良いとされる役が割り振られたという[24]。あくまで、これは一事例に過ぎないかもしれないが、世代を超えた「家」と「ムラ」の関係の中では、一時の不都合があっても、時間を掛け金として、調整を取っていくと見ることができるのかもしれない。

そして、役者不足という状況は、さらに進んでいくことになり、長男だけが役者としての参加資格があるということを緩め、長男以外の者が出役することも増えてくるようになる[25]。この時点においては、親沢在住の者、もしくは、親沢で育ったが、その後、親沢以外に職や住居を求めた人から出役者を求めていったという。しかし、この範囲では、出役者を担いきれない状況が生じてくる。そうした状況になってくると、「親が親沢出身である」という人にも、出役の依頼の声が掛かるようになる。ある出役者は、「自分は親沢の出身ではないが、親が出身者であり、いずれ声が掛かることは分かっていた」と語り、出役したいわけではなかったが、断ることは難しいと認識していたという[26]。ここには、親沢に生まれ育ったわけではなくとも、親沢が父祖の地であるという血縁に基づくアイデンティティが強く結びついていると考えることができる。だが、この時点においては、「三番叟は親沢の者だけで担われてきた」という認識が、親沢集落内においても、小海町内においても共有されてきた。つまり、「親沢の者」という言葉の定義が、「親沢在住の者」から「親沢在住の者と親沢出身の者」、そして、「親沢在住の者と親沢出身の者および親沢出身の者の系譜にある者」と拡大していったとしても、「親沢の者」として認識され得たのである。

しかし、二〇一〇年の出役者の時から「親沢の者」だけでは出役者を揃えることができなくなった。その結果、親沢集落の在住者・出身者・親沢集落に系譜を求めることができる者以外からも、出役者を募り、一二人の人数を集めることができた[27]。だが、二〇一七年の出役者の時には、一二人集めることができず、一人が「親方」にならずに「弟子」の立場で出役した[28]。この事態は、二〇一八年に、新たに一人が「弟子」として出役することで解消された。しかし、人口減少が進んでいるなかで、今後も同様のことが起こりうることは想像に難くない。

d　親沢人形三番叟の厳しさ

親沢の三番叟はこれまで述べてきたように、七年ごとに役者が交代し、弟子―親方―おじっさという擬制的親子関係とも言える関係を構築して継承されていく。つまり、一度役者が確保されたら、当面、担い手の問題は後景に退くというものではなく、七年後には、また、後継者を確保しなければならない。言うなれば、「親方」は「親方」になった時から、自分の「弟子」の弟子を探すことを意識しなくてはならない。しかし、このことは、年々、難しい状況となっている。それは、ここまでに述べてきたような農外就労の増加による集落外居住の増加や人口減少の問題だけではない。親沢の三番叟そのものが持たれている「三番叟は厳しく、大変だ」というイメージである。この厳しいというイメージは、出役を経験した者からも、しばしば聞かされる言葉である。

親沢の三番叟は、一つの役を通じて、擬制的親子関係を構築して継承されるものであることは、先にも触れたが、「三番叟の関係は一生の関係」であるとも認識されている。[29]三番叟の役者が七年で交代することが親沢の三番叟の〝肝〟であると、親沢の人からも認識されていることは、先にも触れた。岡崎友典（二〇一八）は、集落という地域社会内部において、こうした擬制的親子関係を構築することで、地域社会を「家族」と見立てていくことに教育的効果があると評価している。岡崎の指摘は、人びとの生活が、集落内部においてある程度完結し、「家」と「家」の関係が超時代的かつ固定的な関係であった時期ならば、広田照幸（一九九九）が指摘するような良きムラ人を育成する「ムラの教育」として成り立ったであろう。しかし、これまで触れてきたように、人びとの生活が集落内部で完結することができなくなってきた状況においては、必ずしもそうとは言えないところもあるのではないだろうか。岡崎友典と人見麗子（一九九〇）において、親沢集落（O地区）と川平集落（K地区）の全世帯の成人を対象とした質問紙調査の結果、若い年代になるほど「若者に伝統や、行事を残して欲しい」と思わない人の比率が増加することを示している。特に、四〇歳未満においては、四〇歳以上よりも「残して欲しいとは思わない」と答えている人の比率が高いことを示している。岡崎・人見は、〃住民の意識が例え否定的傾向であっても、伝統芸能の伝承がなされていることは、教育方法や教育の力の大きさによるものであろう〃（岡崎・人見：一五一）としているが、岡崎らの調査から、約三〇年が経過した現在、当時の若い年代も高齢期にさしかかっている。先に触れたように、その人びとが、自分の子どもが三番叟に出役することに対して否定的な見解を持っている場合も少なくはないとするならば、三番叟の担い手不足の要因は、人口減少や生業構造の変化ではない部分で、潜在的ではあっても内在していたとも言えるのである。

さて、しばしば語られる三番叟の厳しさだが、それはいかなるものであろうか。出役経験者の語りから見ていきたい。「三番叟の稽古の前には、親方の家に必ず迎えに行かなくてはならない。弟子と親方の関係は絶対服従的な関係である」ということが、少なくない出役経験者の方から、異口同音に語られるエピソードに示されるように、弟子と親方というタテの関係は非常に厳格な関係として認識され、出役経験者に記憶されていく。また、厳しさを「親にもしたことがないことを、三番叟の親方にはするし、三番叟の辛さに比べれば、他のことは楽なものだ」とも語る。そして、「三番叟は大変である」という認識は、親沢だけではなく、小海町全体にも共有されている側面がある。ある出役経験者は、「若い頃は親沢を出た者勝ちだと思っていたし、三番叟なんかなくなれば良いと思っていた」と語らしめるほど、三番叟に出役することを躊躇わせる大きな要因になっていることも事実である。

だが、このように語られている三番叟の厳しさは、最初からあったものではなく、ある時期以降からの特質であるということも考えられる。平山和彦（一九九二）は、親沢の若者組の役割を三番叟と消防と医者迎えであったとし、親沢の人形三番叟は、若者組による民俗芸能行事であったとし、三番叟を演じる目的を若者組の経費を集めるための〝祭礼の余興〟としている。平山の指摘のように、〝祭礼の余興〟が目的であるとするならば、先に指摘した「家の後継者の確保」とは異なり、娯楽的側面が強かったと見ることができる。娯楽的要素が強い場合、厳しさよりも楽しさが前面に出てくることが多いと考えられる。しかし、現在の親沢の三番叟はタテの関係が強調され、厳しいという印象が強い。このギャップは、三番叟が「家の後継者の確保」という意味を有することで生まれてきたと考えることもできる。

それでは、三番叟が、親沢で持つ意味が変わっていったのはいつ頃なのであろうか。親沢の三番叟が、今のような形式に整えられたのは、一九一七年に、井出利左衛門の息子の一人である井出八百丸が作った「三番叟御手本」以降のことであるという伝承がある。ただ、御手本そのものには、それぞれの役の口上や身体の動き等が書いてあるのみである。しかし、御手本を定めると同時に、村落内のそれぞれの家格（家筋）に基づいて、役柄の系統を定めていったという伝承がある。それ故に、三番叟に出役できる家が決まってくるという状況が生まれてくる。その結果、親沢に在住していても、養子や新来者は「きたりっぽ」と呼ばれ、出役が認められなかったという。しかし、共有財産に関する権利は、〝一年間住み義務を果たすと権利が生ずる〟（長野県史刊行会　一九八六：四〇）とあるように新規来住者でも加入が認められるのに対して、三番叟に関しては加入を認めないという違いがあった。このことは三番叟が、親沢集落にとって特別なものであることを示している。

もちろん、現代的な視点から考えれば、理解しにくいところもあるであろう。しかし、「家」と「ムラ」の存続を重視されている状況において、村落秩序の維持を図るための社会的なしくみは必要な部分があり、そのために三番叟が利用されてきたという側面もあったとも見ることができる。つまり、親沢において、三番叟は「家の後継者の確保」の他に、「ムラ内部におけるそれぞれの家と家との間の関係性という秩序の表示」という社会的機能があったと見ることもできるのである。

しかし、出役が認められなかった立場であったことの記憶がある場合、担い手が不足が表面化してきたことによって、出役を求められることに対する心理的な抵抗があるだろうこともまた、想像に難くない。それゆえに、親沢の三番叟は、三番叟にかかる経費については、親沢集落の集落費である区費から支出され、祭典係も区の仕事とされているにしても、出役を認めてこなかった過去のいきさつから、集落に在住する者は、一定の年齢以上になったら出役するようにしていくというしくみにしていくことの困難性というものが出てくるのかもしれない。また、個人の意志に反して、出役を強いることも、現代的価値観から考えると難しい。どこまでも、それぞれが納得しての出役ということになっていくことになる。そこに、現代における三番叟の出役者の確保の難しさがあるのである。

四、継承することの意味の変化

これまで述べてきたように、親沢の三番叟は、二〇一〇年の出役から、「親沢の者」だけで三番叟を演じることができなくなった。そのため、「親沢の者」以外の人たちの出役を欠かすことはできなくなった。

「親沢の者」だけでできなくなっていった状況において、「厳しい」「若い者が継承しなくても良い」という言葉や意識が、一九九〇年代から存在する中で、三番叟をやめるということは考えられなかったのであろうか。「三番叟をやめる」という声が上がったということは、筆者が知り得ている限りにおいて、それはない。三番叟に積極的に関与しなくても、「やめれば良い」という声は聞かれない。それはなぜであろうか。いくつかの理由が考えられるが、主として、二つの理由が考えられる。

ひとつは、親沢の三番叟は、川平の鹿舞と対の関係で成り立っているものであるから、親沢だけで成り立っているものではないということである。それは想定外の事態が生じた時に、はっきりと見えてくる。たとえば、日程についての変更が生じる場合や新型コロナウイルス感染症による奉納の中止ということが決まる場合、親沢・川平のうち、一方の意見で決めることはできない。どちらかの集落で、想定外の事象に対応するために、従来とは異なる方法を行う必要が出てきた場合、相手の集落に「根回し」をしながら、自身の集落での議論を深め、全員の合意を形成した後、相手の集落に「正式」に伝え、了承を取る必要があるという。鹿舞と三番叟は対の関係にあるものであるから、どちらかはなくなっても、もう片方だけは継承していくということは、現時点においては考えにくい。したがって、「やめる」という選択肢は生まれてこないのである。

もうひとつは、これまで続けてきたことを、「自分たちの代で終わりにしたくない」ということである。ある出役経験者は「(三番叟が)巧いとか下手とかということでなく、自分たちにとっては継承していくことが大切」と語る。この言葉からも分かるように、「やめる」という選択肢は否定される。継承できないことは一大事なのである。だが、こうした考え方は、最初からあったわけではない。別の出役経験者は、「出役当初は『金をもらっても嫌だ』という意識であったそうだが、弟子から親方になり、弟子の時にできなかったことができるようになり、見えなかったことが見えるようになった。この気持ちを、自分の弟子にも味わってもらいたい。だから、今の弟子を探さなくてはならないと思った」と語る。そこには、弟子―親方という役割の変化によって見えてくるものが異なるということ、さらに言えば、「おじっさ」となることによっても変わってくる。また別の出役経験者は、「弟子の時は、やめることや三番叟なんかなくなれば良いのに」と思っていたが、「弟子や親方の時は舞台の上にいるから、舞台の外からどう見えるかが分からない。おじっさになって、外から見るようになって、はじめて分かることもあるんですよ。前に、三番叟の仕組みは面白いと思うようになったと話しましたが、こういうこともそうなんです」と語る。そして、「自分が年を取ったら、あれは違うんじゃないか？と言いながらも、自分が生きている間は三番叟が続いて欲しいと思うようになった」と語る。[30] こうした思いを抱くがゆえに、親方は自分の弟子の弟子を見つけたいと思うようになるという。

なぜ、継承することが大切である＝やめないと考えるのかを考察するうえで、こうした自身の心境の変化は大きい。もちろん、すべての人がこうした心境に至るわけではないことも確かである。役者や祭典係という「役」としての責務を果たすということの方が大きく、三番叟に対しては必ずしも積極的ではないという人がいることも事実である。だが、そうした人たちからも「やめれば良い」という声は上がってはこない。そこには、「やめる」という選択肢は、現状では具体化しにくい状況にあると言えるのではないだろうか。

そして、先に挙げた三人の出役者の言葉を手がかりに考えていくと、三番叟の継承を、積極的に考えている人も、「ムラ」や「家」という観点から継承を考えているわけではない。役のステージの変化に伴って、自身の三番叟に対する認識が変わっていくことから、三番叟に面白さを感じていく。そして、自身が経験した変化と面白さを、自分の弟子にも体験させたいということから、三番叟を継承することを願うようになっていく。そこには、自己の認識と自分の弟子に対する想いが、三番叟が継承させていきたいということに繋がっていっている。

こうした心境の変化は、出役が終わった人だけのことではない。出役している最中の人たちの中にもある。先述の親が親沢出身であるから出役するようになった人は、ずっと出役することが嫌だったが、ここ数年は良かったと思えるようになってきたと語る。また、別の出役中の人は、〝いつかは三番叟をやるとは思っていたけれど、いつ、交代なのかも知らなかったから、その年が交代の年なんか知らないで、呼び出されて公民館に行ったら、やることになっていて……最初は、嫌だったけれど、一年・二年・三年とともに、やらなくちゃいけないし、やっていかないといけないという気持ちになる。だから、年が明けると、三番叟のスイッチが入るようになってきた〟と語る。(31) こうした心境の変化は、三番叟をやることによって、三番叟という伝統を担っているという意識が生じてくるとともに、同じ代の役者間のつながりが出てきたことによる部分が大きいという。三番叟をやることで、それまでつながりがなかった人たちとつながり、三番叟という共通の目的の為に濃密な関係が創り出されていくことによる自身の「社会的居場所」が得られていくという感覚もあると見ることができる。三番叟は縦の関係であるということは強調されることも多いが、同じ代ということによる横のつながりも、三番叟を演じる中で構築され、大きな意味を持ってくる。それは、弟子の立場を同時期に体験してきたことを通じて形成してきた「経験の共有」といったものである。そして、それは、横のつながりの中で、「誰かの不都合は、自分の不都合でもある」という運命共同的感覚が生じてくる場合もあるという。三番叟に出役することで、縦の社会関係のみならず、横の社会関係も獲得していくことになるのである。

先に見た語りからは、「親方」と「弟子」という縦の関係の問題に、一見すると見えるかもしれない。確かに、そうした点があることは確かであるが、それとともに、自分自身の中に三番叟に出役することを通じて生じた自身の変化の自覚がある。自身の変化を実感することで、三番叟に対する見方が変わっていっているのである。その変化を、弟子にも経験させたいという想い、それが三番叟を継承させていきたいという考えへと変えていっているとみることができる。

しかし、三番叟を継承させていくことの意味としては変わっていっている部分もあるかもしれない。先にも触れたように、親沢の三番叟は、ムラの基本単位である「家」の後継者の確保の為の手段としての側面があった。しかし、長男のみの出役から親沢在住者・親沢出身者・親沢集落に系譜を求めることができる者と出役ができる範囲が広がっていくことで、「家」の後継者の確保ということ以上に「親沢の者」であるアイデンティティの確認という側面が強くなってきたとも言える。そこでは、「親沢が親沢である」ことの証明としての三番叟が生じてきたのではないだろうか。それゆえに、三番叟がなくなることは、親沢であるという証が失われてしまうことにつながりかねないので、現時点では、親沢在住の者ではなくても親沢にルーツがある者が担っていくことで、親沢がルーツの地であるということを確認できるということから、継承していくことに意味を感じているのではないだろうか。したがって、出役を受けたからには、二一年間は出役を続けていかなくてはならないという意識が存在していると考えられる。

だが、「親沢の者」ではない人が出役することになってくると、状況は変わってくる部分が生じることとは避け得ないものがある。「親沢の者」の場合、親沢在住ではなくても、親沢に血縁や地縁があるため、出役から抜けるということは不可能ではないが、相当に強い意志がないと、なかなかに厳しい部分がないとは言えない。しかし、「親沢の者」ではない出役者[32]の場合、そうした血縁や地縁がない分、出役から抜けることの障壁は高くない。もちろん、同じ町内に暮らしているということもあるので、「親沢の者」ではないからいつでも抜けられるということを意味するものではない。だが、三番叟に出役し続けることで得られるルーツの地である親沢という感覚が得られるわけでもない。それでも、二一年間は続けていく必要がある。そして、二一年間は出役するという意識も強い。そうした意識はどこから生み出されていくのであろうか。

　このことを考えるうえで、相澤卓郎と佐久間政広（二〇一七）は大変に示唆的である。相澤らは、相澤らが対象とする民俗芸能の担い手たちが結束していく大きなポイントとして、単なる民俗芸能の保存を図るための有志の集団ではなく、「仲間集団」であることを挙げている。相澤らは、〝保存会では……会員同士の親睦を深める飲み会が重視される。……たんに仲間が集まって楽しく過ごすことを目的とする活動が頻繁におこなわれる。つまり、保存会は、仲間たちの集団という顔を有しているのである。それゆえ保存会の実質的なメンバーとなるには、仲間として承認されることが不可欠となる。〟と指摘している。そして、〝「獅子舞をしに来るだけ」では実質的なメンバーにはなれない。〟とも指摘する。仲間集団において、それぞれの立場に応じた振る舞いと貢献が為されていると認められた者が、仲間として認められるという。獅子舞という芸能の場だけではなく、飲み会という日常活動が重要であるとする。相澤らが対象としている集団は、同じ中学出身で、中学時代に獅子舞の指導を受けた先輩—後輩・同級生の間柄にあるとはいえ、年齢としては三〇代から四〇代前半までと年齢層に幅があるという。こうした集団の場合、知らないわけではないかもしれないが、話したことはないということもあるだろう[33]が、共通の属性がある関係においても、日常の飲み会が重視されるということは、親沢のように、異なる集落であり、出役が同じ代の役者同士であっても年齢差がある場合、出役の役者同士でも年齢差がある場合、なおさら、関係性を創りあげていかないと、同じ「出役代」としての横の関係は構築されにくいであろう。

親沢の三番叟の場合、二〇一〇年出役者のまとめ役の一人は、最初の年は、自分自身のプライベートよりも三番叟を優先させて、「弟子」として三番叟に出ている人と呑むことを通じて、人間関係を作ることに腐心したという。また、三番叟のことで集まった時も、正式な場である直会《なおらい》とは別に、酒を飲む機会を作るようにしている。また、二〇一七年からの出役の人たちも一緒に旅行に行くなどをして、日常的な交流を行っているようである。

繰り返しとなるが、出役者が「親沢の者」ではない人たちによって担われることで、役者同士も親沢つながりだけで繋がることができなくなるため、新しいつながりの根拠が必要となってくる。もちろん、それが飲み会でなくても良いが、仲間意識の基礎となるものが、横のつながりを創るうえで重要になる。また、これは出役してからのことであるが、出役以前の問題として、どこに出役者を求めていく時の基準を置くのかということが課題になってくる。現在のところ、それらの問題を解消できる糸口は見いだせていない(34)。また、そして、「親沢の者」ではない人たちが担うことが増えていくことは、今後も避けられないであろう。そうしたときに、親沢人形三番叟は、親沢集落にとっていかなる意味があるのかということが、改めて問われることになっていくであろう。つまり、なぜ、継承していく必要があるのかということを意識化せざるを得ない状況が生じてくる可能性がある。

五、親沢人形三番叟の今後

長野県南佐久郡小海町親沢集落の人形三番叟は、日程の変更等はあるが、これまで一二人の役者が七年交替で、「弟子―親方―おじっさ」という三つの段階の出役を行ってきた。しかし、人口減少と少子化という社会的な大きな流れのなかで、出役者の資格を変更させながらも継承してきた。しかし、それも、人口減少が止まらず、若い年代の地域からの流出が続くという状況で、次の代への継承の厳しさは代が交替する度に増している。

地域全体の人口が減少していくなか、消防団といった地域社会の役割も、一人一人に大きくのしかかるようになっている。そして、二一年という時間のサイクルは、出役者たちの社会的な立ち位置も変えていく。消防団にしても、責任のあるポジションに付くことが増える。職場においても同様であろう。そうした個人の生活環境の変化は当然のことである。親沢集落内部で、出役者を担えたときは三番叟が優先されるということも可能であっただろうが、親沢集落にルーツがあったとしても、現在の居住地の地域行事とかさなってしまった場合、三番叟を優先してもらうというのも限界があるであろう。(35)

それでは、二一年間という出役のサイクルを見直すということになるかといえば、おそらく、それは否であろう。「家」の後継者確保の手段ということはなくなっても、先に触れたように、二一年にわたる継承システムの存在が、親沢の三番叟の肝であるから、そこは絶対に崩さないであろう。また、ここを崩すと、親沢の三番叟そのものが、一気になくなってしまう可能性がある。出役者の資格は拡大させても、三年間の出役期間を変更することは考えられない。したがって、三番叟に出役するのは、二一年間、出役できることが期待できる人となってくる。それゆえに、出役してくれる人ならば、誰でも良いのではない。このことが、また、次の代の出役者の確保の困難性を生み出していると言える。

注

(1)ただし、町志には、その文章の原本が書かれておらず、成立年代についても不明であるという意味のことが記述されている。また、文書にある藤原守長・藤原太郎守圀も、筆者が調べた範囲においては、それに該当しそうな人物は見当たらなかった。そして、平忠常の乱も一〇二八(万寿五、長元元)年の出来事であり、この開村時期についての記述についてはあまり信を置くことはできないように思われる。

(2)現在の親沢集落においては、親沢では新津・井出・井出姓が大部分を占めており、新津マケが最初に親沢集落を開き、他のマケは大分後になってから親沢にやってきたという伝承が残っている。また、井出マケには、甲斐武田家が滅亡した後に、親沢集落に定着したという伝承も残っている。なお、本章でのマケとは、いわゆる同族組織のことであり、マキという呼称の地域もある。同姓であっても、マケとしては別ということもある。一つの目安としては、同じマケの場合、墓地が同じ場所にあるという。

(3)親沢用水は主として飲用水のためであって、そのため、水源確保のために、開田を抑制してきたことが、小海町志川東編(新津　一九六七：一一六)には記述されており、明治初年に五人の百姓が開田したため訴訟になったとも記載されている。

（4）井出利左衛門の直系の子孫の妻の方の話によると、代々、名主を務めていた家柄であり、合併後の小海町の二代目町長も出した家である。

（5）もちろん、すべての家の経済状況がイコールであったわけではなく、マケごとに経済状況の差異があったともいう。また、同じマケであっても本家であるのか、分家であるのかによっても異なる部分はある。したがって、「親沢が豊かであった」という言葉は、集落全体として見るという意味であって、個々の家すべてが豊かであったということを意味するものではないことは留意する必要がある。

（6）ただし、親沢集落から転出していっても、既婚の子ども家族が、町内や近隣の市町村に在住し、日常的な生活の交流が行われている世帯は少なくない。いわゆる修正拡大家族という形態であって、高齢者世帯の社会的孤独としてイメージされるものとは異なる様相があることも留意する必要がある。

（7）小海町志中世編編集委員の土橋勝一氏は、小海町公民館報五二九号（令和三年七月三〇日発行）の「地域の歴史（3）川平・水上」の項で、川平の鹿舞が、寛文四（一六六四）年に、川平の住民によって持ち帰られたものであるとしている。また、親沢の三番叟も北相木村栃原の鹿舞もすべて上州の文化であると記している。ただ、親沢の三番叟が、天明年間を始まりとするならば、約百年のズレがある。元禄年間の方が寛文四年に近いが、先に見た記録の記述を踏まえるならば、天明年間の始まりを取ることになる。親沢の三番叟は、三番叟は川平の鹿舞が大地にある魔を払い、それを受けて、親沢の三番叟の最後で種を播くという流れになっている。したがって、親沢の三番叟は川平の鹿舞と切り離して語ることができないものとなっている。したがって、川平の鹿舞と親沢の三番叟がセットになっていることは重要な点になる。しかし、いつ頃、今のような形態になったのかという点については、現時点においては不明である。

（8）出役する役者の年齢については、文献によって、若干の差異がある。後藤淑・大谷津早苗（二〇〇五）によると、数え年一五歳から四〇歳までの家を継ぐ男子であるとされている。いずれにせよ、若い年齢から出役することになっている。この理由については、後述していく。

(9)ただ、本番当日においては、舞台の幕を開ける前に、祭典係の責任者(親方)が、舞台の中央に座り、舞台に上がってくる役者が、祭典係の親方に「おねげえしやす」と挨拶をすること、また、本番終了後に、川平集落との間で交わす三本締めの音頭を取っている。そうしたことを考えると、永田が記述したことが残っていると考えることもできる。
(10)一九六七年に出役した人物から、かつて、村の付き合いから外すことを「羽織を着させない」という表現があったということを、親沢の人から聞いたことがある。これは、三番叟の舞台に上げないということを意味するという。そのことを、そのような評価をされた人物のことを村の成員として認めないという理解をするならば、服装が随意であるというのは、かなり以前のことと思われる。
(11)本章においては、「集落」という表現を使っているが、ここでは永田の表記にしたがって、「部落」という表記を使用する。なお、「部落という呼称は、農村社会において、自分たちのムラのことをそのように呼称してきたものであって、被差別問題とは特に関係がないものである。また、「獅子舞」も、現在の小海町では「鹿舞」と表記されていることが多いが、川平集落の人によると、本来は「獅子舞」と記述されていたという。「鹿舞」と表記されるようになったのは、町志で、新津亭が記述して以降のことであるという。
(12)ただし、二〇二一年時点において、過去二回は、次の役者全員が決定できないために、三番叟終了後に行えない状況が続いている。
(13)もちろん、過去の三番叟と寸分違わず同じであるということはないようである。もし、同じであるとするならば、「この代は上手いとか上手くない」という評価の言葉は成り立ち得ないが、実際にはそうした声が聞こえることもある。また、かつての役者が、現役の役者の動きを見て、首をひねる場面も散見されることがある。かつての出役者の一人は、「変わらないと言っても、細かいところは変わっているところもある」と語ってくれたこともある。
(14)川平集落も同じ日にぶっそろえを行うが、川平集落は神社ではなく、川平の公民館でぶっそろえを行う。また、かつては、本番の後に、「後幕」が行われていたが、現在は、ぶっそろえに続いて、後幕が行われている。

(15) 現在の親方たちの語りの中では、「ぶっそろえから神である」ということも語られることもある。
(16) 筆者が確認した範囲であるが、一般向けのテレビ番組で放送されたのは五回である。これ以外にも、放送大学の放送教材として、数回取り上げられたことがある。いずれも、親沢の三番叟の継承システムをテーマにしたものであった。
(17) 「おじっさ」の親方を「ひいおじっさ」と呼ぶこともあるが、これは正式な名称ではない。
(18) しかし、二〇二〇年と二〇二一年については、新型コロナウイルス感染症（COVID-19）のために、中止となった。二〇二二年についても、二〇二一年八月の段階では不明であるが、再開するに当たっては、さまざまな問題が生じてくることもあり得るだろう。
(19) こうした旧来の関係がシンボリックな形で示され、継承されてきたことから、「三番叟は封建的である」というニュアンスの発言をする親沢集落関係者も存在している。
(20) ただし、この厳格な関係は、異なる役の親方と弟子の間では異なる。親方であっても、他の役の弟子に何かを言うことは認められない。仮に、他の役の親方から役に関することで何かを言われたことがあった場合、その指摘が理に適ったものであったとしても、「自分の親方にはそのように言われていませんから」という言葉で断ってしまう。
(21) 長男を在住させるためには、三番叟のような民俗行事を利用する以外にも、牧野修也（二〇〇七）で示したように、農業学校に進学することで、農業従事者、ひいては農村在住者となる可能性を高めていくという意味で、学校教育制度を利用するという手段もある。しかし、学校という存在は、個人の問題であるから、特定の学校を卒業しても、農業に従事しない、農村社会から離脱する可能性は多く有している。しかし、三番叟の場合、自身の人形三番叟からの離脱が、他者を出役させることになるため、ムラから離れることへの抑止力となった可能性もあるだろう。
(22) なお、この語りの話者から、同趣旨のことを繰り返し教えて頂いた。この語りが繰り返し語られたことに、役の家筋については、根強く意識されていることが推察できる。また、その後になると、これまでは三番叟への出役を頼まなかった家にも頼みに行くようになったという。

（23）しかし、二〇〇〇年代以降になると、三番叟への出役を打診する段階で断られることも増えているという。「弟子」の弟子を探す役割を有している「親方」の一人は、三番叟に出役する本人に、出役の話が行く以前に、親の段階で断られてしまうこともあると語っている。その親自身も、かつては三番叟の出役者であることも多く、その時の経験が、子どもが出役することへの反応に繋がっている可能性もある。このことは、かつては、子どもが出役を渋っても、親が「三番叟を頼まれることは名誉である」という理由から、子どもが出役するように仕向けていったこととは対照的な状況になってきているとも言える。

（24）この事例は、フィールドノーツの記述をベースに、話の趣旨が変わらない範囲で、筆者が再構成したものである。

（25）筆者が聞き取りを行えた範囲においてでは、一九九六年出役の人からは長男以外の人が出役していることが確認できている。ただ、それ以前においても、長男ではない人が出役していた可能性はある。少なくとも、二〇二一年時点の「弟子」よりも三代前の段階において、長男だけでは役者が担えなくなっていたという事実はあったと見ることができる。

（26）この事例についても、フィールドノーツに基づき、話の趣旨が変わらない範囲で、筆者が再構成したものである。

（27）先にも触れたように、「弟子」の弟子を集めるのは「親方」衆の役割である。この時は「親方」衆の一人の人的ネットワークを通じて集めることができたが、こうしたネットワークは、極めて属人的であり、一般化しにくい方法でもある。

（28）「親方」衆のみではなく、親沢集落のまとめ役とも言える方が、党内のさまざまな組織に声を掛けて依頼したということも確認している。

（29）三番叟について、親方に相談することは当然のことであるが、三番叟以外のことでも、親方とは他の人とは異なる関係にあるということを語る人もいる。また、翁（大神宮）を演じた人たちは、その人たちだけの集まりがあり、歴代の役者が、年に一度、旅行に行くというつながりもあるという。

（30）ここでの事例についても、フィールドノーツに基づき、話の趣旨が変わらない範囲で、筆者が再構成したものである。

(31)ここでの事例についても、フィールドノーツに基づき、話の趣旨が変わらない範囲で、筆者が再構成したものである。

(32)彼らの出役の理由は、三番叟関係者と同じ職場であった、または、無尽(講)などさまざまな理由があるが、三番叟の関係者(「弟子」として出役している立場から見ると、「おじっさ」の立場にいる人との人間関係によって出役してきていることが多い。

(33)親沢の場合、三番叟がなければ話すことがなかった人もいるということが、「親沢の者」だけで担っていた時期においても、出役経験者から語られたことがある。

(34)二〇一七年から出役をしている人たちは、役場職員の人も複数名いるが、役場職員であるから三番叟に出役するということを慣習化することも現実的ではないだろう。

(35)川平の鹿舞と親沢の三番叟の開催日が四月第一日曜日から四月第二日曜日に変わったのも、四月第一日曜日午前中に、小海町全体の消防団の任命式があり、午後は分団ごとの活動があることに理由がある。川平と親沢は、獅子舞と三番叟がある為、午後の分団の活動はないが、他の集落で行われる。他の集落侍従の出役者の多くは消防団にも所属している。したがって、自分の所の消防団活動に出ないで、よその芸能に出るというのは難しい側面がでてきたことも大きな理由である。

引用・参考文献

相澤卓郎・佐久間政広、二〇一七「東日本大震災後における民俗芸能の復活―なぜ大曲浜獅子舞は年間45回も上演されたのか」『社会学年報』四六号、東北社会学会

岡崎友典・人見麗子、一九九〇「農山村地域における地域定住の条件―地域定住意識と生産基盤・世帯構造」『武蔵大

学人文学会雑誌』二二巻三・四号
岡崎友典、二〇一八『地域教育再生プロジェクト―家庭・学校と地域社会』左右社
久保信夫、一九七四「小海町親沢の人形三番叟の研究―その伝承制度と教育法」『信州大学教育学部紀要』三一号
小海町教育委員会編、一九九七『小海町志近現代編』小海町志編集委員会
後藤淑・大谷津早苗編、二〇〇五『親沢の人形三番叟』親沢人形三番叟保存会
佐藤守、一九七〇『日本青年団史研究』御茶の水書房
竹内利美、一九七二『村落集団と家連合』東北大学教育学部最終講義講義録
竹内利美、一九九一『竹内利美著作集3ムラと年齢集団』名著出版
武田尚子、二〇〇五「祭礼の変容と地域社会―福山市内海町の事例から」『ソシオロジスト』七　武蔵大学社会学部
長野県、一九八六『長野県史民俗編第一巻（二）』長野県史刊行会
永田衡吉、一九六七『神奈川民俗芸能誌続編』神奈川県教育委員会
永田衡吉、一九六九『改訂日本の人形芝居』錦正社
夏秋英房・牧野修也、二〇一一「地域芸能の継承様式の変容に関する社会学的研究―長野県小海町の人形三番叟をめぐって」『國學院大學紀要』四九号
新津亨編、一九六七『小海町志川東編』小海町教育委員会
平山和彦、一九九二『伝承と慣習の論理』吉川弘文館
広田照幸、一九九九『日本人のしつけは衰退したか―「教育する家族」のゆくえ』講談社
牧野修也、二〇〇七『農家後継者の教育戦略―農村市民社会を目指して』ハーベスト社
牧野修也、二〇一六「中山間地の集落芸能の継承と意味変容―長野県南佐久郡小海町親沢集落・人形三番叟の事例から」『専修人間科学論集社会学篇』六号

付記

本章は、夏秋英房・牧野修也、二〇一一「地域芸能の継承様式の変容に関する社会学的研究―長野県小海町の人形三番叟をめぐって」『國學院大學紀要』四九号の筆者担当部分および牧野修也、二〇一六「中山間地の集落芸能の継承と意味変容―長野県南佐久郡小海町親沢集落・人形三番叟の事例から」『専修人間科学論集　社会学篇』六号を元に、大幅に修正したものである。

第八章

祭礼を〈縮小〉させる地域社会

――千葉県印旛郡栄町酒直のオビシャ――

金子 祥之

写真 8-1　祀られる神々

出典：筆者撮影

写真 8-2　御山と御座給仕人

出典：筆者撮影

一、祭礼をめぐる葛藤と合意

（1）小さな祭礼の〈衰退〉

本章の目的は、従来通りの祭礼が執行困難になった地域社会において、祭礼を継続してゆくために、人びとがどのような論理を形成していったのかを明らかにすることにある。すなわち、本章では、祭礼を担う人びとの間での合意形成を考察することで、生活の現場での「担いのしくみ」をとらえてゆく。

本章で検討するのは、オビシャ行事である。年頭の重要な集落行事として、かつては関東地方の多くの地区で行われていた(1)。オビシャは、祭礼という言葉を使うことがためらわれるほど地味な行事である。本書に収められた祇園祭・曳山祭・御柱祭などの華々しい祭礼とは異なり、出会うことさえ難しい。

〔引用者注：オビシャは、〕普通の神社での祭礼などのように、一般の人々の目には触れにくい行事である。この祭事を行なう人たちが、集落内やクルワ内〔引用者注：集落内の十数軒ほどの小集団〕だけで執行し、外には吹聴しない（幟をたてたりすることもすくなくなった）のが、大きな理由だと思う。……いつ、どこで、何時から、などということはわからないことが多い。……さらには、神社のようなオープンな場所だけではなく、多くは個人の家でおこなわれ、それも毎年順番制なので、なかなか見学することもままならないのが実情だと思う（生方 二〇〇六：二一一）。

オビシャが目立たない理由は、本来この行事は秘儀であり、担い手の間に、わざわざ外部へ宣伝する意識がないことにも求められる。オビシャは、集落内に完結した、いわば「小さな祭礼」なのである。今日、オビシャのような「小さな祭礼」に対して、存続は困難であるとの見解が示されることが珍しくない。内田忠賢は、祭りを二つのタイプに分類した。第一は、村的・伝統的・宗教的・小規模・変化の少ない祭り、そして第二は、都市的・新しい・非宗教的・大規模・変貌する祭りである。前者の典型例として讃岐平野の地神祭をあげ、「村の、伝統的な、民間信仰に基づく、小規模な、変化が少ない地神祭は早晩、消滅するだろう」（内田 二〇〇三：一六一）と結論した。オビシャもまた前者のタイプであり、存続が危ぶまれている。実際に埼玉県内のオビシャを調査した佐藤・中林は、「危惧されていた通り、その実施数も減少し、さらに簡略化が進んでいる」（二〇一三：一六〇）と指摘した。オビシャは廃止されてしまうか、大幅な簡略化が進む。儀礼的要素が失われ、年頭の親睦会となることは一般化しているといえる（大島 二〇〇二、押尾 一九八五、萩原 一九九七）。

それゆえ、オビシャを論じる際には、「行事の衰退」が常套句となっている現状がある。そしてそれは、日本各地の「小さな祭礼」へと向けられたまなざしとも、共通するものであろう。

（2）祭礼の変化へのまなざし

ところが興味深いことに、阿南透は「オビシャの衰退」を見出す研究に対して、つぎのような批判を展開する。「〔引用者注：従来のオビシャ研究には〕オビシャの現代的意義という視点からの研究が乏しい。都市化が進む地域では、オビシャの変容が著しい。特に一九八〇年代以降、日程、会場、内容が大幅に変化している。これを単に『オビシャの衰退』と見なすのではなく、現代社会への積極的な対応と見なす必要があるのではないだろうか〔傍点引用者〕」（阿南　一九九八：一四八－一四九）。

なぜ行事の維持・継承が難しい現実があるにもかかわらず、行事の衰退を指摘することが問題なのであろうか。残念ながら阿南は、この点について、これ以上言及していない。だが、「見なす」という表現からもわかるように、この指摘は、実際に行事が衰退しているかどうかという事実レベルの問題ではない。そうではなく、現状を衰退としてとらえてしまう私たちの認識への批判であり、方法論レベルの問題である。祭礼の過去復元に高い関心をもち、過去との対比により、現在の行事に衰退というまなざしを向ける立場を〈衰退〉論と呼ぼう。[2] すなわち本章では、阿南の指摘を、従来の研究が〈衰退〉論に陥っていることへの批判であると受け止めておく。

〈衰退〉論の大きな問題は、行事を担う人びとの生活を軽視してしまう点にある。かつて有賀喜左衛門は、「民俗学は生活を正視することが目的」であり、「古俗保存を目的とするものではない」（有賀　一九二九＝二〇〇一：二九）と指摘した。有賀は、民俗学が古俗にばかり関心をもつあまり、地域生活をとらえ損ねていることを批判した。たしかに、「古俗」に注目し行事をとらえると、小さな祭礼の現状を、衰退と指摘するのも無理はない。しかし、そのような変化を担い手の側からとらえると、どのようになるだろうか。行事を変化させることにも、地域社会にとって積極的な意味はないのだろうか。有賀の批判と通底する問いかけが、阿南による〈衰退〉論批判にみられる。つまり、〈衰退〉論は、地域社会の側から評価することなく、祭礼行事のあり方にのみ焦点を当てる見方なのである。

(3) 地域の合意を問う意味

一般に、祭礼の存続をめぐる議論では、都市的祭礼であれ、集落の小さな祭礼であれ、資源の欠乏に焦点が当てられる。たしかに祭礼の存続にとって、資源の欠乏は無視しえない課題である。そのため祭礼が存続できるか否かは、担い手の数が十分であるか、外部からの支援を得られるかといった、量的な問題として論じられる傾向がある(たとえば井上 二〇一七、卯田・阿部 二〇一五、小林・筒井 二〇一八、山下・岩佐 二〇一九など)。

しかし、今日の祭礼をめぐる問題は、資源の欠乏という観点で語りつくせるものではない。さらに言えば、祭礼の継続困難な状況を、資源の欠乏ととらえるだけでは、根本をとらえ損ねる可能性がある。

というのも、祭礼の存続は、資源の欠乏という量的問題としてだけでなく、価値や認識といった質的問題としてとらえる必要がある[(3)]。大野啓は、祭祀組織の分析から、祭礼に対する価値観の変化を指摘する。「〔引用者注：現代の地域社会においては、〕祭祀権を有することが羨望の的になりうるものではなくなった」（大野 二〇一一：二五九）といい、「〔引用者注：祭祀権を持つことが〕神社の祭礼への義務を持つことであり、負担が大きいという認識へと変化してきた」（同）とまとめている。

大野の指摘はつまり、かつて「羨望の的」であった祭礼への関与が、現代においては「負担」とみなされるほど、劇的な価値観の変化が生じたことを示している。このような祭礼をめぐる担い手の価値観の変化は、程度の差こそあれ、現代日本の祭礼に広くみられるものではないだろうか。

本章において、祭礼を担う人びとの合意形成に注目する理由は、まさにこの点にある。祭礼の継続が困難になる要因は、担い手の間での価値観の変化と、それがもたらす価値的対立に求められよう。事実、本章で検討する地域においても、祭礼への参加はすでに「羨望の的」ではない。またかつてのように、地域の成員であれば、祭礼への奉仕や協力が当然の責務であると考えることはできない。

加えて、価値観が多様化しており、今後の祭礼のありようを問われると、対立が生じてしまう。より具体的には、大きく二つの論理的な対立のなかで、祭礼の今後を判断してゆくことを求められた。困難な状況を認識しながらも、なお行事を変化させずに継承しようとする「保存の論理」と、社会状況に合わせ変化させようとする「合理化の論理」がそれである。したがって、祭礼の「担いのしくみ」を探るには、祭礼への価値認識の変化を中心に考察しなければならない。現代では、それぞれ異なった認識をもつ人びとが祭礼を担うようになったからこそ、担い手の間での合意形成の場面に注目する必要がある。そうした場面に目を向けることにより、〈衰退〉論のような、外在的評価を乗り越えることができよう。

では、祭礼をめぐって対立的な価値認識があるなかで、人びとはどのような論理によって合意し、祭礼を存続させてきたのであろうか。ある地域社会の、半世紀にわたる議論の過程に迫ってゆく。

二、酒直地区とオビシャ

(1) 酒直地区の社会構造の変化

本章で対象とするのは、利根川下流に位置する千葉県栄町酒直《さかなお》地区である(図8―1)。利根川と印旛沼に挟まれるように立地しており、古くからの定住地は、水害の影響を受けない台地部に位置する。かつては純農村であり、台地部には畑地があり、印旛沼に向かって広大な水田が広がっている。

酒直地区は、栄町でも比較的人口の多い地区であるが、近世から大村であった。酒直村の近世初期の村高は九九八石四斗三升四合にも及ぶ。やがて一八世紀末の段階で一一一八石一斗九合まで増加し、明治を迎えている(栄町史編さん委員会 一九九九:一〇二)。

地区の人口は、二〇一八年四月時点で、世帯数二五三世帯・人口五七一人である。この数字をみた読者は、祭礼を維持するうえで、「恵まれた地域」と感じるのではないだろうか。というのも、酒直のような平地農業地域の平均的な姿は、五七世帯・一九〇人であり、酒直地区はそれを大きく上回っている。中山間地域のように、定住人口が著しく減少したために担い手が欠乏し、祭礼を実施できない状況と

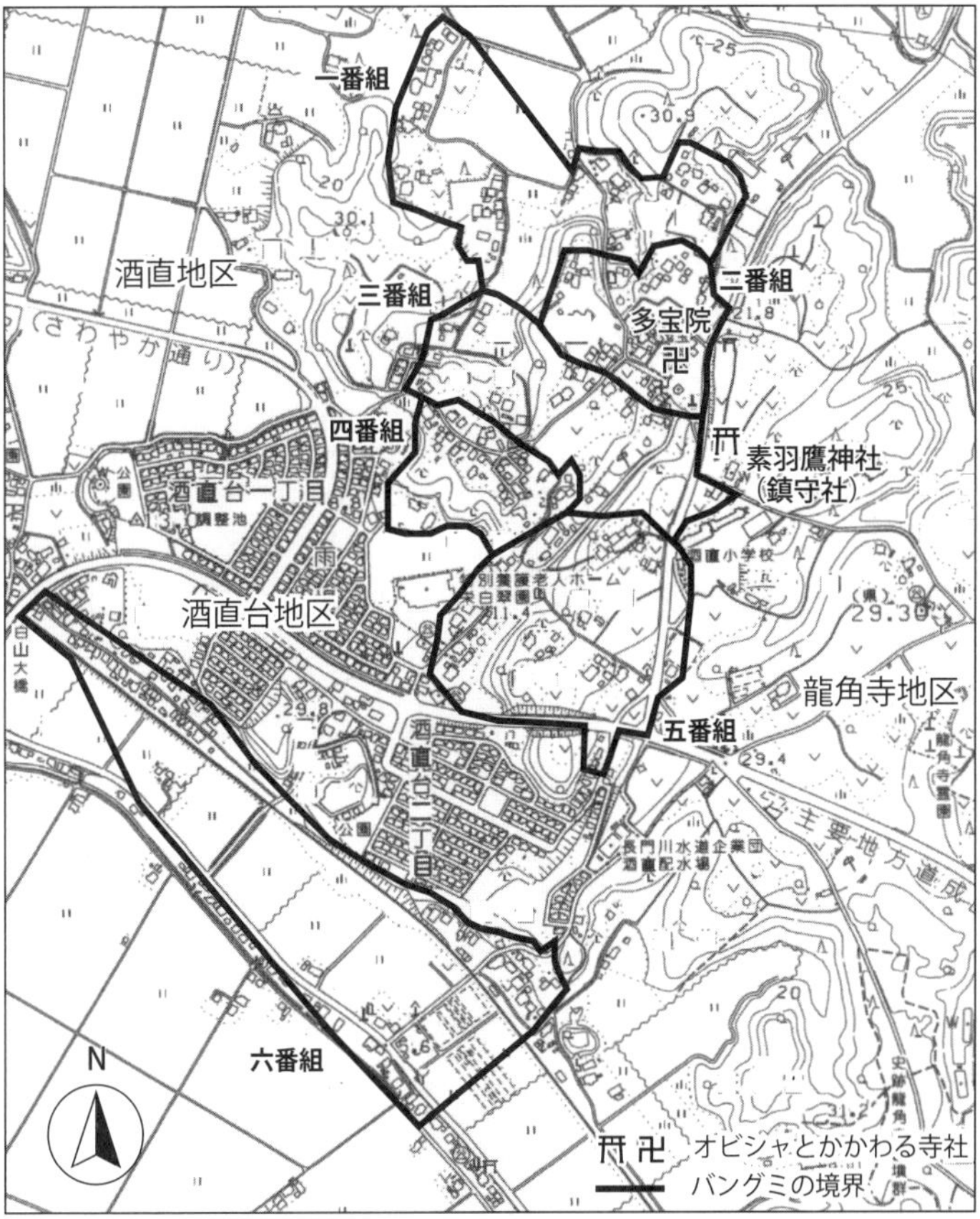

図 8-1　酒直地区の概況

出典：聞き取り調査をもとに筆者作成

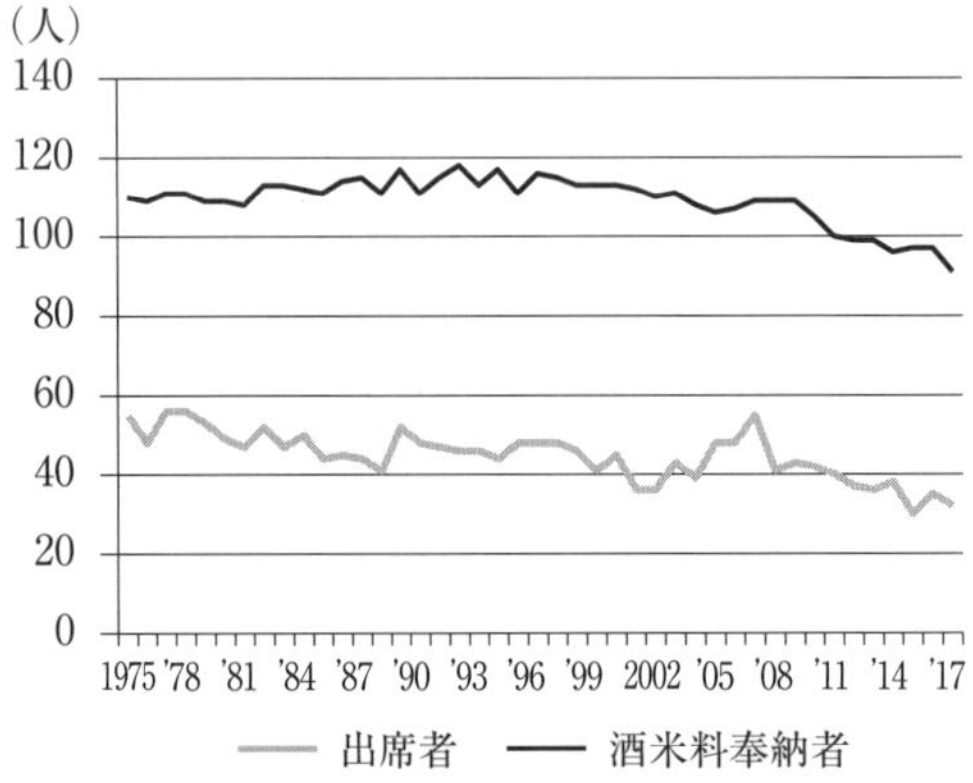

図8-2　オビシャへの参加状況

出典：大殿引継ぎ資料をもとに筆者作成

は明らかに異なっている。

だが一見、祭礼の維持がたやすいように見える場所でも、維持困難な状況が生じている。図8−2は、地区の人びとの祭礼への関与を示したものである。オビシャへは、各戸から男性戸主一名が参加するのが通例である。ところが、約一二〇戸があるなかで、出席者は四〇名を割っている。一九四三年には、総戸数が九〇戸弱で出席者は七〇名であったというから、参加率は大きく減少してきた。後に述べるように、オビシャは集落内を二分し、毎年、亭主役と客人役を交代しながら執行される。じつは三〇名強という参加者は、祭礼を執行する最少人数といってよいのである。

このように祭礼へ関与する人びとは、徐々に減少しているが、その背景には地区の社会構造の変化がある。かつては純農村であった酒直地区も、農家戸数は、著しい減少傾向を示す。一九七〇年時点で、農家戸数八七戸、地区内の農家割合は六六・九％であった。それが一九八〇年には七九戸（五七・七％）、一九九〇年に七六戸（五〇・七％）となり、一九九〇年代後半以降は急減してゆく。農家は二〇〇〇年に四二戸、二〇一〇年三二戸となり、二〇一五年には二四戸にまで減少した。

オビシャは稲作儀礼とはいえないが、農業を営む居住者が主たる担い手となっていることが少なくない。それゆえ、「稲作とのつながりが強く昔からそこに定着していた家が多い所ではオビシャも古い形で残り、酒宴の様々な盃事も残っている」（深田 一九八八：二六）との指摘もある。酒直地区でも「オビシャは農家の行事」とみる人もおり、離農化傾向は、オビシャが地区全体にとって重要な行事という認識を揺るがしている。

このような離農化傾向は、同時に、他産業への就労が一般化したことを示している。酒直地区から東京へのアクセスは、電車や車で一時間半ほどであり、東京や隣接する千葉県北西部へ通勤する人も少なくない。酒直地区では一九八五年以降、ニュータウン開発も行われた。地区の里山を切り拓き、約五〇〇世帯が住む酒直台地区が造成された。新しい地区の住民は、独自の自治会を形成し、オビシャにも関与してはいない。だが、この地域のベッドタウン化を示す顕著な事例である。

（2）神を引継ぐ行事としてのオビシャ

酒直地区のオビシャは弓射儀礼を欠き、その要点はむしろ、地区に祀られた神々の祀り手を決め、新たな祀り手へと神々を受渡し、引継いでゆくことにある。[4] 新たな担当者を決め、役割を引継ぐことは、なにもオビシャだけではなく、どの組織にもみられる社会的行為である。学校であれ、会社であれ、地域自治会であれ、すべての組織は引継ぎを行ってゆく。だが、オビシャが、いわゆる引継ぎと異なるのは、引継ぐ対象が地区を守る神であることだ。それゆえ、引継ぎは、単に物品をやり取りすればよいというものではなく、緊張を伴う儀礼となる。また、右から左へと横流しにするのではなく、時間をかけゆっくりと進行させる必要があった。受渡す側も引継ぐ側も、できるだけ長く、自らの側に神を留めておこうとする意図を感じるほどである。

　酒直地区のオビシャが〝引継ぎ〟を軸とすることを確認したうえで、はじめに戦中・戦後のオビシャの様子を記述しておきたい。近い過去の姿を示しておくことで、いかに継承してきたのかが理解しやすくなるからである。その際に、①誰から誰への引継ぎなのかという組織構成と、②どのように引継いでゆくのかという行事構成を中心にみてゆくことにしよう。

　誰から誰への引継ぎかという点について、酒直では、地区内を二つのグループに分けてきた。六つの番組〔自治会の班に相当する単位〕のうち、一～三番組を一つのグループ、四～六番組がもう一つのグループとなる。二つのグループは、亭方《ていがた》と客方《きゃくがた》と呼ばれる役割を担当する。亭方とはオビシャを執り行う亭主方を、客方とはオビシャに招かれる客人方の意味であり、亭方から客方へと引継ぐ。翌年には役割を交代し執行する。

　オビシャの実施主体となる亭方には、細かな役割がある。オビシャでは地区内にある一四の神々を祀る。これらの神々を預かる守護人が、亭方の中心的担い手である。鎮守社を守護する大殿《おおど》は行事の責任者であり、祭祀の場（自宅）を提供し、供物の準備やオビシャにかかる費用を負担した。鎮守社を除く一三社の守護人は小殿《こど》という。小殿衆のうち、荒神社守護人を小殿頭《こどがしら》といい、「小殿衆を指揮し、会計をつかさどる」（堀井 一九四三：五三）。小殿衆は、客方をもてなす役割を細かに分担した。料理に関する料理役・吸物役・酒番役・燗役、手遊《てすさ》びに関する野老役・煎花役・煙草役、給仕に関する配膳役・総給仕などがあった。

祭祀を執行する守護人のほかに、総奉行《そうぶぎょう》と「亭方中の長老がなつてゐる」（同：五四）御座奉行《おんざぶぎょう》が行事を差配した。総奉行は区長がつき進行役を果たし、御座奉行は高齢者で物知りな人がつき祭祀を補助した。また重要な儀礼には、「両親健在にして七歳の長男なる子供」（同）が、御座給仕人《おんざきゅうじにん》として酌人をつとめた。

ではつぎに行事内容を確認しよう。オビシャは一月二二日に大殿宅で行われた。その前日も、守護人一同が大殿宅に集まり、御膳をいただき、翌日の段取りを確認した。この日を「ケェーホゲェー」（同：五三）といったことが記録されているが、これは粥祝《かゆほがい》の意味であろう。聞き取りによると、大殿と相殿が前年の新穀を集めて新酒を造り、それをあけ振る舞う日であったという。

当日は朝七時に守護人たちが集り、祭祀に必要な祭具を準備する。それが終わると、守護人たちは、客方の家々を一軒ずつ訪ね、招待の詞を述べる。一同がそろうと、神職が一般的な祭式を担当した。その後、オビシャ固有の儀礼が行われる。抽選により新たな守護人を決め、御山《おやま》式→宮渡《みやわたし》式→終酒盛《おいざかもり》式→送り込み→新旧守護人それぞれが行う祝宴と、宴席を伴う儀礼が、丸一日がかりでつづいてゆく。

御山式は、最重要視された儀礼である。戸板にのせた御山を「新旧大殿・相殿の四人が前述せる戸

写真 8-4　宮渡式

写真 8-3　御山式

板を持って三回上下して、『マーダゴ、マダゴ』と称し、拍子を三回うつ」（同：五四）（写真8−3）。これが終わると新守護人をもてなす宴席となる。総奉行が指揮を執り、御座奉行が用意すべき酒や肴、手遊びを指示する。小殿頭はそれぞれを担当する守護人に命じ、準備し客方に振る舞う。このように一品ずつ丁重にもてなし、宴席はゆっくりと進行した。

宮渡式は、「新旧の大殿、相殿《あいど》〔引用者注：大殿の代理〕、小殿衆は相対して坐り、まづ旧大殿が吸物椀の蓋で酒を三献飲んで、奉祀した祠に盃を添へて新大殿の前に置き、依願の旨を述べる。新大殿は引受けた由を述べ、御座奉行人により注がれた酒を一献のみほす。同様な事が小殿衆間になされて引渡しがすむ」（同）（写真8−4）。

宮渡式を終えると旧大殿宅から新大殿宅へと儀礼の場が移る。新旧大殿・相殿の間での引継ぎである、終酒盛式が行われる。終酒盛式を終えると旧大殿は自宅へと戻る。ちょうどそのころ、小殿頭を先頭に旧守護人たちが大声をあげながら、新大殿宅へ向かう。これを送り込みといい、祭祀にかかわる品々を届ける儀礼であり、守護人たちは、新大殿宅であらためてもてなしを受けた。

それらが済むと、新旧守護人がそれぞれの大殿宅に分かれ祝宴を行う。どちらの宴席も、深夜一二時過ぎまで祝杯があげられた。旧大殿宅では、大殿を座敷の中央に立たせ、亭方一同が集まり、御山式と同様に、「マーダゴ、マダゴ」と唱えながら、大殿を胴上げした。そして、新大殿宅に物品を届けた守護人が戻ってくると、あらためて料理が振る舞われた。

翌二三日は守護人を中心に、残った料理と酒で楽しみつつ、会計処理を行った。会計はそれほど時間がかかるものではなかったというが、二四日以降も、勘定間違いだといって二一〜三日は宴席が続く。雪が降り、農業ができなければ一週間も続くこともあった。

以上からオビシャの、つぎの特徴が確認できる。オビシャは、地域内での神々の引継ぎであり、神を預かる守護人が行事の中心となった。とりわけ鎮守社を預かる大殿は、行事の華である。集落内すべての神々が自宅に集まるため、羨望の的であった。一方で大殿となることは、大きな負担でもあった。行事にかかる費用は、基本的には大殿が負担すべきものとみなされていた。また引継ぎにかかわる儀礼には、必ず酒席が付随し、丁寧なもてなしを繰り返すことで、引継ぎが行われた。それにともなう料理も大殿が用意した。

そのため後の時代になると、大殿が中心となる組織構成と、丁寧な振る舞いを繰り返す行事構成が、行事を継承するにあたり、とくに考えてゆかねばならないポイントとなることが理解されよう。

表 8-1　祭礼規約の改訂状況

年月	文書化	条項数		改正・修正項目数*	主な変更点
		条数	総数		
昭和42(1967)年1月	○	21	32	—	
昭和44(1969)年1月				12	酒米料の分担、親戚働き衆関係規定
昭和46(1971)年1月				3	祝儀・謝礼、慰安会費などの増額
昭和49(1974)年1月				1	祝儀・謝礼の増額
昭和50(1975)年1月				3	清掃規定、祝儀・謝礼の増額
昭和58(1983)年2月	○	19	46	27 (9)	酒米料規定、祭事次第に関する規定
昭和59(1984)年1月				1	祭典費の増額
昭和60(1985)年1月				2	祝儀・謝礼の増額
昭和62(1987)年1月				1	神官依頼に関する規定
平成2(1990)年1月	○	21	47	4	酒米料規定、祝儀・謝礼の増額
平成7(1995)年1月	○	19	54	11 (2)	酒米料規定、守護人の忌服規定
平成9(1997)年1月				3	給仕人規定、荒神社境内に関する規定
平成11(1999)年1月	○	20	58	30 (7)	小殿による分担規定、大殿奉仕規定
平成14(2002)年1月	○	20	58	4	祝儀・謝礼の増額、会計規定
平成16(2004)年4月	○	18	56	18	実施期日規定、小殿による分担規定 酒米料の増減規定、終酒盛式の削除

注：カッコ内は移項など実質的には改訂とならない条項数を示したもの。
出典：大殿引継ぎ資料をもとに筆者作成

三、祭礼規約からみる合意形成

（1）祭礼規約とは何か

このような戦中・戦後のオビシャの執行方法は、やがてどのように変化していったのだろうか。オビシャの変容を把握するため、ここでは酒直地区の祭礼規約を分析する。酒直地区では、「酒直鎮守・素羽鷹神社、春季大祭申し合せ書及び執行規約」（以下、祭礼規約とする）を作成し、これにもとづき行事を執り行ってきた。規約は全戸に配布されるとともに、大殿が保管し引継いでいる[5]。

酒直地区の祭礼規約は、オビシャという限られた範囲ではあるが、神谷（一九九三）の定義する村規約にふさわしい内容である。村規約とは、『生活共同体としての村』が、その主体となり、または連合して、共同生活秩序の維持、存続を図るために、集団内部の議決機関によって議定された成文の規約」（神谷　一九九三：四〇三）を指す。実際に酒直では、行事の変更にあっては、参加者一同で議論し、そのうえで規約を改正し、変更するという手続きをとってきた。

さて酒直地区の祭礼規約は表8-1に示した通り、一九六七（昭和四二）年以降、酒直地区ではこれまでに七つの規約が作成されており、少なくとも一五回の改訂（修正や改正）がなされている。時代に即して、必要な改訂が行われてきたことをうかがわせる。

注目されるのは、一九七〇年代以降、何度も改訂が行われてきたことである。しかも一九八〇年代以降、その頻度は高まっている。酒直地区の祭礼規約に集中的な改訂が生じるのは、何とかオビシャを継承しようと試みているからである。ゆえに、祭礼規約は行事の変容を知る格好の資料といえる。

（2）祭礼規約のねじれ

資料8-1は、祭礼規約の実例である。ここでは、最も新しい平成一六年の規約を掲げた。祭礼規約の第一条はオビシャの執行方法を規定したものである。この第一条は昭和四二年規約以来、継承されているが、ここに書かれていることは、オビシャをめぐる「ねじれ」を端的に表現している。第一条には、「一、本祭典は古例を出来得る限り保存し、質素を旨として物心両面の負担を軽減し、氏子一同敬神の誠意を以って規約を堅守し、行うものとする」とある。この条文にはオビシャの細部にわたって変化を加えずに継承しようとする「保存の論理」と、社会状況や地域の実情に合わせることを目的と

執行規約

一、本祭典は古例を出来得る限り保存し、質素を旨として物心両面の負担を軽減し、氏子一同敬神の誠意を以って規約を堅守し、行うものとする。

二、本祭典は当区鎮守社他左記一三社とする。
荒神社、白幡社、日枝社、稲荷社、弁天社、愛宕社、浅間社、天神社、御霊社、水神社、鷲神社、子の神社、疱瘡社

三、本祭典当日抽選を以って各神社守護人を定め、各一ヶ年その社を奉仕する。

四、鎮守社を守護するものを大殿と称し一三を守護するものを小殿と称す。但し荒神社守護人をもって小殿頭と称す。

五、本祭典は毎年一月第四日曜日を以って行うものとする。但し当区を二分し、毎年度毎に客方、亭方とする。

六、本祭典の翌年度の新大殿並びに新相殿は、前年度一二月中に内定するものとし、旧小殿頭並びに旧白幡社、旧日枝社、旧稲荷社守護人を以ってその交渉に当たるものとする。

七、新大殿、新相殿の決定は一二月吉日を以って、大殿、小殿頭、並びに旧小殿頭にて決まり酒二升を持参し依頼するものとする。

①神官を依頼する。神官の依頼は小殿頭がこれにあたる。

②御山式に対する給仕人二名を依頼する。依頼は小殿頭があたる。

八、祭典費は主として酒米料にて賄い氏子並びに信徒の寄進によるものとする。

①寄進の取り纏めは大殿、相殿、小殿一同が手分けしてこれにあたり、一二月中に完了するものとする。尚取り纏めは、一番を白幡、二番を稲荷、三番を愛宕、四番を天神、五番を水神、六番を子の神社、鷲神社、日枝社、弁天社、浅間社、御霊社、疱瘡社の各守護人が当たる。

資料 8-1　祭礼規約（平成一六年規約の一部）

して、行事に変化を加えていこうとする「合理化の論理」とが書き込まれている。「保存の論理」は、「古例を出来得る限り保存」という文言に、「合理化の論理」は、「質素を旨として物心両面の負担を軽減し」という文言に表現されている。

「保存」と「合理化」は、原則的には、両立しえないはずのものであり、「ねじれ」を抱えた表現である。二つの論理をひとまとめにしている事実は、オビシャを継承するために葛藤してきたことを認識させてくれる。頑なに「保存」を貫くのでもなく、だからと言って、時代に流されるまま「合理化」するのでもない。このような基本姿勢が確認できる。

ではこの両立しがたい二つの論理の間で、人びとはどのように折り合いをつけていたのだろうか。規約の検討にあたって、具体的な検討対象と順序を記しておこう。規約改訂には二つの画期があった。昭和五八年規約と、平成一六年規約である。そのように判断できる理由は、表8—1からうかがえるように、二つの規約は改訂項目が多く、かつ、これらだけが一月以外の成立である。大きな改訂でその場で合意できず、あらためて承認されたことを示している。

すなわち、この二つの規約がとくに重要な改訂であり、画期をなすものであったことがわかる。そこで、もっとも古い昭和四二年規約を確認し、そのうえで二つの画期を検討してゆく。

四、改革に揺れる昭和後期の村規約

(1) 改革の端緒となった昭和四二年規約

昭和四二年規約が必要とされた理由は、前文に記されている。「古式に則り前後三日間に渉り大殿に参集し〔引用者注：執行されてきたが〕、大殿並びに小殿一同の負担も倍増せられ、その継承を逃避する傾向になりつつあります。時代は正に民主化のときを迎え……時代の推移に伴い物心両面の負担の軽減を図ることが……必要であります」。「民主化のときを迎えた」、一九六五（昭和四〇）年ごろにはすでに、「継承を逃避する傾向」が生じていた。行事が担い手にとって「負担」と感じられた。それゆえ、「物心両面の負担の軽減」を目指した「改革」を成し遂げなくてはならない。そのような事情があった。

では、この時期に担い手が感じていた「負担」とは、いったいどのようなものであったのだろうか。聞き取りによると、そこには高度経済成長が関係する。戦後の混乱期から経済発展の時代になり、オビシャは華美な行事になりつつあったのだという。

先にふれた通り、オビシャは、大殿に大きな負担がかかる祭祀形態である。当屋制と呼ばれる、一軒が代表して集落祭祀を取り仕切る形態であるため、社会状況の好転に合わせ行事が華美になると、負担はより大きくなる。すると、大殿をはじめ守護人となることは、精神的にも経済的にも負担を感じるものとなり、「継承を逃避する傾向」が生まれた。好転する社会情勢に対応し、「物心両面の負担を軽減」した規約が求められていたのである。

残念ながら、これ以前の規約が大殿引継ぎ資料には残されていないため、この規約がどれほど変更を加えたものなのか、正確に知ることはできない。さきに記した戦中・戦後のオビシャと、昭和四二年規約の内容を比較し、相違点を検討してみよう。

大きく二つの変化を見出せる。第一に、儀礼の場の公共化である。オビシャは当屋制をとっており、大殿が自宅を儀礼の場として提供する。つまり、少なくとも三日間にわたって、大殿の自宅は私的空間ではなく、地区の祭祀空間となるのである。これは大殿にとってみると、長い時間にわたり、地区への奉仕を期待されることを意味する。

そこで、大殿の自宅に代わり、神社や青年館といった公共空間の活用が模索された。昭和四二年規約の「申合せ書」には、「区民の集の場たる青年会館の建設も、……竣工を見たる機会なるに依り、区民の総意を以て改革の実現を見た」とある。青年館の建設と行事の「改革」が同時期に起こるのは、儀礼の場の公共化の要求を反映している。

第二に、近代的時間が導入されたことである。かつてのオビシャは、終わりが明確でなかった。儀礼はつねに酒席をともない、終わりは不明瞭であった。終酒盛式後の亭方・客方それぞれに分かれた宴席も深夜まで続けられていた。あるいはまた、翌日の会計日で、一連の行事が終わるはずである。だが実際には、勘定間違いといって、際限なく宴席が続けられた。

しかし、参加者の感覚や自然条件と深く結びついていた行事の終わりが、近代的時間によって規定された。参加者全員が参加する慰労会（慰安会）は、第一八条で、「青年会館の慰安会は、午後四時を期し散会」と定められた。また第一七条では、新旧の守護人たちが執り行なう終酒盛式について「質素を旨とし饗応に預るものとす。……午後五時を期し散会するものとす」と規定された。行事も「三日間」と定められた。行事全体を近代的時間のもとにおき、時間管理を行う。それにより、大殿や参加者に生じる負担の軽減をはかった。

このように見てくると、昭和四二年規約は、大きな改革であったことがわかる。当時の課題は、祭事負担の大きさから、守護人を引き受ける人が減少したことであった。そこで、この規約によって、華美な行事になることを避けるとともに、儀礼の場の公共化、行事時間の管理を通して、大殿をはじめ守護人の負担軽減をはかった。

(2) 揺り戻しとしての昭和五八年規約

ではつぎに、昭和五八年規約の検討に進みたい。表8-2は、祭礼規約を通じて、何を規定したのかを示したものである。度重なる改訂で総数が増えてゆくことから、内容の充実ぶりがうかがえる。

昭和五八年規約は、前規約から大幅に規定する内容が増加している。つづく規約の前提となる大幅な改訂が行われているのである。祭祀組織、祭費負担、祭事次第いずれの項目にも、規定数の増加がみられる。

注目される事実は、増加した一七の規定内容のうち、約半数（八項目）を祭事次第が占めていること

表 8-2　祭礼規約の規定内容

	祭祀目的	祭祀組織				祭費負担					祭事次第							
	祭祀対象	祭祀単位	大殿相殿	守護人	給仕人	酒米料宴会費	祭典費	料理	謝礼祝儀	会計決算	祭日	準備清掃	式典	抽籤御山式	宮渡式	宴席	送り込み終酒盛式	総数*
昭和四二年規約	2	1	2	2	1	4	3	1	2	2	1	5	1	6	2	4	3	42
昭和五八年規約	2	1	4	2	3	7	5	2	2	1	1	8	2	10	2	4	3	59
平成二年規約	2	1	4	3	3	8	5	2	2	1	1	8	2	9	2	4	3	60
平成七年規約	2	1	5	3	3	9	5	2	2	1	1	7	2	9	2	3	4	61
平成一一年規約	2	1	10	3	2	9	4	2	2	2	1	9	2	11	2	5	2	69
平成一四年規約	2	1	10	3	2	9	5	2	2	2	1	9	2	11	2	4	2	69
平成一六年規約	2	1	9	9	2	9	3	1	2	1	1	9	2	7	2	4	0	64

＊複数の意味内容を含む条項もあるため、前掲表 8-1 の条項数とは必ずしも対応しない。

出典：大殿引継ぎ資料をもとに筆者作成

である。なぜこの段階になって、行事内容を事細かに記す必要があったのだろうか。その理由は、加筆された「中合せ書」からうかがうことができる。「新しい参加者の多くなる傾向にあり、式典その他の行事についてより明細に順序立てて記載し、古例を出来うる限り保存し、更に分かり易く親しめる、実情に即した規約」とする必要に迫られていた。

つまり、昭和五八年規約で念頭におかれていたのは、新たな世代への継承である。日本では一九八五年前後に、農村の異質化が生じた。「農家兼業化によって村落の異質化が進んできたことによって、村落は従前と全く同じような社会的統一性を保持できなくなることはいうまでもない。すなわち、兼業化が進むということは異種の職業をもつものが増加することを意味し、各家族によって生活条件が異なってくることを意味する。このゆえに、……共同関係を維持できなくなっている」（長谷川 一九九七：二四一）。

酒直地区でも、この時期になると農家戸数が地域の半数にまで減少し、その後、急減していた。昭和五八年規約の時期に新たに担い手になる世代は、それ以前の世代とは異なって、職住分離型の生活を営んでいた。それゆえ、かつてのように生活上の共同を通じ、行事の知識を身につけることは難しい。行事を滞りなく執行するためには、詳細を文章化しておく必要があった。

こうした社会状況から、昭和五八年規約は、「式典その他の行事についてより明細に順序立て」て記述した。オビシャの中心的儀礼である御山式と、宮渡式の手順が書き込まれ、規約は祭事次第書の性格を強めた。現在も、祭礼の準備や執行にあたって規約が参照されている。

このようにみてくると、昭和四二年規約が「合理化の論理」を中心においたのに対し、昭和五八年規約はむしろ、「保存の論理」を軸にして作成されたことが明らかとなる。ライフスタイルや生活感覚が異なるなかで、「保存」を目指した規約であるから、祭事次第を詳細に記すこととなった。

このような事実は、同時に、昭和四二年規約で規定した大幅な改革が、必ずしも直線的には進まなかったことを示している。たとえば、昭和四二年規約で、儀礼の場の公共化が進められたが、この段階で、ふたたび大殿の自宅に参集するかたちに修正されている。第九条において、「一月二十一日午後一時を期し、……大殿宅に集合し、小殿頭の指示にて祭典の準備をする」（傍点引用者）と規定された。

あるいはまた、昭和四二年規約以降、手間のかかる寄進の取り纏めを分担する方法が模索されていた。昭和四二年規約第七条第一項は「寄進の取纏は、……相殿、小殿全員参集、前年度の寄進法に照し、各組を分担行ふもの」（傍点引用者）とあり、寄進の分担を規定する。しかし、ここで再び、大殿だけに村仕事が振り分けることが定められた。

その意味で昭和五八年規約には、古い行事の執行方法への希求があった。昭和四二年規約の大きな改革に対する、「揺り戻し」であったと評価できよう。

五、新たな担いのしくみを模索する平成の村規約

(1) 激しい議論を交わした平成一六年規約

平成に入ると、少子高齢化が問題となりはじめた。地区内にあった酒直小学校は、惜しまれながら二〇一四年に閉校した。この状況を反映するように、平成九年規約で七歳の御座給仕人の規定が、「七才の男子がいない場合は、七才以上の男子を依頼する」と改められた。

地区を構成する家も変質する。跡取りのいない家や、家庭内で介護をする家々も多くなり、その結果、行事を継承してゆくためには、守護人や参加者に対して、さらなる配慮が求められるようになる。

前掲図8-2に示したように、参加者は四〇戸程度にまで減少した。オビシャは、亭方と客方の二つに分かれるから、一四社を受渡すのがようやくといった状況になる。また出席者は決まった人になりがちであり、頻繁に守護人をつとめる人が出てくることになる。守護人の固定化傾向が生じていった。

このように平成に入ると、昭和後期に見られたライフスタイルや生活感覚の変化に加えて、少子高

齢化が進み、より継承困難な状況が出現した。

こうした状況をふまえ、平成一六年のオビシャで、大殿経験者でもある年配者から、「合理化の論理」を唱える意見が出された。「現状のように三日間も大殿を拘束したのでは、引き受け手がいなくなってしまう」との危機感から、祭日を「一日にすべき」ことを主張した。

あまりに大きな変更を伴う提案であったため、その提案を受け入れるかどうか、さらには受け入れるとしたなら、どこまで簡略化を許すのかといった議論で、オビシャの席は紛糾した。到底、その場で、何かを合意できるような状況ではなかった。ただ全体の傾向として、一日開催案を受け入れる意見が多数派となっていることが確認された。

そこで一日開催を前提とした規約改正を、小委員会方式で実施した。ここには、神社役員二名、正・副区長、大殿・相殿などが参加した。メンバーは必ずしも全員が、一日案に賛成しているわけではなかったが、それを基礎にしながらどこまで簡略化するか議論を交わした。このような経過で規約改正を実施し、新たな規約は全戸配布されたという。

この平成一六年規約が継続した規約改訂の到達点を示すものである。どのような改訂が行われたのか、行事内容と、祭祀組織の変化について検討する。

(2) 行事の二分化による饗応の簡略化

行事内容の変化は、一言で表現するなら、饗応の簡略化である。オビシャにおける饗応は、神々へ

日付	行事・儀礼	儀礼食
21日	事前協議	
	粥祝い料理	鮒の味噌汁、金平牛蒡、青芋煮付、焼鮒、豆腐の味噌汁、長芋、香の物、飯、酒
22日	当日準備	
	ニバンヅケ（客方招待）	
	料理	大根の輪切り、豆腐汁、刻唐辛子付の吸物、酒
	守護人の抽選	
	御山式	
	料理	大根輪切、海老汁の吸物、沢庵、金平牛蒡、焼鮒、青芋煮付の肴、菓子、煙草、野老、煎花、鮒の叩汁の吸物、握飯、酒
	宮渡式	旧大殿が酒を三献飲み、新大殿は一献飲み干す
	送り込み	酒飯を供する
	終酒盛式	酒飯を供する
23日	会計	オビシャで残った酒、肴を飲食する
24日以降数日	勘定間違い	オビシャで残った酒、肴を飲食する

■ 現在では省略された部分
■ 現在では簡略化された部分

図8-3　行事内容の省略過程

出典：堀井（1943）および聞き取り調査をもとに筆者作成

のもてなしであると同時に、それを引き受ける神人たる守護人へのもてなしでもあった。神事と饗応とは一体であり、分割可能なものではなかった。

　だがここに至って、神事と饗応とが区別されるようになった。言い換えれば、オビシャでの飲食は、神の介在する饗応から、自分たちが楽しむ宴席へと意味づけを変えていったことがわかる。

　図8-3は現在の行事内容と、堀井論文（堀井 一九四三）とを比較したものである。この図から、饗応の場面のほとんどが省略されていったことが一目瞭然となる。それに伴って、儀礼食も大きく変化した。本来、

「料理は昔より一定したもの」（同：五五）で、特別な儀礼食が多く存在した。

これらの儀礼食はほとんどが失われ、現在残っているのは、式典後の慰労会で「鮒のすり身の吸物」が作られることだけである。それ以外の料理は、オードブルや各家庭で日常的に作る漬物などに置き換えられた。これは儀礼食作りを担った守護人や、親戚働き衆と呼ばれる大殿の親戚の女性たちへの大幅な負担軽減につながった。

饗応の場面が減少するなかでも、比較的長く存続してきたのは、新旧大殿のほか、少数の守護人が実施する送り込みと終酒盛式であった。これらは、新旧大殿間での神体・祭具の引継ぎ式である。大殿宅の座敷で行われたことや、着衣の乱れを咎められたというから、かつては厳粛な儀礼であった。これらが平成一六年規約で廃止され、饗応の場面は、全員が出席する式典後の慰労会のみとなった。

饗応の簡略化は、同時に、行事にかける時間の大幅な圧縮を可能にした。オビシャでは、御山式や宮渡式などの引継ぎにかかわる神事と、そうした重要な儀礼の前後に多くの饗応の場面が用意され、ゆっくりと行事が進行していた。しかし、饗応が簡略化されるならば、行事全体に必要な時間は大きく減少する。このようにして、平成一六年規約で、オビシャは一日開催、しかも日曜日開催に改められた。

じつはこの時、神事も簡略化すべきでは、という意見もあった。これに対しては、「オビシャはユサンコではない」という声が上がる。ユサンコ（遊山講）とは、農作業の合間の「作業休みの講」（蒲生一九七八：四二）である。かつては番組ごとに行われ、神事の要素はなく、農繁期直後の慰労を目的とした講であった。オビシャから神事の要素を消してゆくことは、地区にとって最も重要である行事を、ユサンコとなんら変わらないものにしてしまうという反発が生じたのである。

つまり「合理化」を求める声と、「保存」を求める声とのせめぎ合いのなかで、見出されたのは、行事を神事と饗応とに分けることであった。「飲み食いやなんか（＝饗応）は変えても良いけど、やっぱり御山式とかそういうもの（＝神事）は改革しない方が良い」との意見にまとまった。神事は維持しつつ、饗応を合理化するという落としどころを見出したのである。

（3）負担の分配

行事の継承がますます困難になってゆくなかで、あらためて問われたのは、オビシャは誰の行事なのかということである。というのも、この行事は、大殿が一切の責任と負担を引き受ける方法をとってきた。つまり、地区内の一軒が主となり、地域全体の行事を執行する祭祀形態なのである。

この当屋制を維持した祭祀形態をとるのであれば、大殿へ集中する負担の軽減をはかることが必要となる。この発想は昭和四十二年規約にみられたが、昭和五八年規約で軌道修正されていた。担い手がさらに不足する社会状況となるにいたって、平成一一年規約以降、地域全体で支えることが模索される。

表8–3は、祭礼規約から行事にかかわる村仕事を、誰が引き受けるかを整理したものである。この表からも、大殿に行事に関する役割が集中していることがみてとれる。大殿と、その代人である相殿、

表 8-3　祭礼規約に定められた担当者

	守護人																				亭方		代表	地区	客方	なし
					小殿衆																					
	(鎮守)大殿		相殿		(荒神)小殿頭		白幡	日枝	稲荷	弁天	愛宕	浅間	天神	御霊	水神	鷲社	子ノ神	疱瘡	小殿一同		亭方	親戚働衆	区長	氏子惣代	客方	
	新	正	新	正	正	旧													新	正						
昭和四二年規約	1	8	1	6	6	1														4	2	2	2	1	2	9
昭和五八年規約	5	18	3	10	7	2													2	6	2	2	4	3	2	8
平成二年規約	5	18	4	11	7	2													2	7	2	2	4	3	2	7
平成七年規約	5	17	4	10	7	2													2	7	2	2	4	3	2	7
平成一一年規約	5	22	4	10	6	2	1	1	1										2	9	2	2	4	3	1	8
平成一四年規約	5	22	4	10	6	2	1	1	1										2	9	2	2	4	3	1	8
平成一六年規約	4	20	3	9	10	2	3	3	3	2	2	2	2	2	2	2	2	2	1	5	2	2	3	2	1	4

注：正：当年のオビシャの守護人，新：当年のオビシャで新たに守護人に選出された者，
旧：前年のオビシャの守護人
出典：大殿引継ぎ資料をもとに筆者作成

そして小殿頭を合わせた三つの役への負担は極めて大きい。注目すべきは、大殿以外の守護人の役割規定が増加することである。これは、大殿が担ってきた役割を、小殿衆に分配した結果である。たとえば寄進の取り纏めは、負担の分配の典型例である。第八条第一項に「①寄進の取り纏めは……一番を白幡、二番を稲荷、弁天社、三番を愛宕、浅間社、四番を天神、御霊社、五番を水神、鷲神社、六番を子の神社、疱瘡社の各守護人がこれに当たるものとする」と規定された。

この規定は分担方式が採用されるだけでなく、どの守護人が、どの組を担当するかを明確化している。じつはこの方法は、昭和三〇年まで続けられていた、守護人による客方の出迎え（ニバンヅケ）にならったものである。かつて各守護人が六つの番組をまわって、行事に出席してもらうため、客方を迎えに上がっていた。この方法にならって、寄進の取り纏めを守護人たちが各番組を分担して行うことになったのである。

一方で、この表からは、負担軽減が求められる大殿の役割を規定した条項が増加していることもわかる。これには二つの理由がある。第一に昭和五八年規約において、行事内容を事細かに記したことから、大殿の役割規定が増加したこと。そして第二に平成一一年規約において、オビシャ以外の年間の奉仕を明文化したことによる。いずれも、大殿が行ってきた慣行を成文化したものである。責任範囲の明文化であり、実質的に負担増ではない。

では、さきに検討した儀礼の場の公共化や時間管理が、その後どのように規定されたかを確認しておきたい。これらはいずれも、それ以前に目指された負担軽減策であった。

儀礼の場の公共化については、一九九九（平成一一）年に集会所が完成すると、その積極的な利用が確認された（同年規約）。じつは、集会所建設の背景には、昔風の人寄せができる家屋が少なくなったなかで、誰もが大殿を引き受けられるようにという意図もあった。また神事の場は、昭和四二年規約時点ですでに神社で行うこととなっていた。つまり大殿の負担軽減のため、儀礼空間は早くから大殿の自宅と神社とに分離した。ただそれでも、守護人たちは、各社を頂いて大殿宅に集合し、そのうえで神社へと出向いていた。

平成一六年規約になると、もはや各社を大殿の自宅へ持ち寄ることもなくなった。現在、大殿の自宅で行われる儀礼は、当日朝に八メートルもある大きな幟旗をニワに立てるだけとなっている。つまり、儀礼の場の公共化はさらに徹底され、神事は神社で、饗応は集会場へと振り分けられた。

時間管理もまた徹底される方向へと向かった。平成一一年規約では、第一八条に「集会場の宴会は午後五時を限度」と規定された。これまで「午後四時を期し散会」であったのと比べると、より厳密な規定である。

一方で会計や引継ぎについては、曖昧な時間が与えられた。職住分離型の生活では、翌日に集合し会計・引継ぎをするのは現実的でない。平成一四年規約では、翌日と決まっていた会計を第二〇条で「一月末日迄」とし、さらに平成一六年規約では、「吉日を以て……引継ぎをする」との曖昧な規定に変えた。このように時間管理をめぐる二つの動きは、いずれも担い手の負担軽減を目指していることがわかる。

以上のような一連の改訂は、古川彰（二〇〇四：一〇三）による家事《いえごと》と村事《むらごと》という概念を借りて整理すれば、つぎのようになる。大殿を務める家が全責任を負う家事としてのオビシャから、大殿を代表者としながらも、地域が協力して担う村事としてのオビシャへという方向性が打ち出されたのである。

六、〈縮小〉するという知恵

本章の目的は、従来通りの祭礼が執行困難になった地域社会において、祭礼を継続してゆくために、人びとがどのような論理を形成していったのかを明らかにすることにあった。

祭礼を存続させるために、酒直地区の人びとが採ったのは、オビシャにかかわる村規約を活用することであった。人びとは古くから存在していた規約を、時代状況をふまえて改訂してきた。白井宏明は、近代の村規約の特徴を、討議を通じて合意し、成文化されてゆくことに求めている（白井 二〇〇七：三五八−三五九）。本章の分析からも、多様な価値観が存在する現代の地域社会では、討議を通じて望ましい執行方法を模索し、相互に納得したうえで規約として成文化していったことが明らかとなった。

だが村規約には、二つの論理の対立がみられた。昭和四〇年代以降、地域内部には、現代の社会状況に合わせて行事に変化させようとする「合理化の論理」が、つねに存在していた。しかし同時に、変化を加えずに継承しようとする「保存の論理」も作動していた。人びとはその時々の状況をふまえて、それら二つの論理をすり合わせ、継承の方策を練ってきたのである。

対立する二つの論理の落としどころとして、酒直地区では大きく二つの〈縮小〉戦略を練ってきた。

第一は、行事を二分し、饗応のみを簡略化する戦略である。オビシャのうち、御山式・宮渡式といった神事を変容させることなく、他方で、守護人による客方へのもてなしの場面は、徹底した合理化をすすめた。これは多くの地域で、オビシャが「ただ集まって酒を飲むだけ」（押尾 一九八五：二一）の場となりつつあるのと対照的である。饗応の簡略化は、見方を変えれば、酒直地区のオビシャが神事を中心に再構成され、継承されていったことを示している。

第二に、負担の分配戦略である。行事を継承してゆくうえで、負担の不均衡という問題があった。オビシャは、当屋制という家事を通じて、地域全体の祭祀を執行する形態をとってきたから、大殿にはとくに負担がのしかかった。そこで、大殿が代表者になるという意味での当屋制は残しながらも、負担を守護人や地域へと振り分けるとともに、儀礼の場の公共化、時間管理を進めた。この過程は単純な省略ではない。かつて行われていた役割分担の方法が参照され、新たなしくみが形成されることもあった。すなわち、人びとは過去のしくみも参照しながら新たな存続の方法を模索し、オビシャを村事とすることを選択していったのである。

以上から、本章の問いに対して、つぎのような答えを導くことができる。厳しい社会状況にあって、行事をなし崩し的に合理化するのではなく、〈縮小〉の論理にもとづく二つの生活戦略を駆使することで、行事を継承してきたのである。それは地域の総意のもとに、変化させる部分（＝饗応／祭事負担）と、不変の部分（＝神事／当屋制）とを見定めてゆくことで成し遂げられていた。

最後に本章の事例研究を通じて得られた〈縮小〉の論理を、冒頭に示した〈衰退〉との対比によって説明しておきたい。従来、オビシャの変容には、〈衰退〉という否定的なまなざしが向けられた。その背景には、地域がなし崩し的に行事を改変しているとの受け止めがあったからであろう。

しかし、地域社会の側からとらえてみると、行事の改変は、生活戦略にもとづく積極的対応であることがわかった。つまり、〈縮小〉とは、厳しい状況を認識したうえで、衰えることを受け入れながら継承してゆく、という地域社会が考え抜いた知恵なのである。こうした生活の場の営みを〈衰退〉としか見ない方法論には、限界があることがあらためて認識されよう。

植田今日子（二〇一六）によれば、地域社会の衰退が叫ばれるなかで、祭礼に対する「保存のイデオロギー」が働きつつあるという。これに対して、植田は、行事の「消滅」を選んだ、ある地域の決断を肯定的に描き出した（同：二〇一一二三）。そこで示された「消滅」を否定しない姿勢は、現代社会に必要となる方法論である。ただ、筆者は「保存」と「消滅」の両極端だけでなく、より多様な時代を生き抜く知恵が必要だと考えている。

その意味で本章が示したのは、危機に際して何が残さなくてはならないものなのかを問い直した地域社会の姿であった。言い換えれば、「保存」でも「消滅」でもない、かといって、ただ〈衰退〉するのでもない。より良い〈縮小〉を見出そうとする生活実践であったのである。

注

（1）オビシャについては、民俗学を中心に豊富な研究蓄積がある。オビシャの目的が弓射儀礼、すなわち「歩射《ぶしゃ》」にあったこと、さらにはそれが射日神話に由来する、と説明できるほどに研究が進展している（萩原　一九九三、一九九九）。

（2）〈衰退〉論は、過去を基点とする直線的な時間に現在を位置づけ、古い姿を評価しがちである。たしかに民俗学は、過去に学ぶ姿勢が強い。だが、「古いほど良い」との歴史認識は、本来、民俗学の方法論とは異なるとの指摘がある（鳥越　二〇〇二：一八五―一八七）。

（3）この点について井口（二〇一九）は、「祭りの存続形態や変容プロセスが、担い手の減少など量的な変化に関連するだけでなく、祭りをめぐる地域社会内での意見の多様化や葛藤、折衝と連動している」（同：一九）と指摘している。

（4）酒直地区では、いまなお、一一ものオビシャが行われる。これらオビシャの詳細は、金子（二〇一八）を参照のこと。

（5）オビシャに祭礼規約があることは、櫻井徳太郎も言及している（櫻井　一九九〇：一四九）。酒直地区の場合、すでに戦前に、祭礼規約が整備されていた。しかし、昭和五〇年代に、大殿が引継ぐ物品が多すぎることから、現用物を除いて処分した経緯がある。現存するのは、昭和四二年規約が最古である。

引用・参考文献

阿南透、一九九八「オビシャ研究史」『野田市史研究』(九)
有賀喜左衛門、一九二九＝二〇〇一「民俗学の本願」『有賀喜左衛門著作集Ⅷ民俗学・社会学方法論』未来社
井口暁、二〇一九「過疎地域における祭りの終了と再生のメカニズム─三重県神川町の『桜祭り』から『桜覧会』への転換に注目して」『京都社会学年報』(二七)
井上果子、二〇一七「山間地の伝統文化継承に見る新たな農村文化担い手の形─高千穂郷・椎葉山地域における神楽継承の事例研究」『農村計画学会誌』三六(論文特集号)
植田今日子、二〇一六『存続の岐路に立つむら─ダム・災害・限界集落の先に』昭和堂
卯田卓矢・阿部依子、二〇一五「過疎地域における祭礼の存続形態─佐久市望月地域の榊祭りを事例として」『地域研究年報』(三七)
内田忠賢、二〇〇三「祭り─暮らしの中の祭りと地域への展開」新谷尚紀・波平恵美子・湯川洋司編『〈暮らしの中の民俗学2〉一年』吉川弘文館
生方徹夫、二〇〇六「『オビシャ』考(その二)」『成田市史研究』(三〇)
大島建彦、二〇〇二「オビシャと酒」『西郊民俗』(一八一)
大野啓、二〇一一「株座が維持されること─南丹市園部町竹井の宮衆の地位をめぐって」『国立歴史民俗博物館研究報告』(一六一)
押尾忠、一九八五「飯塚の御奉射と市内に於ける旧村の御奉射について」『佐倉市史研究』(四)
金子祥之、二〇一八「オビシャとオニッキ儀礼─千葉県印旛郡栄町酒直」水谷類・渡部圭一編『オビシャ文書の世界─関東の村の祭りと記録』岩田書院
神谷力、一九九三『家と村の法史研究─日本近代法の成立過程』御茶の水書房
蒲生正男、一九七八『増訂・日本人の生活構造序説』ぺりかん社

小林悠歩・筒井一伸、二〇一八「他出子との共同による農山村集落維持活動の実態―長野県飯山市西大滝区を事例として」『農村計画学会誌』三七（三）
栄町史編さん委員会、一九九九『栄町史史料編一（近世一）―麻生村・龍角寺村・酒直村』栄町教育委員会
櫻井徳太郎、一九九〇「オビシャ神事の伝承性―利根川流域の歩射講」『櫻井徳太郎著作集第四巻民間信仰の研究（下）』吉川弘文館
佐藤ひろみ・中林みどり、二〇一三「神社祭祀にみる祈りのかたち―越谷のオビシャ・神饌・祓いの伝統行事を通して」『生活科学研究』（三四）
白井宏明、二〇〇七「二つの村規約―ムラの近代」『近世・近代日本社会の展開と社会諸科学の現在』神泉社
鳥越皓之、二〇〇二『柳田民俗学のフィロソフィー』東京大学出版会
中野泰、二〇〇三「白酒祭（熊野神社）における歩射行事の民俗学的性格について」『文化財研究紀要』（一六）
萩原法子、一九九三「弓神事の原初的意味をさぐる―3本足の烏の的を中心に」『日本民俗学』（一九三）
――――、一九九七「松戸市地区のオビシャについて」『常総の歴史』（一八）
――――、一九九九『熊野の太陽信仰と三本足の烏』戎光祥出版
長谷川昭彦、一九九七『近代化のなかの村落―農村社会の生活構造と集団組織』日本経済評論社
深田あけみ、一九八八「千葉県匝瑳郡光町のオビシャ」『西郊民俗』（一二三）
古川彰、二〇〇四『村の生活環境史』世界思想社
堀井陽一、一九四三「オビシャ」『民間伝承』九（二）
山下良平・岩佐拓弥、二〇一九「伝統的祭事における担い手多様化に関する住民意見の規定要因―重要無形民俗文化財・熊甲二十日祭を事例として」『農村計画学会誌』三七（四）

付記

本章は、金子祥之、二〇一八「オビシャ行事をめぐる地域社会の縮小戦略──村規約にみる現代化への対応」『生活学論叢』(三三)をもとに、大幅な修正を加えたものである。

あとがきに代えて

本書は、第一章にも記したように、祭礼を通じて、地域社会の変動を描き、地域社会という「場」に、人びとが集うことの社会的な意味を論じることを試みたものである。地域社会といっても、単純にまとめられるものではなく、それぞれの「場」によって、歴史的背景・地理的条件・生業構造・人口変動などのさまざまな力が作用しあい、個性的な社会的状況を生み出している。そして、そこでは、そこに生きる人の思いが重層的かつ複雑に織り重なっている。それゆえに、個別具体的な現象を通して、地域社会をみていく必要がある。

本書が、祭礼を取り上げたのは、祭礼が人びとが定期的に集い続けるものであるからであり、そのことは、今・ここで生きている人のみではなく、かつて、この場所で生きていた人びとの思いも引き継いでいるものであり、これからここで生きるであろう人へもつながっていくものであると考えたからである。もちろん、各章でみてきたように、過去と現在で何も変わっていない所は存在しないし、未来においても変わっていくことは間違いないであろう。しかし、いくら表面的には変わったようにみえたとしても、変わらないものがあるのではないかということが、本書で捉えたかったことの一つである。

そして、それは継承し続けることを図るだけではなく、祭礼を縮小していくことや取りやめていくことの根幹にもあるように思う。つまり、祭礼とは、単なる神事ではなく、そこに生きてきた人が持つ地域社会への思いが具体的に現れる「場」としてみることができる。それゆえに、本書では、具体的な事例としてあげられなかったが、災禍にあっても祭礼を行い続けようとする所、居住者がいなくなっても、元の住民やその子孫が決まった日に集い、祭礼を催し続けていこうとする所がある。祭礼を行うことは、目に見える何かを生み出すとは限らないが、集うことによって、目にはみえなくとも何かが生まれてくる可能性を創り出していく。それゆえに、祭礼という「場」を創り、人びとは集まり続けていこうとするのであろう。

しかし、二〇二〇年に、世界的に蔓延している新型コロナウイルス（COVID-19）は、祭礼を行うことを困難にしてしまった。祭礼は中止にしても、祭事は実行するというところも少なくはないが、人が集まるということは厳しくなったことは事実であり、祭事だけを挙行するにしても、参加者を限定したものとならざるを得なくなった。これらのことは、祭礼に携わる人びとの苦渋の決断の結果であり、部外者がとやかくいうことはできない。二〇二一年も同様の状況は続き、二年連続で祭礼を行うことは厳しい状況である。また、二〇二二年についても、現在のところ、不透明な状況である。もちろん、感染拡大を防ぐという点からは行わないということは妥当な判断である。一方で、祭礼でつながり、確認しあってきた社会関係はどうなるであろうか。時間的ブランクがもたらす問題は、社会関係の形成と継続という点からも重大な問題である。現状、どのようになるのかは分からない点も多いが、これからの地域社会を考える上では重要な視点の一つになるように思う。

本書を刊行するきっかけについても記しておきたい。

二〇一六年五月に、桜美林大学で開催された地域社会学会の会場で、編者の牧野が、ハーベスト社の小林達也社長から祭礼についての本を、論文集として出さないかとお声を掛けて頂いたことがきっかけであった。その際、祇園祭の報告をされた中村圭を紹介された。その後、日本村落研究学会の学会誌に、祭礼の継承に関して優れた論文を掲載されていた植田今日子、滋賀県長浜市での調査研究を進められていた武田俊輔、諏訪についての研究を長年進めてこられた矢野晋吾に声を掛け、研究会として立ち上げたところから始まった。その後、植田今日子から金子祥之、武田から俵木悟をご紹介頂き、牧野が一緒に調査研究を行っている夏秋英房にもご参加頂き、研究会を進めてきた。研究会は、論文集を出すという前提で進めてきたが、編者の怠慢で、なかなか原稿執筆が進まないままに、小林達也氏が、二〇一九年一〇月八日に急逝されてしまった。亡くなる数日前の日本社会学会大会ではお元気そうだったので、信じられない思いで一杯であった。また、その後も、論文集の大枠は決めたものの先に進まない状況が続いてしまっていた。二〇二一年二月一一日、植田今日子さんが他界されてしまった。お二人がご存命中に、本書を上梓できなかったことは痛恨の極みであり、編者の責は極めて大きい。悔やんでも悔やみきれないところである。

植田さんの論文は、もはや読むことはできないが、研究会で話されていた構想では、植田さんが、長年にわたって、調査研究されてきた沖縄県古宇利島での祭礼を取り上げていく予定だった。古宇利島は、現在、沖縄本島と古宇利島で架橋されたことで、島外からの観光客が多く訪れ、賑わっている。

植田さんは、沖縄本島と古宇利島をつなぐ橋ができたことが祭礼にいかなる影響を与えているかという観点から書かれる予定であった。橋が架橋以前は船のみで結ばれていた社会空間、つまり、決まった時間にのみ外部社会に開かれていなかった島社会が、橋ができることで、常に外部社会に開かれたことによる変化を描こうというものであった。植田さんの視点は、大変刺激的な論点であったので、繰り返しになってしまうが、本当に残念である。今となっては、完成稿を読むことはできないが、植田さんが構想されていたことを、編者なりの理解ではあるが記することで残させて頂きたいと思う。

こうした状況に陥ってしまったが、小林社長が亡くなられた後に、学文社の田中千津子社長にご相談したところ、出版事情も良くないにもかかわらず、快くお引き受けいただけたことは、感謝の言葉もないほど、ありがたいことであった。それだけではなく、遅々として進まない状況に対して、厳しくも温かい激励の言葉を何度も掛けてくださった。大変なご面倒をおかけしたことをお詫びするとともに、ここまで進めてくださったことに、改めて感謝申し上げたい。

最後に、故小林達也氏、故植田今日子氏に、本書の刊行を謹んでご報告申し上げ、本書を献じたい。

二〇二一年九月

牧野　修也

［執筆者］

＊牧《まき》野《の》 修《しゅう》也《や》 神奈川大学人間科学部講師（非）（第一章・第七章）

中《なか》村《むら》 圭《けい》 島根県立大学国際関係学部教授（第二章）

武《たけ》田《だ》 俊《しゅん》輔《すけ》 法政大学社会学部教授（第三章）

矢《や》野《の》 晋《しん》吾《ご》 青山学院大学総合文化政策学部教授（第四章）

夏《なつ》秋《あき》 英《ひで》房《ふさ》 國學院大學人間開発学部教授（第五章）

俵《ひょう》木《き》 悟《さとる》 成城大学文芸学部教授（第六章）

金《かね》子《こ》 祥《ひろ》之《ゆき》 東北学院大学文学部准教授（第八章）

（＊は編者、執筆順）

変貌する祭礼と担いのしくみ 第二版

◉検印省略

二〇二一年一〇月一五日 第一版第一刷発行

二〇二四年一〇月三〇日 第二版第一刷発行

編著者 牧野 修也

発行者 田中千津子

発行所 株式会社 学文社

〒一五三-〇〇六四 東京都目黒区下目黒三-六-一

電 話 〇三（三七一五）一五〇一㈹

FAX 〇三（三七一五）二〇一二

印刷 新灯印刷株式会社

乱丁・落丁本は、本社にてお取替致します。

定価はカバーに表示してあります。

ISBN978-4-7620-3387-2